사랑스러운 배색 무늬 손뜨개 양말

샬럿 스톤 지음 | 이순선 옮김

징검다리

CHARMING COLORWORK SOCKS
Text Copyright © 2022 by Charlotte Stone
Published by arrangement with Page Street Publishing Co. All rights reserved.
Korean translation copyright ©2024 by JIGEUMICHAEK
Korean translation rights arranged with St. Martin's Press through EYA Co.,Ltd

이 책의 한국어판 저작권은 EYA Co.,Ltd를 통해 St. Martin's Press 와 독점계약한 지금이책에 있습니다.
저작권법에 의하여 한국 내에서 보호를 받는 저작물이므로 무단전재 및 복제를 금합니다.

내가 더 많은 양말을 뜨도록 항상 영감을 준
앨릭스, 벳시, 롤라 그리고 자크에게

차례

책 소개   7
배색 양말 뜨기: 팁 & 트릭   8
   배색뜨기에서 실 잡는 법   8
   사이즈 조정 문제   8
   완벽한 핏의 양말을 위한 게이지   8
   플로트   9
   색상 선택   10
   무늬 색상이 돋보이게 뜨는 법   10
   양말 마무리, 블로킹 및 관리   11

뜨개 동물   13
가을 쥐   15
강아지 산책   19
양 세기   25
플러터바이 버터플라이   30
백조의 호수   39

플라워 파워   45
블루밍 라벤더   47
물망초   51
행복한 양귀비   57
장미꽃잎의 빗방울   64
튤립 사이로 살금살금   71

찬란한 음식   77
꼭대기의 체리   79
커피 브레이크   84
젤라토 삭스   89
스파이시 삭스   94
비타민C 삭스   101

위대한 자연   107
여름의 초원   109
숲 산책   113
포도 수확   119
체르마트의 한밤   123
별이 빛나는 밤   129

좋은 시간을 축하하기   135
크리스마스이브의 하늘   137
부활절 달걀   144
아이 하트 삭스   151
핼러윈 박쥐   155
호랑가시나무와 담쟁이   161

실에 대하여   167
주요 기법   169
스페셜 기법   170
감사의 말   172
작가에 대하여   173
찾아보기   174

책 소개

저의 첫 배색 양말 컬렉션에 오신 것을 환영합니다. 정말 기쁘네요. 상상력을 마음껏 발휘해 독특하고 강렬한 25가지 손뜨개 양말을 디자인하는 것은 아주 즐거웠어요. 저는 2017년 배색 양말 도안을 출시한 이후로 여러분이 좋아해준 스톤 니츠 Stone Knits 양말 스타일을 유지하기 위해 노력해왔습니다. 제가 사는 스위스 취리히의 언덕에서 이곳의 자연과 문화에 영감을 받는답니다.

저는 항상 발이 차서, 양말 뜨개질에 대한 사랑은 발을 따뜻하게 하고 싶은 욕망에서 수년 전에 시작되었습니다. 가족과 함께 런던에서 스위스로 이사 온 후, 갑자기 겨울에 따뜻하게 해줘야 할 다섯 쌍의 발을 마주하게 되었습니다. 그리고 여러분도 이미 알고 있을지 모르겠지만, 일단 손뜨개 양말을 신기 시작하면, 평범한 가게에서 산 양말로 돌아가기는 어려워요! 차가운 발에 배색뜨기에 대한 절대적인 사랑과 집착이 결합되어 배색 양말을 디자인하게 되었습니다.

배색 양말은 한 단에 두 가지 색상을 사용하는 것만으로 색상과 모티프를 창조적으로 만들 수 있다는 점이 좋습니다. 양말 도안에서 사용할 수 있는 디자인과 색상의 수는 정말 제한이 없습니다. 실을 그림을 그리고 색칠하듯 사용할 수 있는 데다, 양말이라는 실용적인 아이템을 신나게 창의적으로 만드는 것이 너무 재미있어요! 양말이 여러분에게 어울릴지 또는 옷장에 있는 다른 아이템들과 잘 어울릴지 걱정하지 않고도 익숙한 것에서 완전히 벗어날 수 있습니다! 기분에 맞게, 또는 어떤 행사나 특별한 시기를 축하하기 위해 색다른 양말을 고르는 것은 자유입니다! 크리스마스 스웨터를 만드는 데는 많은 실과 비용과 시간을 들여야 하지만, 축제용 양말이라면 누구나 행복하게 뜨개질해서 신을 수 있습니다. 배색 양말은 또한 선물하기에도 완벽한데, 상대적으로 빨리 만들 수 있고 종종 남은 실을 다 써 버리기에 좋거든요. 그리고 진지하게, 양말이 필요하지 않은 사람이 있을까요! 마치 발을 감싸 안아주는 것 같기도 하지요! 여러분이 사랑하는 사람들을 생각해 맞춤 양말을 만들 수도 있습니다. 예를 들어 강아지를 키우는 친구들을 위한 '강아지 산책'(19쪽)이나 커피중독자들을 위한 '커피 브레이크'(84쪽) 양말을요. 저는 여러분이 모두를 위한 도안을 찾을 수 있도록 다양한 디자인을 고안했습니다! 가서 여러분이 가장 좋아하는 양말용 바늘을 잡고 양말용 실을 뒤적여 어떤 양말을 먼저 뜨기 시작할지 생각해보세요! 어떤 도안을 선택하든, 여러분은 뜨개의 즐거움을 느낄 것입니다.

행운과 행복한 양말 뜨개질을 빕니다.

샬럿 xx

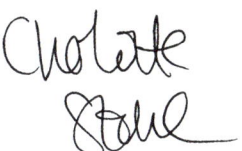

배색 양말 뜨기: 팁 & 트릭

배색뜨기에서 실 잡는 법

저는 배색뜨기에 '최고의 방법'은 없다고 진심으로 믿습니다. 배색 양말을 뜨는 가장 좋은 방법은 얼굴에 미소를 띠고 낙관적인 태도를 취하는 것이라고 생각합니다. 여러분에게 가장 좋다고 느껴지고 기쁨을 주는 방법, 또는 배색 기법을 위해 편하게 할 수 있는 방법으로 하세요. 뜨개질은 여러분을 재미있고 행복하게 해주어야 합니다. 여러분이 양말을 뜨는 과정을 즐긴다면 더 많이 뜨게 될 거예요.

저는 오른손에 실을 쥐고 뜨는 영국 스타일 니터로, 도안에서 필요한 대로 실을 한 가닥씩 집어가면서 배색 양말을 빠르게 뜰 수 있습니다. 콘티넨탈 스타일 니터라면 왼손으로 실 두 가닥을 잡는 것도 가능합니다. 그리고 실이 꼬이는 것을 방지하는 데 도움을 줄 수 있는 많은 실 고정 장치가 있으니 활용해보세요. 대안으로, 뜨개질을 하다가 때때로 멈춰서 실이 엉키지 않도록 풀어줘도 괜찮아요! 또 다른 방법은 두 색상의 실을 한 손에 한 가닥씩 따로 잡는 것입니다. 이 방법으로 발견한 유일한 문제는 덜 익숙하게 느껴지기 때문에, 종종 색상별로 장력이 달라질 수 있다는 점이에요. 하지만 뜨개질의 모든 것과 마찬가지로, 이것은 연습하면 향상될 것입니다.

사이즈 조정 문제

저는 여러분이 발에 꼭 맞는 배색 양말을 만들었으면 좋겠어요! 모든 패턴은 모든 사람이 이 양말을 신을 수 있도록 다양한 콧수와 사이즈 옵션을 제공합니다. 배색 양말 뜨기에서 가장 중요한 치수는 길이가 아닌 발 둘레입니다. 우리의 발은 작고 넓을 수도 있고 길고 좁을 수도 있습니다. 이 책에 실린 모든 패턴을 사용해 양말을 만들 때 발에 맞게 양말목 길이나 발의 길이를 늘이거나 줄일 수 있습니다. 만드는 법에서는 이 작업을 수행하는 구체적인 방법을 설명합니다. 정확한 둘레 치수를 얻으려면 발의 가장 큰 부분을 측정해야 합니다. 이것은 전형적으로 발끝에 가까운 발볼의 둘레가 될 것입니다.

각 패턴에는 두 가지 치수가 있습니다: 첫 번째는 양말을 신을 발 크기이고, 두 번째는 뜨개 코가 만들어낼 편물의 실제 크기입니다.

첫 번째 발 치수 세트 중에서 원하는 사이즈를 선택할 수 있습니다. 발 크기와 편물 크기에 차이가 있는 이유는 양말이 여러분의 발에 딱 맞도록(신발 안에서 흘러내리지 않도록) 약 2.5cm 마이너스 여유분이 있어야 하기 때문입니다.

선물용으로 양말을 뜨려 한다면 받을 사람의 발 길이뿐만 아니라 발볼 둘레(어떤 사이즈로 뜰지 선택하기 위해)도 알아야 합니다. 9쪽의 표는 양말의 발 부분을 어떤 크기로 뜰지 결정하는 데 도움이 되는 표준 신발 사이즈별 발 길이를 보여줍니다. 만약 자신이 신을 양말을 뜨고 있다면, 여러분은 중간중간에 신어볼 수 있습니다. (그러나 뜨개 바늘을 조심하세요!) 직접 신어서 길이가 맞는지 확인하면 됩니다.

완벽한 핏의 양말을 위한 게이지

성공적인 뜨개를 위해서는 게이지가 중요하다는 것을 이미 알고 있겠지만, 배색 양말의 경우 특히 배색뜨기 섹션은 훨씬 더 그렇습니다. 여러분은 이 책의 모든 패턴에서, 양말의 평범한 메리야스뜨기 섹션에 비해 배색뜨기 부분의 콧수가 증가하는 것을 볼 수 있습니다. 이것은 늘어나지 않는 플로트의 문제를 방지하기 위한 것입니다. 그 추가적인 코는 양말 편물이 한 가지 색으로 짜인 듯 만들어서 신축성이 없는 것을 보완해줄 것입니다. 만드는 법을 보면 항상 배색뜨기 작업 후 메리야스뜨기 섹션의 콧수를 줄이거나 바늘 호수를 다시 낮추라는 지시가 있습니다.

표준 신발 사이즈별 발 길이

아동용			
US 사이즈	EU 사이즈	UK 사이즈	센티미터
10.5	27	9.5	16.8
11	28	10	17.1
11.5	29	10.5	17.8
12	30	11	18.1
12.5	30	11.5	18.4
13	31	12	19.1
13.5	31	12.5	19.4
1	32	13	19.7
1.5	33	14	20.3
2	33	1	20.6
2.5	34	1.5	21
3	34	2	21.6
3.5	35	2.5	21.9
4	36	3	22.2
4.5	36	3.5	22.9
5	37	4	23.2
5.5	37	4.5	23.5
6	38	5	24.1
6.5	38	5.5	24.4
7	39	6	24.8

여성용			
US 사이즈	EU 사이즈	UK 사이즈	센티미터
4	35	2	20.8
4.5	35	2.5	21.3
5	35-36	3	21.6
5.5	36	3.5	22.2
6	36-37	4	22.5
6.5	37	4.5	23
7	37-38	5	23.5
7.5	38	5.5	23.8
8	38-39	6	24.1
8.5	39	6.5	24.6
9	39-40	7	25.1
9.5	40	7.5	25.4
10	40-41	8	25.9
10.5	41	8.5	26.2
11	41-42	9	26.7
11.5	42	9.5	27.1
12	42-43	10	27.6

남성용			
US 사이즈	EU 사이즈	UK 사이즈	센티미터
6	39	5.5	23.5
6.5	39	6	24.1
7	40	6.5	24.4
7.5	40-41	7	24.8
8	41	7.5	25.4
8.5	41-42	8	25.7
9	42	8.5	26
9.5	42-43	9	26.7
10	43	9.5	27
10.5	43-44	10	27.3
11	44	10.5	27.9
11.5	44-45	11	28.3
12	45	11.5	28.6
12.5	46	12.5	28.4
13	47	13.5	30.2
13.5	48	14.5	31
14	49	15.5	31.8

저는 콧수에 따라 배색뜨기 섹션의 바늘 호수를 높여(게이지 증가) 배색뜨기 편물의 신축성을 높이는 것을 종종 추천합니다. 필요하다면, 양말이 여전히 발에 맞지 않으면 바늘 호수를 더 높일 수도 있습니다. 마찬가지로, 너무 크면 바늘 호수를 낮추세요. 가능하다면, 뜨개질을 하면서 사이즈가 맞는지 확인하기 위해 양말을 신어보세요.

게이지 측정에 익숙하지 않은 니터를 위해 간단하게 설명해볼게요. 게이지는 뜨개 중인 무늬 도안에서 가로세로 10cm에 들어가는 콧수로 측정됩니다. 원하는 실과 바늘로 작은 스와치를 만들어 게이지가 같은지 확인할 수 있습니다. 10cm에 필요한 것보다 콧수가 많은 경우 바늘 호수를 높여야 합니다. 게이지에 필요한 것보다 콧수가 작다면 바늘 호수를 낮춰야 합니다.

플로트

플로트는 색상이 사용되지 않을 때 편물의 안면에 있는 가닥입니다. 긴장을 풀고 뜨개질하면서 플로트가 느슨하게 두세요. 장력이 너무 강하거나 플로트가 너무 팽팽하게 당겨지지 않도록 배색 편물을 뜨면서 잠시 멈추고 가닥 사이의 간격을 적당하게 합니다. 편물이 너무 당겨지는 것을 방지하기 위해 플로트를 느슨하게 유지하는 것은 매우 중요합니다. 플로트가 한 섹션에서 다른 섹션으로 직선이 되어서는 안 됩니다. 양말을 발뒤꿈치 위로 당길 때 실이 늘어나도록 살짝 처지게 만들어놓아야 합니다. 양말을 신은 후 시간이 지나면 처진 실이 조금씩 느껴지기 시작하지만, 그래도 발가락이 걸리지 않습니다.

일부 모티프는 다른 색상 사이 플로트가 길어질 것입니다. 손가락이나 발가락에 플로트가 걸리는 것을 피하기 위해 뒤에 있는 실에 꼬거나 긴 플로트를 끼워 고정하라고 말하는 사람도 있습니다. 하지만 저는 배색 양말을 뜰 때 플로트를 너무 자주 꼬지 말아야 한다고 주장합니다. 저는 7코 간격보다 자주 플로트를 꼬지 말고 꽉 꼬지 말 것을 제안합니다. 만약 플로트가 더 길게 늘어져도 괜찮다면, 그렇게 하세요! 저에게는 매우 까다로운 (하지만 사랑스러운) 아들이 있는데, 발가락이 플로트에 걸린 적은 정말이지 단 한 번도 없습니다. 양말의 뜨개질 코는 보통 배색 스웨터나 모자에 비해 훨씬 작기 때문에 7코면 플로트가 길지 않습니다. 하지만 배색 양말을 뜰 때 실을 더 자주 꼬면, 양말을 신는 동안 발뒤꿈치에서 편물이 늘어나는 데 더 많은 문제가 생긴다는 것을 발견했습니다. 저는 뜨개질할 때 번거로운 규칙을 만들지 않으려고 노력하지만, 이 짜증 나는 실수를 여러 번 한 끝에 어떻게 해야 할지 알게 되었습니다!

또한 바늘과 바늘 사이에서 플로트를 꼬지 마세요. 양말을 신을 때 늘어날 수 있도록 거기에는 플로트를 느슨하게 두세요. 이어지는 단에서는 플로트를 같은 자리에서 꼬지 마세요. 편물 겉면에 튀어나온 부분이나 틈이 생길 수 있습니다. 그리고 마지막으로! 만약 양말을 뜬 후에 문제가 있다는 것을 발견한다면, 편물을 블로킹하면 지나치게 팽팽한 플로트나 울퉁불퉁한 배색 작업과 관련된 문제들을 해결하는 데 도움이 될 수 있습니다. 적셔서 블로킹하고 조심스럽게 신으면 편물 안에서 긴 플로트가 덜 느껴질 것이며, 발가락이 편물에 걸릴 가능성이 훨씬 줄어듭니다.

색상 선택

양말을 뜰 때는 좋아하는 색을 선택하세요. 배색 무늬가 선명하게 드러나도록 대비되는 색을 사용하는 것을 추천합니다. 색상이 뚜렷하게 대비되는지 쉽게 확인하는 방법은 함께 사용할 실의 사진을 찍고 설정을 흑백으로 변경(채도/색상을 모두 제거)하는 것입니다. 그러면 흑백사진에서 대조가 얼마나 강한지 알 수 있고, 색상이 충분히 대비되는지 확인할 수 있습니다.

색상이 잘 어울리는지 확인할 수 있도록 스와치를

뜨는 것도 추천합니다. 이 방법을 사용하면 도안에 맞는 정확한 게이지를 확인할 수 있습니다! 물론 잘 맞게 뜨려면 게이지 확인은 필수지요. 때때로 실이 타래 상태로 나란히 두었을 때는 멋지게 보였는데 편물로 뜨면 완전히 다르게 보일 수도 있습니다. 양말을 뜨기 전에 스와치가 그것을 보여줄 것입니다. (그리고 아마도 장기적으로 시간이 절약될 것입니다!) 연습 삼아 원통으로 모티프 한두 개를 뜨고 그 스와치를 작은 리스트워머나 컵홀더로 사용하는 것도 재미있습니다.

무늬 색상이 돋보이게 뜨는 법

배색뜨기를 할 때 여러분은 뜨고 있는 모티프가 바탕색에서 도드라져 눈에 잘 띄기를 원할 것입니다. 어떤 뜨개질 방법을 쓰든(프랑스식, 영국식 또는 양손 사용) 상관없이, 두 가지 또는 그 이상의 색으로 배색뜨기할 때, 어떤 실이 다른 실 아래로 들어가는지 아는 것은 매우 중요합니다.

오른쪽의 색은 항상 다른 실 아래로 들어가고 더 두드러질 것이고, 왼쪽의 색은 바탕으로 물러날 것입니다. 이것은 더 낮게 쥔 실이 다음 코에 걸리기 전에 아래로 내려가기 때문입니다. 이렇게 하는 데 사용되는 약간의 여분 실은 아래쪽 실의 코를 아주 조금 더 크게 만들 것이고 따라서 더 돋보이게 할 것입니다! 모티프를 뜨고 있는 무늬 색상(배색실)은 편물의 뒤쪽에서 항상 바탕실(주로 쓰이는 색) 아래로 이동해야 합니다. 이렇게 하면 무늬 색상이 지배적인 색상이 될 것이고 정말 두드러질 것입니다.

뜨개질을 할 때 사용하는 실은 배색실을 오른쪽, 바탕실을 왼쪽에 두는 것을 추천합니다. 뜨개질하는 동안 소파나 의자, 침대 또는 차 안에서도 실을 이렇게 양쪽에 놓을 수 있습니다! 하지만 이렇게 놓는 것을 잊어버린다 해도 큰 문제가 아닙니다. 무늬는 여전히 보일 테니까요. 다만 바탕색이 좀 더 눈에 들어오고 모티프가 약간 덜 두드러질 뿐입니다. 가능하다면, 무늬 모티프가 돋보이도록 실을 배치해 뜨는 것을 추천합니다.

양말 마무리, 블로킹 및 관리

실 숨기기

비밀을 하나 알려드릴게요. 저는 실끝 숨기는 것을 싫어합니다. 저희 아이들은 양말을 신으면 종종 이렇게 말하지요. "으, 엄마, 이 양말 안에 스파게티가 들어 있어요!"

발을 편안하게 하고 실이 빠져나오는 일이 없도록 하세요. 저처럼 하지 말고, 실끝을 숨기세요. 저만큼 게으른 사람이라면, 마지막에 한꺼번에 정리하지 말고 뜨개질을 하는 사이사이에 실끝을 숨기는 방법이 좋습니다.

블로킹

양말을 약간의 울샴푸로 찬물에 부드럽게 세탁한 다음 평평하게 뉘어두는 것(또는 '블로킹')은 코를 고르게 하고 더 부드러워 보이는 편물을 만드는 데 정말 도움이 됩니다. 배색 양말을 블로킹해보면 고르지 않은 코나 찌그러진 부분이 얼마나 매끄러워지는지 놀랄 거예요. 우리가 인터넷에서 자주 보는 나무 블로커는 정말이지 필요하지 않습니다. (비록 그것들이 근사해 보이긴 하지만요!) 그냥 세탁 후 양말을 평평하게 펴서 말리기만 해도 코가 가지런해지는 데 도움이 됩니다. 저는 심지어 양말을 유리병에 씌워 성공적으로 블로킹하는 것을 본 적이 있습니다!

양말 세탁 및 관리

여러분은 손으로 뜬 울 양말은 가게에서 산 아크릴 양말만큼 자주 세탁할 필요가 없다는 것을 아셨나요? 실제로 세탁하지 않고 며칠 동안 신을 수 있습니다. 냄새를 유발하는 박테리아는 양모에 흡수됩니다. 개인적으로는 손뜨개 양말에 털실을 사용하는 것을 선호하지만, 여러분이 선호하는 어떤 종류의 실이든 사용할 수 있습니다. 양말을 세탁해야 할 때는 울샴푸를 사용해서 손으로 빨거나 찬물 울코스로 가볍게 세탁할 수 있습니다. 실타래에 둘러진 띠지에서 일반적으로 볼 수 있는 세탁 및 관리 지시를 따르는 것이 좋습니다. 양말을 처음 몇 번 세탁할 때는 실에서 색이 빠지는 것을 피하기 위해 보통 손빨래합니다. 색이 빠지는 것을 예방하기 위한 또 다른 팁은 찬물과 약간의 식초를 사용하는 것입니다.

손뜨개 양말에 대한 최고의 조언은 항상 양말을 세탁한 후에는 잘 말려서 밀폐된 가방에 보관하라는 것입니다. 가급적 어두운 곳에 두지 않는 것이 좋습니다. 침대 밑에 버려진 더러운 양말은 모든 나방의 꿈입니다. (저희 집에는 십 대 청소년 두 명과 사춘기 직전 아동 한 명이 있습니다.) 제가 어떻게 아느냐고요…(저도 알고 싶지 않았답니다…)

수선

양말에 구멍이 나면 꿰매거나 수선하세요. 바늘과 실을 사용해서 구멍과 마모된 부분을 수리하는 많은 바느질 기술이 있습니다. 다른 색상의 패치를 뜨개질해 연결할 수도 있고, 다 닳은 발끝을 완전히 잘라내고 다시 뜨개질할 수도 있습니다.

뜨개 동물
Crafty Animals

저는 대부분의 생물을 좋아하고, 좋아하는 동물들이 들어간 양말을 뜨개질하는 것을 좋아합니다. 목초지를 가로질러 춤추는 아름다운 나비들을 좋아하든, 물을 가로질러 품위 있게 떠다니는 우아한 백조들을 좋아하든, 여기서 여러분의 스타일에 맞는 양말 한 켤레를 찾을 것이라고 확신합니다. 산책하는 개가 들어간 양말을 거부할 수 있을까요? 아니면 우리가 가장 좋아하는 취미를 위해 털을 제공해주는 양들에게 바치는 양말은 어떤가요? 이 챕터에서 여러분 자신이나 다른 동물애호가들을 위한 완벽한 도안을 발견하기를 바랍니다!

가을 쥐
Autumn Mice

저희 가족은 여름의 끝 무렵, 방학을 마치고 학교로 돌아갈 즈음이면 항상 숲에서 블랙베리를 따곤 합니다. 이 양말은 그런 행복한 기억과, 야생 가시덤불 사이에 살며 블랙베리 열매를 즐기던 작은 쥐들(제 고양이가 그렇게 말해주었어요!)에게서 영감을 받았습니다. 저는 이 작은 뜨개 동물들이 여러분의 하루를 밝게 하고, 뜨개질하는 사람들이 가장 좋아하는 (그리고 아마도 가장 바쁠) 계절인 가을의 도래를 알리기를 바랍니다!

양말 구조
꼬아고무뜨기 발목단과 작은 레이스 장식으로 시작해 위에서 아래로 내려 뜨는 이 양말은 양말목에 재미있는 블랙베리 열매 방울뜨기와 쥐와 가시덤불 배색 무늬를 포함하고 있습니다. 자고새 눈 무늬 힐플랩과 거싯으로 떴습니다. 또한 발끝까지 이어지는 매우 심플한 레이스 무늬가 있습니다.

사이즈
1 (2, 3)
발 둘레: 18~20 (20.5~23, 23.5~25)cm
완성치수: 15.5~17.5 (18~20, 20.5~23)cm
권장 여유분: 마이너스 2.5cm
양말목/발 길이는 쉽게 조정할 수 있다. 자세한 내용은 만드는 법을 참고할 것.
사진 속 작품은 사이즈2 US 8.5/EU 39/UK 6, 발 둘레 22.5cm로 떴다.

재료

실
핑거링 굵기*, 기글링게코의 삭란디아 삭스얀(슈퍼워시 메리노울 80%, 나일론 20%), 1타래 365m 100g

---
* 실 굵기를 표기할 때 가닥 즉 합수ply 혹은 1인치 안에 돌려 감은 횟수 wpi(wrap per inch)를 기준으로 삼는다. 핑거링은 4ply·14wpi에 해당하는 가는 실이다.

사진 속 작품에서는 다음 색상을 사용
바탕실: 에그플랜트Eggplant(1타래)
배색실1: 더스티로즈Dusty Rose(1타래)
배색실2: 버터스카치Butterscotch(1타래)
같은 게이지 치수를 얻을 수 있다면 핑거링 굵기의 실은 무엇이든 사용할 수 있다. 롤라빈의 휴 로코 또는 구매 가능한 인디 브랜드의 손염색실도 좋은 대안이 될 수 있다.

바늘
고무뜨기, 뒤꿈치, 레이스 무늬, 발끝 및 사이즈3 배색뜨기에 사용: 2.25mm
매직루프 기법으로 뜰 경우 80cm 길이 줄바늘, 또는 장갑바늘, 또는 23cm 길이 줄바늘 2개 (선호하는 바늘 사용)
사이즈1·2 배색뜨기에 사용: 2.5mm
매직루프 기법으로 뜰 경우 80cm 길이 줄바늘, 또는 장갑바늘, 또는 23cm 길이 줄바늘 2개 (선호하는 바늘 사용)
게이지 치수를 얻는 데 필요한 호수의 바늘을 사용한다.
주의사항: 잘 맞는 양말을 뜨기 위해 게이지를 체크할 것. 바늘 호수를 높이거나 낮춰서 추가 사이즈를 뜰 수 있다.

부자재
단코표시링, 가위, 돗바늘

게이지
34코×36단=10cm×10cm 사이즈1·2 배색뜨기
36코×38단=10cm×10cm 사이즈3 배색뜨기
32코×42단=10cm×10cm 모든 사이즈 메리야스뜨기와 고무뜨기

스페셜 기법
방울뜨기(작은 버전)(171쪽)
배색 양말 뜨기(8쪽)
메리야스잇기(170쪽)
주요 기법 설명은 169쪽

만드는 법

발목단
바탕실과 2.25mm 바늘을 사용해서 56 (64, 72)코 만든다. 2개의 바늘에 동일하게 콧수를 나누고 단 시작에 표시링을 건다. 장갑바늘을 사용할 경우, 1개의 바늘에 콧수 절반을 옮기고 나머지 반은 2개의 바늘에 나눠 옮긴다. 단 시작에 표시링을 건다. 코가 꼬이지 않도록 조심하며 원통으로 잇는다.

고무뜨기 단: *꼬아뜨기1, 안뜨기1*, *~*을 단 끝까지 반복한다. 고무뜨기로 총 10단 뜬다(약 2.5cm).

1단: 모든 코 안뜨기한다.
2단: 모든 코 겉뜨기한다.
3단: *왼코줄임, 바늘비우기*, *~*를 단 끝까지 반복한다.
4단: 모든 코 겉뜨기한다.
5단: 모든 코 안뜨기한다.

양말목
바탕실을 사용해서 겉뜨기로 1단 뜬다.
사이즈1, 2: 2.5mm 바늘로 코를 옮긴다.
사이즈3: 계속해서 2.25mm 바늘로 작업한다.

코늘림 단을 뜬다:
사이즈1: *겉뜨기6, M1L코늘림*, *~*을 2코 남을 때까지 반복, 겉뜨기2. 9코 늘어남. 총 65코.

사이즈2: [겉뜨기5, M1L코늘림]을 2회 반복, [겉뜨기4, M1L코늘림]을 11회 반복, 겉뜨기5, M1L코늘림, 겉뜨기5. 14코 늘어남. 총 78코.

사이즈3: [겉뜨기3, M1L코늘림]을 2회 반복, [겉뜨기4, M1L코늘림]을 15회 반복, [겉뜨기3, M1L코늘림]을 2회 반복한다. 19코 늘어남. 총 91코.

도안이 지시하는 곳에서 배색실1과 배색실2를 연결하면서, 배색뜨기 무늬 도안 1~35단을 뜬다(18쪽). 무늬 도안은 오른쪽에서 왼쪽으로, 아래에서 위로 뜬다. 무늬 도안은 각 단마다 5 (6, 7)회 반복한다. 방울뜨기 방법은 171쪽을 참고한다.

배색실1과 배색실2를 자른다.

바탕실을 사용해서 겉뜨기로 1단 뜬다.

사이즈1, 2: 코를 다시 2.25mm 바늘로 옮긴다.

바탕실을 사용해서 코줄임 단을 뜬다:
사이즈1: *겉뜨기5, 왼코줄임*, *~*을 2코 남을 때까지 반복, 겉뜨기2. 9코 줄어듦. 총 56코.

사이즈2: [겉뜨기4, 왼코줄임]을 2회 반복, [겉뜨기3, 왼코줄임]을 11회 반복, 겉뜨기4, 왼코줄임, 겉뜨기5. 14코 줄어듦. 총 64코.

사이즈3: [겉뜨기2, 왼코줄임]을 2회 반복, [겉뜨기3, 왼코줄임]을 15회 반복, [겉뜨기2, 왼코줄임]을 2회 반복한다. 19코 줄어듦. 총 72코.

다음의 레이스 무늬를 뜬다:
1단:
바늘1: 겉뜨기28 (32, 36).
바늘2: [겉뜨기3, 바늘비우기, 왼코줄임]을 5 (6, 7)회 반복, 겉뜨기3 (2, 1).

2단: 모든 코 겉뜨기한다.
3단: 모든 코 겉뜨기한다.

1~3단을 1회 더 반복하고, 총 2회 또는 힐플랩까지 원하는 길이만큼 반복한다.

계속해서 양말의 뒤꿈치 섹션을 진행한다.

자고새 눈 무늬 힐플랩

배색실1을 사용해서 바늘1의 28 (32, 36)코를 가지고 평뜨기로 편물을 뒤집어가며 뜬다. 바늘2에는 발등이 될 28 (32, 36)코가 있다. 시작할 때 걸었던 단코표시링을 제거한다.

1단(겉면): *안뜨기하듯이 1코걸러뜨기, 겉뜨기1*, *~*을 단 끝까지 반복한다. 편물을 뒤집는다.

2단(안면): 안뜨기하듯이 1코걸러뜨기, 단 끝까지 안뜨기. 편물을 뒤집는다.

3단(겉면): 안뜨기하듯이 2코걸러뜨기, *겉뜨기1, 1코걸러뜨기*, *~*를 2코 남을 때까지 반복, 겉뜨기2. 편물을 뒤집는다.

4단(안면): 2단과 동일하게 뜬다.

1~4단을 반복하며 총 28 (32, 36)단을 뜨는데 마지막으로 뜨는 단이 안뜨기 단이 되도록 끝낸다. 힐턴을 완성한 후 주울 수 있는 가장자리 14 (16, 18)코가 있을 것이다.

힐턴

계속해서 배색실1을 사용해, 이제 되돌아뜨기로 뒤꿈치 경사를 만들 것이다.

1단(겉면): 1코걸러뜨기, 겉뜨기15 (18, 20), 오른코줄임, 겉뜨기1. 편물을 뒤집는다.

2단(안면): 1코걸러뜨기, 안뜨기5 (7, 7), 안뜨기로 2코모아뜨기, 안뜨기1. 편물을 뒤집는다.

3단(겉면): 1코걸러뜨기, 겉뜨기6 (8, 8), 오른코줄임, 겉뜨기1. 편물을 뒤집는다.

4단(안면): 1코걸러뜨기, 안뜨기7 (9, 9), 안뜨기로 2코모아뜨기, 안뜨기1. 편물을 뒤집는다.

계속해서 이 규칙대로 뜬다: 1코걸러뜨기, 이전 단에서 편물을 뒤집어서 생긴 구멍 1코 전까지 겉뜨기 또는 안뜨기, 구멍을 막기 위해 오른코줄임 또는 안뜨기로 2코모아뜨기, 겉뜨기1 또는 안뜨기1. 편물을 뒤집는다.

(사이즈1만 해당: 마지막 2단은 오른코줄임 또는 안뜨기로 2코모아뜨기로 끝날 것이다. 겉뜨기1 또는 안뜨기1을 뜰 남은 코가 없을 것이다.) 계속해서 모든 코를 작업할 때까지 진행하고 마지막으로 뜨는 단이 안면에서 안뜨기 단이 되도록 끝낸다. 겉면이 보이도록 편물을 뒤집는다. 이제 바늘1에 16 (20, 22)코 남아 있다.

거싯

배색실1을 자르고 바탕실을 연결한다.

바탕실을 사용해서, 이제 힐플랩의 양쪽 가장자리를 따라서 코를 주울 것이다.

뒤꿈치 코를 겉뜨기하는데 8 (10, 11)코(중간 지점)를 뜬 후 단코표시링을 걸어 단 시작을 표시하고 나머지 코를 겉뜨기한다. 힐플랩의 가장자리를 따라 14 (16, 18)코를 꼬아뜨기로 줍는다. 모서리에 구멍이 생기지 않게 힐플랩과 발등 사이 모서리에서 1코 더 줍는다. 다음 단의 어디서 코줄임할지 알아볼 수 있게 여기에 단코표시링을 건다. 또는 뒤꿈치/거싯 코와 발등 코를 각각 다른 바늘에 나눈다.

바늘2에 쉼코로 둔 발등 28 (32, 36)코를 앞서 설명한 레이스 무늬로 뜬다. 발등 코를 뜬 후 전과 동일한 방법으로 단코표시링을 또 건다.

모서리에서 1코 줍고 힐플랩의 가장자리를 따라 14 (16, 18)코를 꼬아뜨기로 줍는다. 단 시작 표시링을 만날 때까지 뒤꿈치의 첫 번째 절반을 겉뜨기한다.

이제 뒤꿈치/거싯에 총 46 (54, 60)코, 발등에 28 (32, 36)코 있다. 다시 모든 코를 사용해서 원통뜨기할 것이다. 바늘에 총 74 (86, 96)코 있다.

거싯 코줄임

1단: 첫 번째 단코표시링 3코 전까지 겉뜨기하고 왼코줄임, 겉뜨기1, 표시링 옮긴다. 뒤꿈치를 뜨기 전에 떴던 레이스 무늬 다음 단을 참고해서 두 번째 표시링을 만날 때까지 발등 코를 뜬다, 표시링 옮긴다, 겉뜨기1, 오른코줄임. 단 시작 표시링까지 겉뜨기한다. 2코 줄어듦.

2단: 모든 코 겉뜨기한다.

뒤꿈치/거싯 코가 28 (32, 36)코로 줄어들 때까지 1~2단을 반복한다.

발등 28 (32, 36)코는 바늘2에 남아 있다. 이제 총 56 (64, 72)코 있다.

발

계속해서 레이스 무늬(16쪽)를 유지하면서 양말이 자신이 원하는 완성품 길이에서 약 4cm 모자랄 때까지 바탕실을 사용해서 매 단 뜬다.

발끝

이제 코는 바늘1과 바늘2에 동일하게 나뉘어 있다. 바늘1에는 발바닥 28 (32, 36)코가 있고, 단 시작 표시링 양쪽에 각각 14 (16, 18)코씩 있다. 바늘2에는 발등 28 (32, 36)코가 있다. 바탕실로 단 시작 표시링에서 시작한다.

1단(코줄임 단):

바늘1: 3코 남을 때까지 겉뜨기, 왼코줄임, 겉뜨기1.

바늘2: 겉뜨기1, 오른코줄임, 3코 남을 때까지 겉뜨기, 왼코줄임, 겉뜨기1.

바늘1: 겉뜨기1, 오른코줄임, 단 시작 표시링까지 겉뜨기한다. 4코 줄어듦.

2단: 모든 코 겉뜨기한다.

1~2단을 각 바늘에 20코 남을 때까지 반복한다(총 40코). 계속해서 각 바늘에 10코 남을 때까지 1단만 반복한다(매 단 코 줄임한다)(총 20코).

단 시작 표시링을 제거한다. 양말 옆선을 만날 때까지 5코를 겉뜨기한다. 각 바늘의 10코를 메리야스잇기로 연결한다.

마무리

실끝을 정리한다. 양말을 적셔서 블로킹한다. 동일한 과정을 반복해 양말 한 짝을 더 만든다.

배색뜨기 무늬 도안

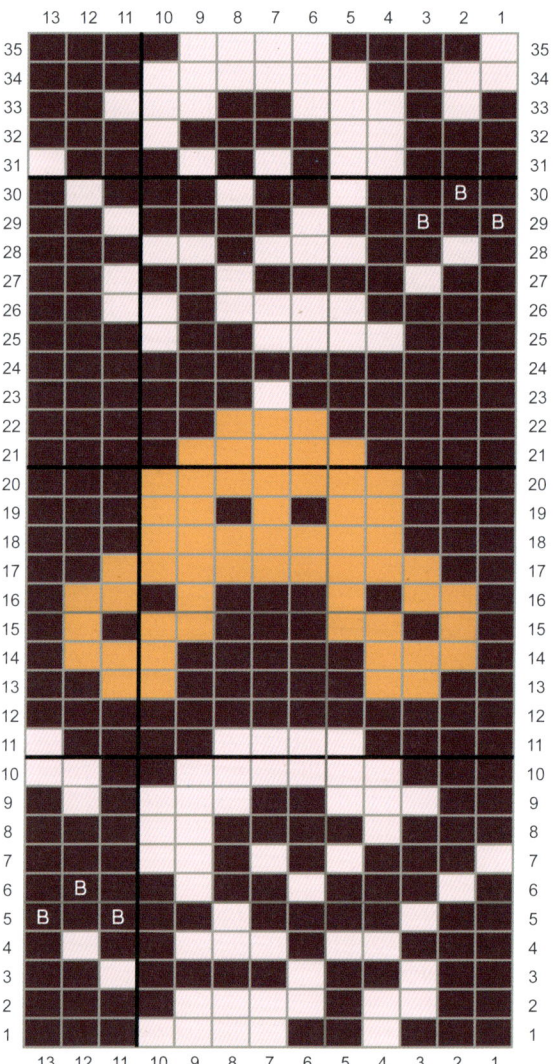

■ 바탕실: 에그플랜트

□ 배색실1: 더스티로즈

■ 배색실2: 버터스카치

B 방울뜨기: 에그플랜트

강아지 산책
Dog Walk

제가 고양이에 약간 집착하고 어디를 가든 무작위로 고양이 친구들을 만난다는 것은 비밀이 아닙니다. 심지어 그들은 때때로 저희 집 거실에 나타난답니다. 저는 3층에 사는데, 꽤 인상적이고 놀라운 일이지요! 그렇긴 하지만, 저는 개 고양이라고 불리는 친구의 시바견에게도 푹 빠져 있습니다. 녀석은 제가 만난 개들 중에서 가장 고양이 같습니다. 저는 좋아하는 것들을 가지고 늘 하는 대로 녀석을 기리기 위해 강아지 양말 한 켤레를 만들기로 결심했습니다. 이것은 우리가 숲에서 함께 한 행복한 산책을 떠올리게 해줄 것입니다. 만약 여러분에게 강아지 친구가 있다면, 이 양말을 신고 특별한 친구와 함께 즐거운 시간을 보내기 바랍니다.

양말 구조
이 양말은 고무뜨기 발목단으로 시작합니다. 고무뜨기 무늬는 양말목에 있는 강아지 얼굴 배색 무늬를 뜬 후 계속되어 발에 있는 강아지 발바닥 배색 무늬 아래로 이어집니다. 강아지 얼굴의 눈과 혀는 덧수를 이용해 만듭니다. 전통적인 힐플랩, 힐턴, 거싯이 있습니다.

사이즈
1 (2, 3)

발 둘레: 20.5~23 (23.5~25, 26~27.5)cm
완성치수: 18~20 (20.5~23, 23.5~25)cm
권장 여유분: 마이너스 2.5cm

양말목/발 길이는 쉽게 조정할 수 있다. 자세한 내용은 만드는 법을 참고할 것.
사진 속 작품은 사이즈2 US 8.5/EU 39/UK 6, 발 둘레 22.5cm로 떴다.

재료
실
바탕실과 배색실2: 핑거링 굵기, 기글링게코의 삭란디아 삭스얀(슈퍼워시 메리노울 80%, 나일론 20%), 1타래 365m 100g
배색실1: 핑거링 굵기, 우시타타의 삭얀(슈퍼워시 메리노울 100%), 1타래 366m 100g

사진 속 작품에서는 다음 색상을 사용
바탕실: 아미그린Army Green(1타래)
배색실1: 아우라Aura(1타래)
배색실2: 크렘Crème(1타래)

같은 게이지 치수를 얻을 수 있다면, 핑거링 굵기의 실은 무엇이든 사용할 수 있다. 롤라빈의 휴 로코 또는 구매 가능한 인디 브랜드의 손염색실도 좋은 대안이 될 수 있다.

바늘
모든 사이즈 고무뜨기, 뒤꿈치 및 발끝 섹션에 사용: 2.25mm
매직루프 기법으로 뜰 경우 80cm 길이 줄바늘, 또는 장갑바늘, 또는 23cm 길이 줄바늘 2개 (선호하는 바늘 사용)

배색뜨기에 사용:
사이즈1: 2.5mm
매직루프 기법으로 뜰 경우 80cm 길이 줄바늘, 또는 장갑바늘, 또는 23cm 길이 줄바늘 2개 (선호하는 바늘 사용)
사이즈2: 2.25mm
매직루프 기법으로 뜰 경우 80cm 길이 줄바늘, 또는 장갑바늘, 또는 23cm 길이 줄바늘 2개 (선호하는 바늘 사용)
사이즈3:
양말목의 배색뜨기에 사용: 2.75mm
매직루프 기법으로 뜰 경우 80cm 길이 줄바늘, 또는 장갑바늘, 또는 23cm 길이 줄바늘 2개 (선호하는 바늘 사용)
발의 배색뜨기에 사용: 2.5mm
매직루프 기법으로 뜰 경우 80cm 길이 줄바늘, 또는 장갑바늘, 또는 23cm 길이 줄바늘 2개 (선호하는 바늘 사용)
주의사항: 잘 맞는 양말을 뜨기 위해 게이지를 체크할 것. 바늘 호수를 높이거나 낮춰서 추가 사이즈를 뜰 수 있다.

부자재
단코표시링, 가위, 돗바늘

게이지
34코×36단=10×10cm 사이즈1·2 배색뜨기
30코×34단=10×10cm 사이즈3 배색뜨기
32코×42단=10×10cm 모든 사이즈 메리야스뜨기와 고무뜨기

스페셜 기법
배색 양말 뜨기(8쪽)
덧수(170쪽)
메리야스잇기(170쪽)
주요 기법 설명은 169쪽

만드는 법

발목단
바탕실과 2.25mm 바늘을 사용해 56 (64, 72)코 만든다. 2개의 바늘에 동일하게 콧수를 나누고 단 시작에 표시링을 건다. 장갑바늘을 사용할 경우, 1개의 바늘에 콧수 절반을 옮기고 나머지 반은 2개의 바늘에 나눠 옮긴다. 단 시작에 표시링을 건다. 코가 꼬이지 않도록 조심하며 원통으로 잇는다.
고무뜨기 단: *겉뜨기3, 안뜨기1*, *~*을 단 끝까지 반복한다. 고무뜨기로 총 15단 뜬다(약 3cm).

양말목
사이즈1: 바탕실을 사용해서, 2.5mm 바늘로, 코늘림 단을 뜬다.
사이즈2: 바탕실을 사용해서, 계속해서 2.25mm 바늘로 코늘림 단을 뜬다.
사이즈3: 바탕실을 사용해서, 2.75mm 바늘로, 코늘림 단을 뜬다.

모든 사이즈
코늘림 단을 뜬다:
  사이즈1: *겉뜨기14, M1L코늘림*, *~*을 단 끝까지 반복한다. 4코 늘어남. 총 60코.
  사이즈2: *겉뜨기4, M1L코늘림*, *~*을 단 끝까지 반복한다. 16코 늘어남. 총 80코.
  사이즈3: *겉뜨기9, M1L코늘림*, *~*을 단 끝까지 반복한다. 8코 늘어남. 총 80코.

도안이 지시하는 곳에서 배색실1과 배색실2를 연결하며 배색뜨기 무늬 도안A(24쪽) 1~26단을 뜬다. 도안은 오른쪽에서 왼쪽으로 진행하고, 각 단마다 3 (4, 4)회 반복한다. 양말을 완성하고 블로킹한 후 강아지 눈과 혀를 덧수로 놓는 방법은 스페셜 기법(170쪽)을 참고하라.
배색실1과 배색실2를 자른다.
바탕실을 사용해 코를 다시 2.25mm 바늘로 옮기면서 겉뜨기로 1단 뜬다.

코줄임 단을 뜬다:
  사이즈1: *겉뜨기13, 왼코줄임*, *~*을 단 끝까지 반복한다. 4코 줄어듦. 총 56코.
  사이즈2: *겉뜨기3, 왼코줄임*, *~*을 단 끝까지 반복한다. 16코 줄어듦. 총 64코.
  사이즈3: *겉뜨기8, 왼코줄임*, *~*을 단 끝까지 반복한다. 8코 줄어듦. 총 72코.

이미 만들어진 고무뜨기(겉뜨기3, 안뜨기1) 단으로, 4.5cm 또는 힐플랩까지 원하는 길이만큼 뜬다.

힐플랩
바탕실을 사용해서 바늘1의 28 (32, 36)코를 가지고, 힐플랩을 평뜨기로 편물을 뒤집어가며 뜬다. 바늘2에는 발등이 될 28 (32, 36)코가 있다. 단 시작에 있는 표시링을 제거한다.
1단(겉면): 안뜨기하듯이 1코걸러뜨기, 단 끝까지 겉뜨기한다. 편물을 뒤집는다.
2단(안면): 안뜨기하듯이 1코걸러뜨기, 단 끝까지 안뜨기한다. 편물을 뒤집는다.
1~2단을 반복하며 총 28 (32, 36)단 뜨는데 마지막으로 뜨는 단이 안뜨기 단이 되도록 끝낸다. 힐턴을 완성한 후 주울 수 있는 가장자리 14 (16, 18)코가 있을 것이다.

힐턴
계속해서 바탕실을 사용해, 이제 되돌아뜨기로 뒤꿈치 경사를 만들 것이다.
1단(겉면): 1코걸러뜨기, 겉뜨기15 (18, 20), 오른코줄임, 겉뜨기1. 편물을 뒤집는다.
2단(안면): 1코걸러뜨기, 안뜨기5 (7, 7), 안뜨기로 2코모아뜨기, 안뜨기1. 편물을 뒤집는다.
3단(겉면): 1코걸러뜨기, 겉뜨기6 (8, 8), 오른코줄임, 겉뜨기1. 편물을 뒤집는다.
4단(안면): 1코걸러뜨기, 안뜨기7 (9, 9), 안뜨기로 2코모아뜨기, 안뜨기1. 편물을 뒤집는다.
계속해서 이 규칙대로 뜬다: 1코걸러뜨기, 이전 단에서 편물을 뒤집어서 생긴 구멍 1코 전까지 겉뜨기 또는 안뜨기, 구멍을 막기 위해 오른코줄임 또는 안뜨기로 2코모아뜨기, 겉뜨기1 또는 안뜨기1. 편물을 뒤집는다.
(사이즈1만 해당: 마지막 2단은 오른코줄임 또는 안뜨기로 2코모아뜨기로 끝날 것이다. 겉뜨기1 또는 안뜨기1을 뜰 남은 코가 없을 것이다.) 계속해서 모든 코를 작업할 때까지 진행하고 마지막으로 뜨는 단이 안면에서 안뜨기 단이 되도록 끝낸다. 겉면이 보이도록 편물을 뒤집는다. 이제 바늘1에 16 (20, 22)코 남아 있다.

거싯
바탕실을 사용해서, 이제 힐플랩의 양쪽 가장자리를 따라서 코를 주울 것이다.
뒤꿈치 코를 겉뜨기하는데, 8 (10, 11)코(중간 지점)를 뜬 후 단코표시링을 걸어 단 시작을 표시하고 나머지 코를 겉뜨기한다. 힐플랩의 가장자리를 따라 14 (16, 18)코를 꼬아뜨기로 줍는다. 모서리에 구멍이 생기지 않게 힐플랩과 발등 사이 모서리에서 1코 더 줍는다. 다음 단의 어디서 코줄임할지 알아볼 수 있게 여기에 단코표시링을 건다. 또는 뒤꿈치/거싯 코와 발등 코를 각각 다른 바늘에 나눈다.
바늘2의 발등 28 (32, 36)코를 이미 만들어진 고무뜨기 무늬대로 뜬다. 발등 코를 뜬 후 전과 동일한 방법으로 단코표시링을 또 건다.
모서리에서 1코 줍고 힐플랩의 가장자리를 따라 14 (16, 18)코를 꼬아뜨기로 줍는다. 단 시작 표시링을 만날 때까지 뒤꿈치의 첫 번째 절반을 겉뜨기한다.
이제 뒤꿈치/거싯에 총 46 (54, 60)코, 발등에 28 (32, 36)코 있다 이제 다시 모든 코를 사용해서 원통뜨기할 것이다. 바늘에 총 74 (86, 96)코가 있다.

거싯 코줄임
1단: 첫 번째 단코표시링 3코 전까지 겉뜨기하고 왼코줄임, 겉뜨기1, 표시링 옮긴다. 두 번째 단코표시링을 만날 때까지 이미 만들어진 고무뜨기 무늬대로 발등 코를 뜬다, 표시링 옮긴다, 겉뜨기1, 오른코줄임, 단코표시링까지 겉뜨기한다. 2코 줄어듦.
2단: 바늘1의 모든 코를 겉뜨기한다. 바늘2의 코를 이미 만들어진 고무뜨기 무늬대로 뜬다.
뒤꿈치/거싯 코가 28 (32, 36)코로 줄어들 때까지 1~2단을 반복한다. 바늘2에 발등 28 (32, 36)코 남아 있다. 이제 바늘에 총 56 (64, 72)코 있다.

발
계속해서 바탕실을 사용해 이미 만들어진 무늬(발등에서는 고무뜨기, 발바닥에서는 메리야스뜨기)를 유지하면서, 양말이 자신이 원하는 완성품 길이에서 약 8.5cm 모자랄 때까지 뜬다.
사이즈1과 사이즈3에서는 바탕실을 사용해서, 2.5mm 바늘로 코를 옮기면서, 다음의 코줄임 단을 뜬다. 사이즈2에서는 2.25mm 바늘로 코를 옮기면서 코늘림 단을 뜬다.

사이즈1: *겉뜨기4, M1L코늘림*, *~*을 단 끝까지 반복한다. 14코 늘어남. 총 70코.

사이즈2: *겉뜨기10, M1L코늘림*, *~*을 단 끝 4코 전까지 반복, 겉뜨기4. 6코 늘어남. 총 70코.

사이즈3: *겉뜨기6, M1L코늘림*, *~*을 단 끝까지 반복한다. 12코 늘어남. 총 84코.

바탕실을 자른다.
도안이 지시하는 곳에서 배색실1과 배색실2를 연결하며, 배색뜨기 무늬 도안B(24쪽) 1~17단을 뜬다. 도안은 각 단마다 5 (5, 6)회 반복한다.
배색실1과 배색실2를 자른다.
2.25mm 바늘로 코를 다시 옮기면서 바탕실을 사용해 코줄임 단을 뜬다:

사이즈1: *겉뜨기3, 왼코줄임*, *~*을 단 끝까지 반복한다. 14코 줄어듦. 총 56코

사이즈2: *겉뜨기9, 왼코줄임*, *~*을 단 끝 4코 남을 때까지 반복, 겉뜨기4. 6코 줄어듦. 총 64코.

사이즈3: *겉뜨기5, 왼코줄임*, *~*을 단 끝까지 반복한다. 12코 줄어듦. 총 72코.

겉뜨기로 1단 뜬다.

발끝

이제 코는 바늘1과 바늘2에 동일하게 나누어 있다. 바늘1에는 발바닥 28 (32, 36)코가 있는데, 단 시작 표시링 양쪽에 각각 14 (16, 18)코씩 있다. 바늘2에는 발등 28 (32, 36)코가 있다.

세팅 단: 바탕실을 사용해서 단 시작 표시링까지 겉뜨기로 1단 더 뜬다.

1단(코줄임 단):

바늘1: 3코 남을 때까지 겉뜨기, 왼코줄임, 겉뜨기1.

바늘2: 겉뜨기1, 오른코줄임, 3코 남을 때까지 겉뜨기, 왼코줄임, 겉뜨기1.

바늘1: 겉뜨기1, 오른코줄임, 단 시작 표시링까지 겉뜨기한다. 4코 줄어듦.

2단: 모든 코 겉뜨기한다.

1~2단을 각 바늘에 20코 남을 때까지 반복한다(총 40코).
각 바늘에 10코 남을 때까지 1단만 반복한다(매 단 코줄임한다)(총 20코).
단 시작 표시링을 제거한다. 양말 옆선을 만날 때까지 5코 겉뜨기한다. 각 바늘의 10코를 메리야스잇기로 연결한다.

마무리

실끝을 정리한다. 양말을 적셔서 블로킹한다. 그리고 덧수로 강아지 눈과 혀를 만들어줄 것! 양말 한 짝을 더 만든다.

배색뜨기 무늬 도안A

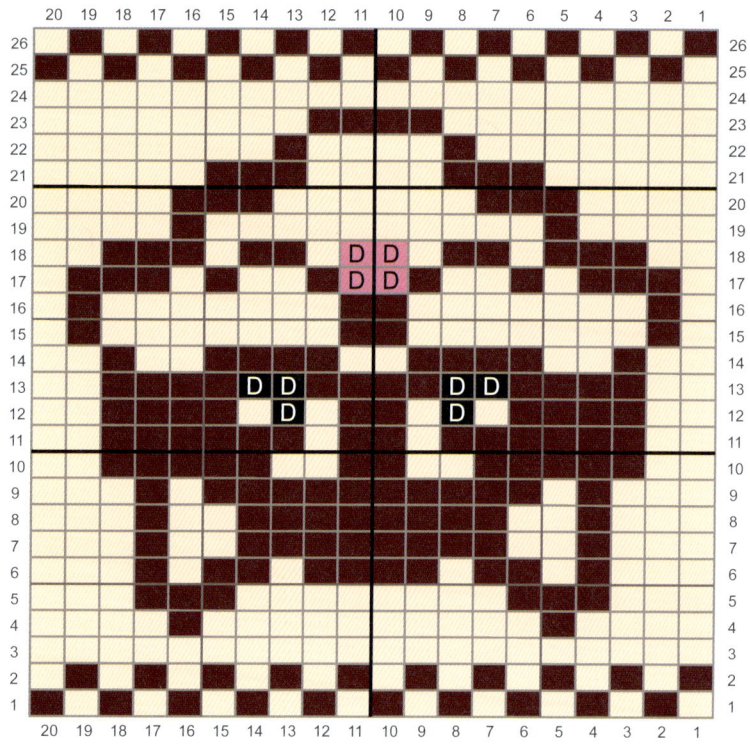

- 배색실1: 아우라
- 배색실2: 크렘
- D 검은색 덧수
- D 분홍색 덧수

배색뜨기 무늬 도안B

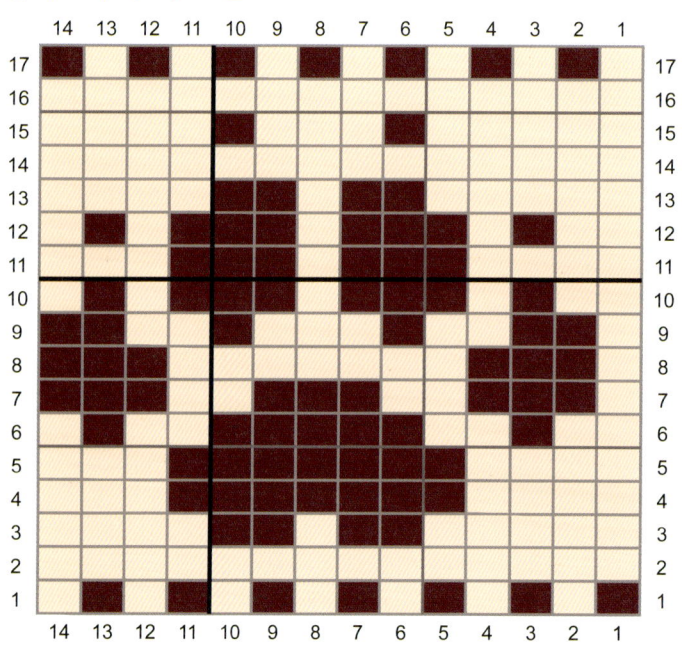

양 세기
Counting Sheep

니터들이 털실로 만든 따뜻한 손뜨개 양말보다 더 사랑하는 것이 있을까요? 아마도 실을 만들 양털을 제공해준 사랑스러운 양일 것입니다! 이 양말의 조그만 양들은 뜨개질하고 신기에 재미있고 그들의 사랑스러운 털옷을 나타내는 질감이 있는 안뜨기 섹션으로 만들어집니다. 발밑이 오돌토돌한 것이 불편할 것 같다면, 안뜨기는 완전히 선택사항입니다!

양말 구조
고무뜨기 발목단으로 시작해 위에서 아래로 내려 뜨는 이 양말에는 양말목 전체에 세 가지 색으로 뜨는 귀여운 양 모티프가 있습니다. 양의 털옷은 작은 안뜨기 코로 만듭니다. 뒤꿈치는 되돌아뜨기로 만듭니다.

사이즈
1 (2, 3)
발 둘레: 20.5~23 (23.5~25, 26~27.5)cm
완성치수: 18~20 (20.5~23, 23.5~25)cm
권장 여유분: 마이너스 2.5cm
양말목/발 길이는 쉽게 조정할 수 있다. 자세한 내용은 만드는 법을 참고할 것.
사진 속 작품은 사이즈2 US 8.5/EU 39/UK 6, 발 둘레 22.5cm로 떴다.

재료

실
핑거링 굵기, 웨스트 요크셔 스피너스의 시그니처 4합(울 75%, 나일론 25%), 1타래 400m 100g

사진 속 작품에서는 다음 색상을 사용
바탕실: 하이드레인저Hydrangea(1타래)
배색실1: 마시멜로Marshmallow(1타래)
배색실2: 버터스카치Butterscotch(1타래)
같은 게이지 치수를 얻을 수 있다면 핑거링 굵기의 실은 무엇이든 사용할 수 있다. 스위트 조지아 또는 매들린토시가 좋은 대안이 될 수 있다.

바늘
고무뜨기와 뒤꿈치 및 발끝 섹션에 사용: 2.25mm
매직루프 기법으로 뜰 경우 80cm 길이 줄바늘, 또는 장갑바늘, 또는 23cm 길이 줄바늘 2개 (선호하는 바늘 사용)
배색뜨기 섹션에 사용: 2.5mm
매직루프 기법으로 뜰 경우 80cm 길이 줄바늘, 또는 장갑바늘, 또는 23cm 길이 줄바늘 2개 (선호하는 바늘 사용)
주의사항: 잘 맞는 양말을 뜨기 위해 게이지를 체크할 것. 바늘 호수를 높이거나 낮춰서 추가 사이즈를 뜰 수 있다.

부자재
단코표시링, 가위, 돗바늘

게이지
34코×38단=10×10cm 배색뜨기
36코×44단=10×10cm 고무뜨기

스페셜 기법
배색 양말 뜨기(8쪽)
메리야스잇기(170쪽)
주요 기법 설명은 169쪽

만드는 법

발목단
바탕실과 2.25mm 바늘을 사용해서 56 (64, 72)코 만든다. 2개의 바늘에 동일하게 콧수를 나누고 단 시작에 표시링을 건다. 장갑바늘을 사용할 경우, 1개의 바늘에 콧수 절반을 옮기고 나머지 반은 2개의 바늘에 나눠 옮긴다. 단 시작 표시링을 건다. 코가 꼬이지 않도록 조심하며 원통으로 잇는다.
고무뜨기 단: *겉뜨기2, 안뜨기2*, *~*를 단 끝까지 반복한다.

고무뜨기로 총 13단 뜬다(약 3cm).

양말목

바탕실을 사용해서 2.5mm 바늘(또는 배색뜨기 게이지 치수를 얻을 수 있는 호수의 바늘)로, 코늘림 단을 뜬다:

사이즈1: *겉뜨기14, M1L코늘림*, *~*을 단 끝까지 반복한다. 4코 늘어남. 총 60코.

사이즈2: *겉뜨기8, M1L코늘림*, *~*을 단 끝까지 반복한다. 8코 늘어남. 총 72코.

사이즈3: *겉뜨기6, M1L코늘림*, *~*을 단 끝까지 반복한다. 12코 늘어남. 총 84코.

도안이 지시하는 곳에서 배색실1과 배색실2를 연결하며 배색뜨기 무늬 도안(29쪽)을 뜬다. 무늬 도안은 각 단마다 5 (6, 7)회 반복한다. 1~20단을 2회 반복하고, 1~10단을 뜬다(양말 길이를 늘리려면 원하는 횟수만큼 반복해도 되지만, 10단 또는 20단을 뜬 후 끝낸다).

되돌아뜨기 뒤꿈치

이제 배색실1을 사용해서 2.25mm 바늘1만 가지고, 자신이 선택한 사이즈에 맞는 뒤꿈치 지시사항을 따라 뜰 것이다.

사이즈1(바늘1에 30코 있음):

1단(겉면): 1코걸러뜨기, [겉뜨기12, 왼코줄임]을 2회 반복, 안면이 보이도록 편물을 뒤집는다(1코는 뜨지 않고 둔다). 2코 줄어듦. 이제 뒤꿈치에 총 28코 있다.

2단(안면): 1코걸러뜨기, 안뜨기25(끝의 1코는 뜨지 않고 둔다), 겉면이 보이도록 편물을 뒤집는다.

3단: 1코걸러뜨기, 겉뜨기24(끝의 2코는 뜨지 않고 둔다). 편물을 뒤집는다.

4단: 1코걸러뜨기, 안뜨기23(구멍 1코 전까지). 편물을 뒤집는다.

5단: 1코걸러뜨기, 겉뜨기22(구멍 1코 전까지). 편물을 뒤집는다.

6단: 1코걸러뜨기, 안뜨기21(구멍 1코 전까지). 편물을 뒤집는다.

7단: 1코걸러뜨기, 구멍 1코 전까지 겉뜨기. 편물을 뒤집는다.

8단: 1코걸러뜨기, 구멍 1코 전까지 안뜨기. 편물을 뒤집는다.

7~8단을 5회 더 반복한다.

19단: 1코걸러뜨기, 구멍 1코 전까지 겉뜨기. 편물을 뒤집는다.

20단: 1코걸러뜨기, 안뜨기7.

중심에 안뜨기 8코가 있고 그 양옆에 뜨지 않은 코가 10코씩 있다. 편물을 뒤집는다.

이제 편물을 뒤집어서 생긴 구멍을 막으면서 뒤꿈치를 평뜨기로 편물을 뒤집어가며 뜬다.

21단(겉면): 1코걸러뜨기, 겉뜨기6, (구멍 양쪽의 각 1코를 이용해서) 오른코줄임, 오른코줄임 아래에서 주워 (코를 꼬지 않는다) M1L코늘림. 편물을 뒤집는다.

22단(안면): 1코걸러뜨기, 안뜨기7, 안뜨기로 2코모아뜨기, 안뜨기로 2코모아뜨기한 코 아래에서 주워 (코를 꼬지 않는다) M1Lp코늘림. 편물을 뒤집는다.

23단: 1코걸러뜨기, 겉뜨기8, 오른코줄임, M1L코늘림. 편물을 뒤집는다.

24단: 1코걸러뜨기, 안뜨기9, 안뜨기로 2코모아뜨기, M1Lp코늘림. 편물을 뒤집는다.

계속해서 이미 만들어진 규칙대로 14단 더 뜬다.

39단(겉면): 1코걸러뜨기, 겉뜨기24, 오른코줄임, M1L코늘림. 편물을 뒤집는다.

40단(안면): 1코걸러뜨기, 안뜨기25, 안뜨기로 2코모아뜨기, M1Lp코늘림. 편물을 뒤집는다.

41단(겉면): 1코걸러뜨기, [겉뜨기13, M1L코늘림]을 2회 반복, 겉뜨기1. 2코 늘어남.

이제 바늘1에 30코 있다.

계속해서 발 섹션을 진행한다(28쪽).

사이즈2(바늘1에 36코 있음):

1단(겉면): 1코걸러뜨기, [겉뜨기6, 왼코줄임]을 4회 반복, 겉뜨기2, 안면이 보이도록 편물을 뒤집는다(1코는 뜨지 않고 둔다). 4코 줄어듦. 이제 뒤꿈치에 총 32코 있다.

2단(안면): 1코걸러뜨기, 안뜨기29(끝의 1코는 뜨지 않고 둔다), 겉면이 보이도록 편물을 뒤집는다.

3단: 1코걸러뜨기, 겉뜨기28(끝의 2코는 뜨지 않고 둔다). 편물을 뒤집는다.

4단: 1코걸러뜨기, 안뜨기27(구멍 1코 전까지). 편물을 뒤집는다.

5단: 1코걸러뜨기, 겉뜨기26(구멍 1코 전까지). 편물을 뒤집는다.

6단: 1코걸러뜨기, 안뜨기25(구멍 1코 전까지). 편물을 뒤집는다.

7단: 1코걸러뜨기, 구멍 1코 전까지 겉뜨기. 편물을 뒤집는다.

8단: 1코걸러뜨기, 구멍 1코 전까지 안뜨기. 편물을 뒤집는다.

7~8단을 5회 더 반복한다.

19단: 1코걸러뜨기, 구멍 1코 전까지 겉뜨기. 편물을 뒤집는다.
20단: 1코걸러뜨기, 안뜨기11.
중심에 안뜨기 12코가 있고 그 양옆에 뜨지 않은 코가 10코씩 있다. 편물을 뒤집는다.

이제 편물을 뒤집어서 생긴 구멍을 막으면서 뒤꿈치를 평뜨기로 편물을 뒤집어가며 뜬다.
21단(겉면): 1코걸러뜨기, 겉뜨기10, (구멍 양쪽의 각 1코를 이용해서) 오른코줄임, 오른코줄임한 코 아래에서 주워올려(코를 꼬지 않는다) M1L코늘림. 편물을 뒤집는다.
22단(안면): 1코걸러뜨기, 안뜨기11, 안뜨기로 2코모아뜨기, 안뜨기로 2코모아뜨기한 코 아래에서 주워올려(코를 꼬지 않는다) M1Lp코늘림. 편물을 뒤집는다.
23단: 1코걸러뜨기, 겉뜨기12, 오른코줄임, M1L코늘림. 편물을 뒤집는다.
24단: 1코걸러뜨기, 안뜨기13, 안뜨기로 2코모아뜨기, M1Lp코늘림. 편물을 뒤집는다.
계속해서 이미 만들어진 규칙대로 14단 더 뜬다.
39단(겉면): 1코걸러뜨기, 겉뜨기28, 오른코줄임, M1L코늘림. 편물을 뒤집는다.
40단(안면): 1코걸러뜨기, 안뜨기29, 안뜨기로 2코모아뜨기, M1Lp코늘림. 편물을 뒤집는다.
41단(겉면): [겉뜨기8, M1L코늘림]을 4회 반복한다. 4코 늘어남. 이제 바늘1에 36코 있다.
계속해서 발 섹션을 진행한다.

사이즈3(바늘1에 42코 있음):
1단(겉면): 1코걸러뜨기, [겉뜨기5, 왼코줄임]을 5회 반복, 겉뜨기3, 왼코줄임, 안면이 보이도록 편물을 뒤집는다(1코는 뜨지 않고 둔다). 6코 줄어듦. 이제 뒤꿈치에 총 36코 있다.
2단(안면): 1코걸러뜨기, 안뜨기33(끝의 1코는 뜨지 않고 둔다), 겉면이 보이도록 편물을 뒤집는다.
3단: 1코걸러뜨기, 겉뜨기32(끝의 2코는 뜨지 않고 둔다). 편물을 뒤집는다.
4단: 1코걸러뜨기, 안뜨기31(구멍 1코 전까지). 편물을 뒤집는다.
5단: 1코걸러뜨기, 겉뜨기30(구멍 1코 전까지). 편물을 뒤집는다.
6단: 1코걸러뜨기, 안뜨기29(구멍 1코 전까지). 편물을 뒤집는다.
7단: 1코걸러뜨기, 구멍 1코 전까지 겉뜨기. 편물을 뒤집는다.

8단: 1코걸러뜨기, 구멍 1코 전까지 안뜨기. 편물을 뒤집는다.
7~8단을 6회 더 반복한다.
21단: 1코걸러뜨기, 구멍 1코 전까지 겉뜨기. 편물을 뒤집는다.
22단: 1코걸러뜨기, 안뜨기13.
중심에 안뜨기 14코가 있고 그 양옆에 뜨지 않은 코가 11코씩 있다. 편물을 뒤집는다.

이제 편물을 뒤집어서 생긴 구멍을 막으면서 뒤꿈치를 평뜨기로 편물을 뒤집어가며 뜬다.
23단(겉면): 1코걸러뜨기, 겉뜨기12, (구멍 양쪽의 각 1코를 이용해서) 오른코줄임, 오른코줄임한 코 아래에서 주워올려(코를 꼬지 않는다) M1L코늘림. 편물을 뒤집는다.
24단(안면): 1코걸러뜨기, 안뜨기13, 안뜨기로 2코모아뜨기, 안뜨기로 2코모아뜨기한 코 아래에서 주워올려(코를 꼬지 않는다) M1Lp코늘림. 편물을 뒤집는다.
25단: 1코걸러뜨기, 겉뜨기14, 오른코줄임, M1L코늘림. 편물을 뒤집는다.
26단: 1코걸러뜨기, 안뜨기15, 안뜨기로 2코모아뜨기, M1Lp코늘림. 편물을 뒤집는다.
계속해서 이미 만들어진 규칙대로 16단 더 뜬다.
43단(겉면): 1코걸러뜨기, 겉뜨기32, 오른코줄임, M1L코늘림. 편물을 뒤집는다.
44단(안면): 1코걸러뜨기, 안뜨기33, 안뜨기로 2코모아뜨기, M1Lp코늘림. 편물을 뒤집는다.
45단(겉면): 1코걸러뜨기, [겉뜨기5, M1L코늘림]을 6회 반복, 겉뜨기5. 6코 늘어남.
이제 바늘1에 42코 있다.

발(모든 사이즈)

다시 원통으로 연결해서 바탕실과 2.5mm 바늘을 사용해 뜬다. 다시 바늘1과 바늘2를 둘 다 사용해서 진행한다.
바늘1의 시작(단 시작)을 다시 만날 때까지 바늘2의 32 (36, 42)코를 겉뜨기한다. 이것은 자신이 되돌아뜨기 전에 끝냈던 양 무늬에 따라 배색뜨기 무늬 도안의 11단 또는 1단으로 셀 것이다.
배색실2(그리고 결국 배색실1)를 다시 연결해, 12단 또는 2단에서 시작해 배색뜨기 무늬 도안을 다시 뜬다. 발바닥 부분에 질감이 없는 것을 선호한다면 발바닥의 양을 안뜨기 코 없이

떠도 된다.

계속해서 양말이 자신이 원하는 완성품 길이에서 4cm 모자랄 때까지 배색뜨기 무늬 도안을 뜬다. 바탕실과 배색실2를 자른다.

발끝

배색실1을 사용해서 코줄임 단을 뜬다:

사이즈1: *겉뜨기13, 왼코줄임*, *~*을 단 끝까지 반복한다. 4코 줄어듦. 총 56코.

사이즈2: *겉뜨기7, 왼코줄임*, *~*을 단 끝까지 반복한다. 8코 줄어듦. 총 64코.

사이즈3: *겉뜨기5, 왼코줄임*, *~*을 단 끝까지 반복한다. 12코 줄어듦. 총 72코.

이제 바늘1과 바늘2에 동일한 콧수가 있어야 한다. 단 시작 표시링을 제거한다. 바늘1에는 발바닥 28 (32, 36)코가 있다. 바늘2에는 발등 28 (32, 36)코가 있다.

배색실1과 바늘1을 사용해서, 14 (16, 18)코 겉뜨기한다. 방금 뜬 코 다음에 단 시작 표시링을 건다. 이곳은 발바닥 부분인 바늘1의 가운데여야 한다. 바늘2에는 발등 코가 있다.

단 시작 표시링에서 시작해서:

1단(코줄임 단):
    바늘1: 3코 남을 때까지 겉뜨기, 왼코줄임, 겉뜨기1.
    바늘2: 겉뜨기1, 오른코줄임, 3코 남을 때까지 겉뜨기, 왼코줄임, 겉뜨기1.
    바늘1: 겉뜨기1, 오른코줄임, 단 시작 표시링까지 겉뜨기.
    4코 줄어듦.

2단: 모든 코 겉뜨기.

각 바늘에 20코 남을 때까지 1~2단을 반복한다(총 40코).

계속해서 각 바늘에 10코 남을 때까지 1단만 반복한다(매 단 코 줄임한다)(총 20코).

단 시작 표시링을 제거한다. 양말의 옆선을 만날 때까지 5코 겉뜨기한다. 각 바늘에 남은 10코를 메리야스잇기로 연결한다.

마무리

실끝을 정리한다. 양말을 적셔서 블로킹한다. 동일한 과정을 반복해 양말 한 짝을 더 만든다.

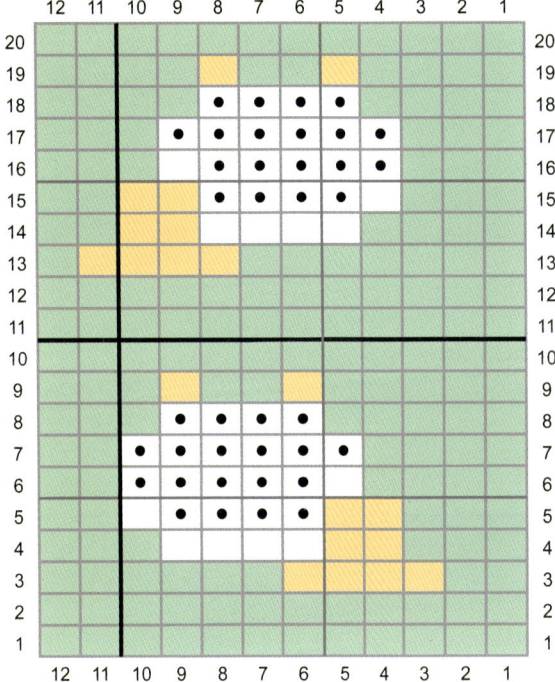

배색뜨기 무늬 도안

- 바탕실: 하이드레인저
- 배색실1: 마시멜로
- 배색실2: 버터스카치
- 안뜨기 코: 마시멜로

플러터바이 버터플라이
Flutterby Butterfly

이 재미있는 나비 양말은 나비의 아름답고 밝은 색을 아우릅니다(제 아이들은 나비를 뜻하는 '버터플라이'의 철자를 분해해서 재조합해 '플러터바이'라고 부르곤 했지요). 따뜻한 날 꽃 주위를 행복하게 날아다니는 나비들은 매혹적이고 재미있을 뿐만 아니라, 개인적인 변화를 상징합니다. 나비는 탈피라는 중요한 변화를 거쳐 우아해지고 가벼워지는데, 이것은 제가 매우 존경하는 과정입니다. 저는 화려한 '빨리 뜨는' 줄무늬가 특징인 재미있는 양말 한 켤레로 이 마법의 생물들을 포착하고 싶었습니다. 각 줄무늬를 재빨리 끝내는 데 몰두하다 보면, 금세 양말이 완성될 것입니다!

양말 구조
세 가지 색을 사용해서 고무뜨기 발목단으로 시작해 아래로 내려 뜨는 이 양말은 양말목에 배색 나비 무늬 섹션이 있고, 이어서 양말목에서 시작해 발을 지나 발끝으로 이어지는 세 가지 색 줄무늬가 있습니다. 이 양말은 고무뜨기 힐플랩과 거싯으로 진행합니다.

사이즈
1 (2, 3)
발 둘레: 17~19 (20.5~23, 24~26)cm
발 둘레 완성치수: 15.5~16.5 (18~20.5, 21.5~23.5)cm
양말목 둘레 완성치수: 20~21 (22~23, 24~25)cm
권장 여유분: 마이너스 2.5cm
양말목/발 길이는 쉽게 조정할 수 있다. 자세한 내용은 만드는 법을 참고할 것.
사진 속 작품은 사이즈2 US 8.5/EU 39/UK 6, 발 둘레 22.5cm로 떴다.

재료

실
핑거링 굵기, 얀 러브의 신데렐라 핑거링(슈퍼워시 블루페이스 레스터울 80%, 나일론 20%), 1타래 170m 50g

사진 속 작품에서는 다음 색상을 사용
바탕실: 아르데코 Art Deco(1타래)
배색실1: 앤티크 틸 Antique Teal(1타래)
배색실2: 버터비어 Butterbeer(1타래)
같은 게이지 치수를 얻을 수 있다면 핑거링 굵기의 실은 무엇이든 사용할 수 있다.

바늘
고무뜨기와 메리야스뜨기에 사용: 2.25mm
매직루프 기법으로 뜰 경우 80cm 길이 줄바늘, 또는 장갑바늘, 또는 23cm 길이 줄바늘 2개 (선호하는 바늘 사용)
배색뜨기에 사용: 2.5mm
매직루프 기법으로 뜰 경우 80cm 길이 줄바늘, 또는 장갑바늘, 또는 23cm 길이 줄바늘 2개 (선호하는 바늘 사용)
주의사항: 잘 맞는 양말을 뜨기 위해 게이지를 체크할 것. 바늘 호수를 높이거나 낮춰서 추가 사이즈를 뜰 수 있다.

부자재
단코표시링, 가위, 돗바늘

게이지
34코×38단=10×10cm 배색뜨기
36코×44단=10×10cm 메리야스뜨기와 고무뜨기

스페셜 기법
단차가 생기지 않는 줄무늬 뜨기(171쪽)
배색 양말 뜨기(8쪽)
메리야스잇기(170쪽)
주요 기법 설명은 169쪽

만드는 법

발목단
바탕실과 2.25mm 바늘을 사용해서 56 (64, 72)코 만든다. 2개의 바늘에 동일하게 콧수를 나누고 단 시작에 표시링을 건다. 장갑바늘을 사용할 경우, 1개의 바늘에 콧수 절반을 옮기고 나머지 반은 2개의 바늘에 나눠 옮긴다. 단 시작 표시링을 건다. 코가 꼬이지 않도록 조심하며 원통으로 잇는다.
고무뜨기 단: *겉뜨기1, 안뜨기1, *~*을 단 끝까지 반복한다. 고무뜨기로 총 13단 뜬다(약 3cm).

양말목
바탕실을 사용해서, 2.5mm 바늘(또는 배색뜨기 게이지 치수를 얻을 수 있는 호수의 바늘)로, 코늘림 단을 뜬다:
사이즈1: *겉뜨기6, M1L코늘림, 겉뜨기5, M1L코늘림*, *~*을 6코 남을 때까지 반복, 겉뜨기6, M1L코늘림. 10코 늘어남. 총 66코.
사이즈2: *겉뜨기8, M1L코늘림*, *~*을 단 끝까지 반복한다. 8코 늘어남. 총 72코.
사이즈3: *겉뜨기12, M1L코늘림*, *~*을 단 끝까지 반복한다. 6코 늘어남. 총 78코.

도안이 지시하는 곳에서 배색실1과 배색실2를 연결해서 자신이 선택한 사이즈에 맞는 배색뜨기 무늬 도안(35~37쪽) 1~33단을 뜬다. 모든 사이즈에서, 각 단마다 무늬 도안을 3회 반복한다. 원한다면 각 무늬 반복 사이에 단코표시링을 걸어 표시해도 좋다.

바탕실을 사용해서 2.25mm 바늘로 다시 코를 옮기면서, 코줄임 단을 뜬다:
사이즈1: *겉뜨기5, 왼코줄임, 겉뜨기4, 왼코줄임*, *~*을 14코 남을 때까지 반복, [겉뜨기5, 왼코줄임]을 2회 반복한다. 10코 줄어듦. 총 56코.
사이즈2: *겉뜨기7, 왼코줄임*, *~*을 단 끝까지 반복한다. 8코 줄어듦. 총 64코.
사이즈3: *겉뜨기11, 왼코줄임*, *~*을 단 끝까지 반복한다. 6코 줄어듦. 총 72코.

이제 나비 무늬가 정확히 바늘2 앞 중심에 오도록 코를 바늘에 재배치할 것이다. 이 코가 발등이 될 것이다.
배색실2를 사용해서 14 (16, 18)코를 겉뜨기한다. 단 끝까지 42 (48, 54)코가 남아 있다.
처음 28 (32, 36)코가 바늘2에 오고 마지막 14 (16, 18)코가 바늘1에 오도록 재배치한다. 이제 바늘2에 28 (32, 36)코, 바늘1에 28 (32, 36)코 있다. 단 시작은 바늘1 중심에 있다. 이곳은 양말의 뒤쪽이고 양말목을 완성한 후 뒤꿈치를 만드는 데 사용된다.

배색실2를 사용해서 이어지는 42 (48, 54)코를 단 끝까지 겉뜨기한다. 이제 코는 바늘에 재배치되었다.
배색실2를 사용해서 2단 더 겉뜨기한다.
줄무늬를 1회 뜬다.

9단 줄무늬
배색실2를 사용해서 3단 겉뜨기한다.
배색실1을 사용해서 3단 겉뜨기한다.
바탕실을 사용해서 3단 겉뜨기한다.
배색실1과 배색실2를 자른다.
계속해서 고무뜨기 힐플랩 섹션을 진행한다.

고무뜨기 힐플랩

힐플랩은 바탕실을 사용해서 바늘1의 28 (32, 36)코를 가지고 평뜨기로 편물을 뒤집어가며 뜬다. 바늘2에는 발등이 될 28 (32, 36)코가 있다. 단 시작의 표시링을 제거한다.

1단(겉면): *안뜨기하듯이 1코걸러뜨기, 겉뜨기1*, *~*을 단 끝까지 반복한다. 편물을 뒤집는다.

2단(안면): *안뜨기하듯이 1코걸러뜨기, 안뜨기1*, *~*을 단 끝까지 반복한다. 편물을 뒤집는다.

1~2단을 총 28 (32, 36)단 뜨는데 마지막으로 뜨는 단이 안면 단이 되도록 끝낸다. 힐턴을 완성한 후 주울 수 있는 가장자리 14 (16, 18)코가 있을 것이다.

힐턴

배색실2를 사용해서 되돌아뜨기로 뒤꿈치 경사를 만들 것이다.

1단(겉면): 1코걸러뜨기, 겉뜨기15 (18, 20), 오른코줄임, 겉뜨기1. 편물을 뒤집는다.

2단(안면): 1코걸러뜨기, 안뜨기5 (7, 7), 안뜨기로 2코모아뜨기, 안뜨기1. 편물을 뒤집는다.

3단(겉면): 1코걸러뜨기, 겉뜨기6 (8, 8), 오른코줄임, 겉뜨기1. 편물을 뒤집는다.

4단(안면): 1코걸러뜨기, 안뜨기7 (9, 9), 안뜨기로 2코모아뜨기, 안뜨기1. 편물을 뒤집는다.

계속해서 이 규칙대로 뜬다: 1코걸러뜨기, 이전 단에서 편물을 뒤집어서 생긴 구멍 1코 전까지 겉뜨기 또는 안뜨기, 구멍을 막기 위해 오른코줄임 또는 안뜨기로 2코모아뜨기, 겉뜨기1 또는 안뜨기1. 편물을 뒤집는다.

(사이즈1만 해당: 마지막 2단은 오른코줄임 또는 안뜨기로 2코모아뜨기로 끝날 것이다. 겉뜨기1 또는 안뜨기1을 뜰 남은 코가 없을 것이다.) 계속해서 모든 코를 작업할 때까지 진행하고 마지막으로 뜨는 단이 안면에서 안뜨기 단이 되도록 끝낸다. 겉면이 보이도록 편물을 뒤집는다. 이제 바늘1에 16 (20, 22)코 남아 있다.

거싯

이제 힐플랩의 양쪽 가장자리를 따라서 코를 주울 것이다.

배색실2를 사용해서 8 (10, 11)코(중간 지점) 겉뜨기한다. 새로운 단 시작 표시링을 건다.

배색실1을 다시 연결해서 뒤꿈치 코 끝까지 겉뜨기한다. 힐플랩의 가장자리를 따라 14 (16, 18)코를 꼬아뜨기로 줍는다. 모서리에 구멍이 생기지 않게 힐플랩과 발등 사이 모서리에서 1코 더 줍는다. 다음 단의 어디서 코줄임할지 알아볼 수 있게 여기에 단코표시링을 건다. 또는 뒤꿈치/거싯 코와 발등 코를 각각 다른 바늘에 나눈다.

쉼코로 둔 바늘2의 발등 28 (32, 36)코를 겉뜨기한다. 발등 코를 뜬 후 전과 동일한 방법으로 단코표시링을 또 건다.

모서리에서 1코 줍고 힐플랩의 가장자리를 따라 14 (16, 18)코를 꼬아뜨기로 줍는다. 단 시작 표시링을 만날 때까지 뒤꿈치의 첫 번째 절반을 겉뜨기한다.

이제 뒤꿈치/거싯에 총 46 (54, 60)코, 발등에 28 (32, 36)코 있다. 이제 다시 모든 코를 사용해서 원통뜨기할 것이다. 바늘에 총 74 (86, 96)코 있다.

거싯 코줄임

1단: 배색실1을 사용해서(줄무늬를 유지하며) 첫 번째 단코표시링 3코 전까지 겉뜨기, 왼코줄임, 겉뜨기1, 표시링 옮긴다. 두 번째 단코표시링을 만날 때까지 발등 코를 겉뜨기한다, 표시링

옮긴다, 겉뜨기1, 오른코줄임. 단 시작 표시링까지 겉뜨기한다.
2단: 배색실1을 사용해서 모든 코 겉뜨기한다.
바탕실을 사용해서 뒤꿈치/거싯 코가 28 (32, 36)코로 줄어들 때까지, 9단 줄무늬(32쪽)를 계속 번갈아 뜨며 1~2단을 반복한다. 바늘2에 발등 28 (32, 36)코 남아 있다. 이제 바늘에 총 56 (64, 72)코 있다.

발

계속해서 양말이 자신이 원하는 완성품 길이에서 약 4cm 모자랄 때까지 9단 줄무늬로 진행한다, 줄무늬는 배색실1 또는 배색실2에서 끝낸다.
배색실1과 배색실2를 자른다.

발끝

이제 코는 바늘1과 바늘2에 동일하게 나뉘어 있다. 바늘1에는 발바닥 28 (32, 36)코가 있고, 단 시작 표시링 양쪽에 각각 14 (16, 18)코씩 있다. 바늘2에는 발등 28 (32, 36)코가 있다.
세팅 단: 바탕실을 사용해서 단 시작 표시링까지 겉뜨기로 1단 더 뜬다.

1단(코줄임 단):
  바늘1: 3코 남을 때까지 겉뜨기, 왼코줄임, 겉뜨기1.
  바늘2: 겉뜨기1, 오른코줄임, 3코 남을 때까지 겉뜨기, 왼코줄임, 겉뜨기1.
  바늘1: 겉뜨기1, 오른코줄임, 단 시작 표시링까지 겉뜨기한다.
  4코 줄어듦.
2단: 모든 코 겉뜨기한다.
1~2단을 각 바늘에 20코 남을 때까지 반복한다(총 40코).
계속해서 각 바늘에 10코 남을 때까지 1단만 반복한다(매 단 코줄임한다)(총 20코).
단 시작 표시링을 제거한다. 양말 옆선을 만날 때까지 5코를 겉뜨기한다. 각 바늘의 10코를 메리야스잇기로 연결한다.

마무리

실끝을 정리한다. 양말을 적셔서 블로킹한다. 동일한 과정을 반복해 양말 한 짝을 더 만든다.

배색뜨기 무늬 도안—사이즈1

■ 바탕실: 아르데코
■ 배색실1: 앤티크 틸
■ 배색실2: 버터비어

배색뜨기 무늬 도안—사이즈2

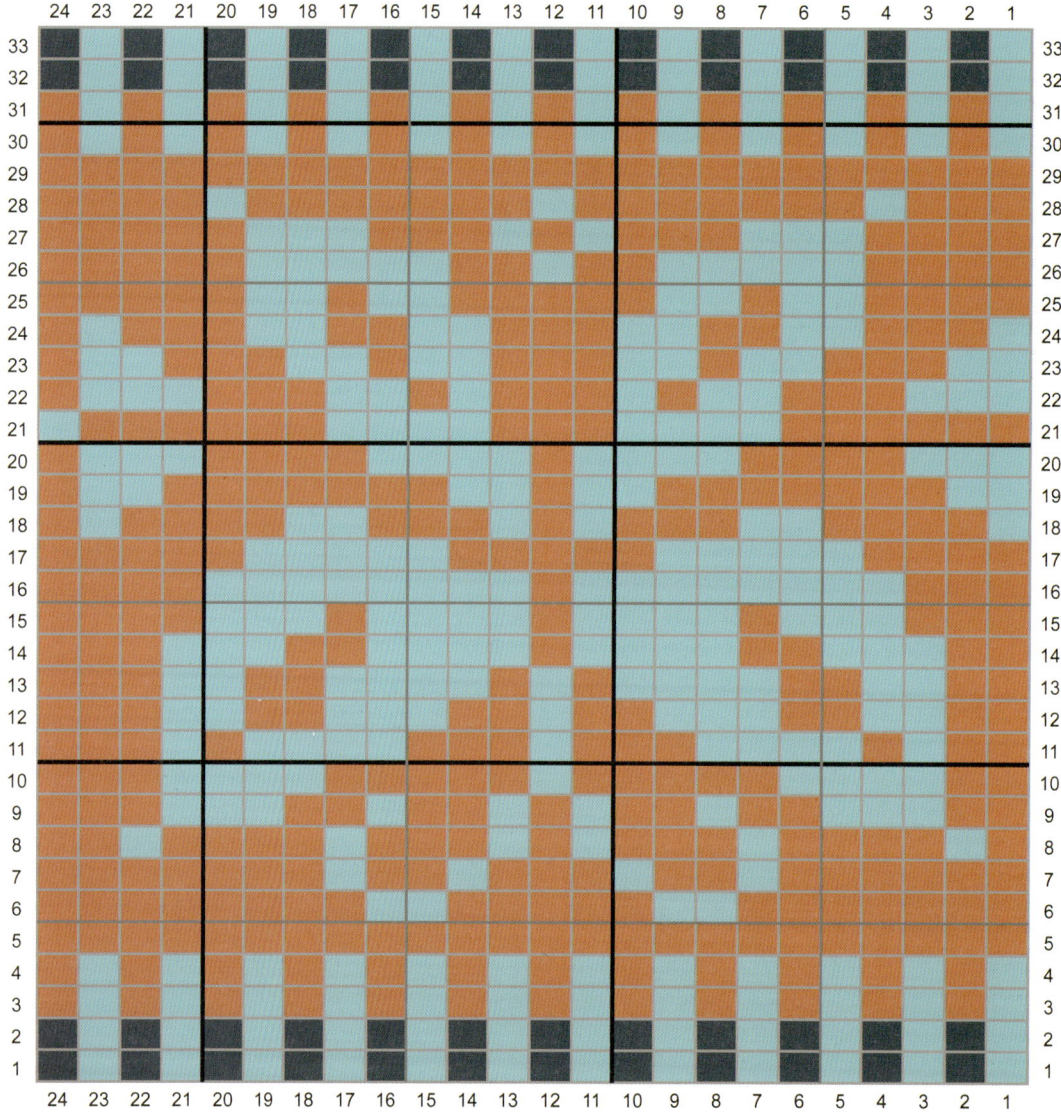

■ 바탕실: 아르데코
■ 배색실1: 앤티크 틸
■ 배색실2: 버터비어

배색뜨기 무늬 도안—사이즈3

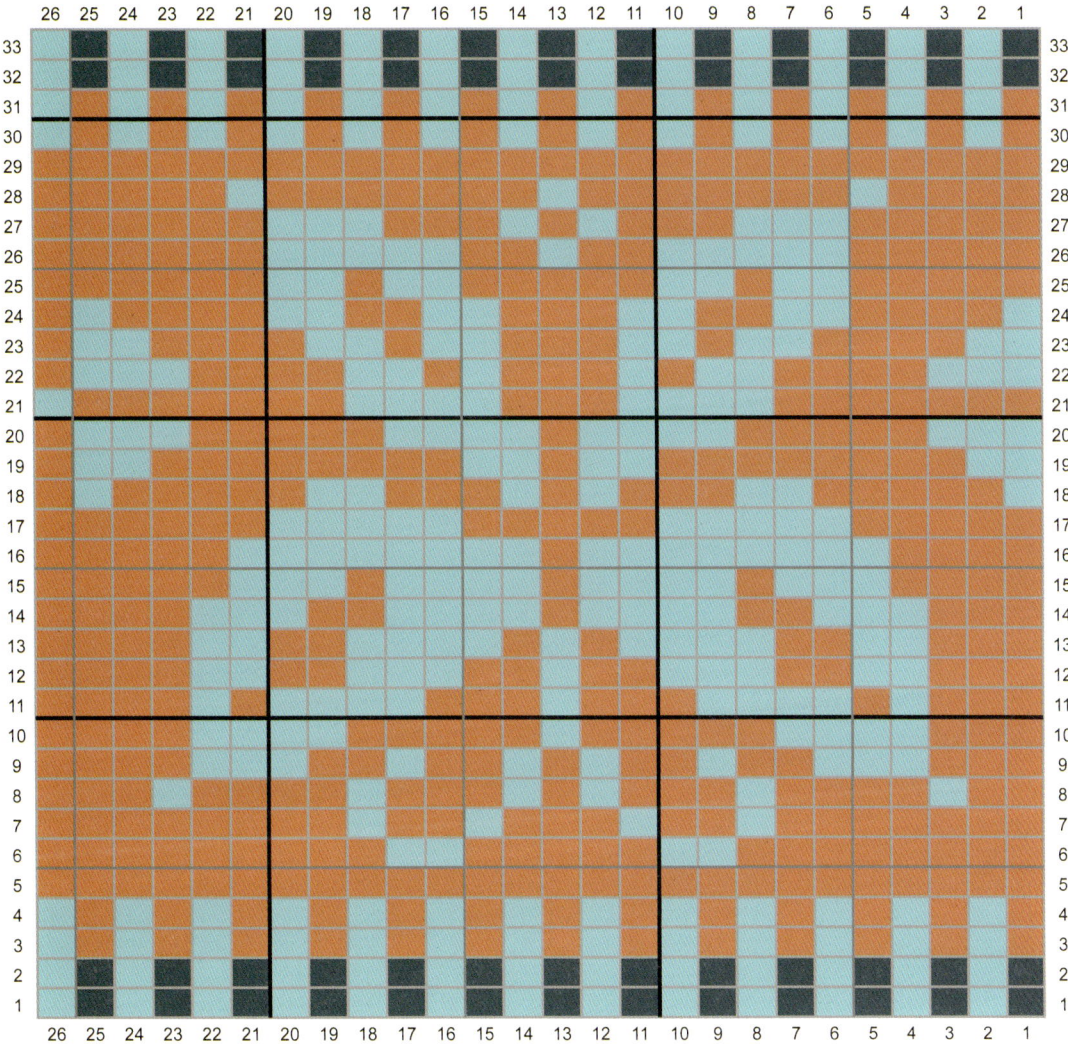

■ 바탕실: 아르데코
■ 배색실1: 앤티크 틸
■ 배색실2: 버터비어

백조의 호수
Swan Lake

처음 스위스로 이사했을 때, 만년설에 덮인 산과 소나무 숲을 상상하던 중에 매우 따뜻한 여름을 경험할 수 있다는 것을 알고 저는 꽤 충격을 받았습니다. 그리고 더운 여름 저녁에 시원한 스위스 호수에 몸을 담그는 것보다 더 상쾌하고 반가운 것은 없습니다. 아름다운 호수를 우리와 공유하는 친절한 백조들에게 영감을 받아, 저는 이 기품 있는 생물이 우아하고 뜨기에 재미있는 양말 한 켤레를 창조하게 해줄 거라고 느꼈습니다.

양말 구조
고무뜨기 발목단에서 시작해 위에서 아래로 내려 뜨는 이 양말은 양말목에 배색 백조 무늬를 포함하고(눈과 부리는 덧수로 놓을 수 있습니다) 발끝을 뜨기 전에 심플한 배색 디테일로 마무리합니다. 이 양말은 고무뜨기 힐 플랩과 거싯으로 뜹니다.

사이즈
1 (2, 3)
발 둘레: 18~20 (20.5~23, 23.5~25)cm
완성치수: 15.5~17.5 (18~20, 20.5~23)cm
권장 여유분: 마이너스 2.5cm
양말목/발 길이는 쉽게 조정할 수 있다. 자세한 내용은 만드는 법을 참고할 것.
사진 속 작품은 사이즈2 US 8.5/EU 39/UK 6, 발 둘레 22.5cm로 떴다.

재료

실
핑거링 굵기, 기글링게코의 삭란디아 삭스얀(슈퍼워시 메리노 울 80%, 나일론 20%), 1타래 365m 100g

사진 속 작품에서는 다음 색상을 사용
바탕실: 레이크 취리히 Lake Zürich (1타래)
배색실: 마리나 미스트 Marina Mist (1타래)
백조의 눈과 부리를 수놓을 핑거링 굵기의 검은색과 오렌지색 자투리실.
같은 게이지 치수를 얻을 수 있다면 핑거링 굵기의 실은 무엇이든 사용할 수 있다. 구매 가능한 인디 브랜드의 손염색실도 좋은 대안이 될 수 있다.

바늘
고무뜨기와 메리야스뜨기에 사용: 2.25mm
매직루프 기법으로 뜰 경우 80cm 길이 줄바늘, 또는 장갑바늘, 또는 23cm 길이 줄바늘 2개 (선호하는 바늘 사용)
배색뜨기에 사용: 2.5mm
매직루프 기법으로 뜰 경우 80cm 길이 줄바늘, 또는 장갑바늘, 또는 23cm 길이 줄바늘 2개 (선호하는 바늘 사용)
주의사항: 잘 맞는 양말을 뜨기 위해 게이지를 체크할 것. 바늘 호수를 높이거나 낮춰서 추가 사이즈를 뜰 수 있다.

부자재
단코표시링, 가위, 돗바늘

게이지
34코×36단=10×10cm 사이즈1 배색뜨기
38코×38단=10×10cm 사이즈2·3의 양말목 배색뜨기
34코×28단=10×10cm 사이즈2·3의 발 배색뜨기
32코×42단=10×10cm 모든 사이즈 메리야스뜨기와 고무뜨기

스페셜 기법
배색 양말 뜨기(8쪽)
메리야스잇기(170쪽)
덧수(170쪽)
주요 기법 설명은 169쪽

만드는 법

발목단
바탕실과 2.25mm 바늘을 사용해서 56 (64, 72)코 만든다. 2개의 바늘에 동일하게 콧수를 나누고 단 시작에 표시링을 건다. 장갑바늘을 사용할 경우, 1개의 바늘에 콧수 절반을 옮기고 나머지 반은 2개의 바늘에 나눠 옮긴다. 단 시작에 표시링을 건다. 코가 꼬이지 않도록 조심하며 원통으로 잇는다.
고무뜨기 단: *겉뜨기1, 안뜨기1*, *~*을 단 끝까지 반복한다.
고무뜨기로 총 13단 뜬다(약 3cm).

양말목
바탕실을 사용해서 겉뜨기로 1단 뜬다. 사이즈1에서만 2.5mm 바늘로 코를 옮긴다. 다른 사이즈에서는 사용 중인 바늘로 계속 진행한다.

코늘림 단을 뜬다:
사이즈1: *겉뜨기7, M1L코늘림*, *~*을 단 끝까지 반복한다. 8코 늘어남. 총 64코.
사이즈2: *겉뜨기4, M1L코늘림*, *~*을 단 끝까지 반복한다. 16코 늘어남. 총 80코.
사이즈3: *겉뜨기3, M1L코늘림*, *~*을 단 끝까지 반복한다. 24코 늘어남. 총 96코.
바탕실을 사용해서 겉뜨기로 1단 뜬다.
도안이 지시하는 곳에서 배색실을 연결하며, 배색 무늬 도안 A(43쪽)를 시작한다. 무늬 도안은 오른쪽에서 왼쪽으로, 아래에서 위로 진행한다. 무늬 도안은 각 단마다 4 (5, 6)회 반복한다. 양말을 완성하고 블로킹한 후 눈과 부리에 덧수를 놓는 방법은 스페셜 기법(170쪽)을 참고한다.

무늬 도안을 1회 뜬다. 배색실을 자른다.
바탕실을 사용해서 겉뜨기로 1단 뜬다. 사이즈1에서는 코를 다시 2.25mm 바늘로 옮긴다.
바탕실과 2.25mm 바늘을 사용해서 코줄임 단을 뜬다:
사이즈1: *겉뜨기6, 왼코줄임*, *~*을 단 끝까지 반복한다. 8코 줄어듦. 총 56코.
사이즈2: *겉뜨기3, 왼코줄임*, *~*을 단 끝까지 반복한다. 16코 줄어듦. 총 64코.
사이즈3: *겉뜨기2, 왼코줄임*, *~*을 단 끝까지 반복한다. 24코 줄어듦. 총 72코.
4.5cm 더 겉뜨기한다, 또는 힐플랩까지 원하는 길이만큼 겉뜨기한다.

고무뜨기 힐플랩
힐플랩은 바탕실을 사용해서 바늘1의 28 (32, 36)코를 가지고 평뜨기로 편물을 뒤집어가며 뜬다. 바늘2에는 발등이 될 28 (32, 36)코가 있다. 단 시작의 표시링을 제거한다.
1단(겉면): 안뜨기3, *안뜨기하듯이 1코걸러뜨기, 겉뜨기1*, *~*을 3코 남을 때까지 반복, 안뜨기3. 편물을 뒤집는다.
2단(안면): 단 끝까지 안뜨기. 편물을 뒤집는다.
1~2단을 총 28 (32, 36)단 뜨는데 마지막으로 뜨는 단이 안면 단이 되도록 끝낸다. 힐턴을 완성한 후 주울 수 있는 가장자리 14 (16, 18)코가 있을 것이다.

힐턴
계속해서 바탕실을 사용해서, 되돌아뜨기로 뒤꿈치 경사를 만들 것이다.
1단(겉면): 1코걸러뜨기, 겉뜨기15 (18, 20), 오른코줄임, 겉뜨기1. 편물을 뒤집는다.
2단(안면): 1코걸러뜨기, 안뜨기5 (7, 7), 안뜨기로 2코모아뜨기, 안뜨기1. 편물을 뒤집는다.
3단(겉면): 1코걸러뜨기, 겉뜨기6 (8, 8), 오른코줄임, 겉뜨기1. 편물을 뒤집는다.
4단(안면): 1코걸러뜨기, 안뜨기7 (9, 9), 안뜨기로 2코모아뜨기, 안뜨기1. 편물을 뒤집는다.
계속해서 이 규칙대로 뜬다: 1코걸러뜨기, 이전 단에서 편물을 뒤집어서 생긴 구멍 1코 전까지 겉뜨기 또는 안뜨기, 구멍을 막기 위해 오른코줄임 또는 안뜨기로 2코모아뜨기, 겉뜨기1 또는 안뜨기1. 편물을 뒤집는다.
(**사이즈1만 해당**: 마지막 2단은 오른코줄임 또는 안뜨기로 2코모아뜨기로 끝날 것이다. 겉뜨기1 또는 안뜨기1을 뜰 남은 코가 없을 것이다.) 계속해서 모든 코를 작업할 때까지 진행하고 마지막으로 뜨는 단이 안면에서 안뜨기 단이 되도록 끝낸다. 겉면이 보이도록 편물을 뒤집는다. 이제 바늘1에 16 (20, 22)코 남아 있다.

거싯

바탕실을 사용해서, 이제 힐플랩의 양쪽 가장자리를 따라서 코를 주울 것이다.

뒤꿈치 코를 겉뜨기하는데 8 (10, 11)코(중간 지점)를 뜬 후 단코표시링을 걸어 단 시작을 표시하고 나머지 코를 겉뜨기한다. 힐플랩의 가장자리를 따라 14 (16, 18)코를 꼬아뜨기로 줍는다. 모서리에 구멍이 생기지 않게 힐플랩과 발등 사이 모서리에서 1코 더 줍는다. 다음 단의 어디서 코줄임할지 알아볼 수 있게 여기에 단코표시링을 건다. 또는 뒤꿈치/거싯 코와 발등 코를 각각 다른 바늘에 나눈다.

(바늘2의) 발등 28 (32, 36)코를 겉뜨기한다. 발등 코를 뜬 후 전과 동일한 방법으로 단코표시링을 또 건다.

모서리에서 1코 줍고 힐플랩의 가장자리를 따라 14 (16, 18)코를 꼬아뜨기로 줍는다. 단 시작 표시링을 만날 때까지 뒤꿈치의 첫 번째 절반을 겉뜨기한다.

이제 뒤꿈치/거싯에 총 46 (54, 60)코, 발등에 28 (32, 36)코 있고, 이제 다시 모든 코를 사용해서 원통뜨기할 것이다. 바늘에 총 74 (86, 96)코 있다.

거싯 코줄임

1단: 첫 번째 단코표시링 3코 전까지 겉뜨기, 왼코줄임, 겉뜨기1, 두 번째 단코표시링을 만날 때까지 발등 코를 겉뜨기한다, 겉뜨기1, 오른코줄임, 단 시작 표시링까지 겉뜨기한다. 2코 줄어듦.

2단: 모든 코 겉뜨기한다.

뒤꿈치/거싯 코가 28 (32, 36)코로 줄어들 때까지 1~2단을 반복한다.

발등 28 (32, 36)코는 바늘2에 남아 있다. 이제 바늘에 총 56 (64, 72)코 있다.

발

계속해서 양말이 자신이 원하는 완성품 길이보다 약 5cm 모자랄 때까지 바탕실을 사용해서 매 단 겉뜨기한다.

코늘림 단을 뜬다(2.5mm 바늘로 코를 옮기면서):

사이즈1: *겉뜨기7, M1L코늘림*, *~*을 단 끝까지 반복한다. 8코 늘어남. 총 64코.

사이즈2: *겉뜨기8, M1L코늘림*, *~*을 단 끝까지 반복한다.

8코 늘어남. 총 72코.

사이즈3: *겉뜨기6, M1L코늘림*, *~*을 단 끝까지 반복한다. 12코 늘어남. 총 84코.

겉뜨기로 1단 뜬다.

도안이 지시하는 곳에서 배색실을 연결하며, 배색뜨기 무늬 도안B(43쪽) 1~3단을 뜬다. 무늬 도안은 오른쪽에서 왼쪽으로, 아래에서 위로 진행한다. 무늬 도안은 각 단마다 16 (18, 21)회 반복한다.

배색실을 자른다.

바탕실을 사용해서 2.25mm 바늘로 코를 다시 옮기면서 겉뜨기로 1단 뜬다.

코줄임 단을 뜬다:

사이즈1: *겉뜨기6, 왼코줄임*, *~*을 단 끝까지 반복한다. 8코 줄어듦. 총 56코.

사이즈2: *겉뜨기7, 왼코줄임*, *~*을 단 끝까지 반복한다. 8코 줄어듦. 총 64코.

사이즈3: *겉뜨기5, 왼코줄임*, *~*을 단 끝까지 반복한다. 12코 줄어듦. 총 72코.

마무리
실끝을 정리한다. 양말을 적셔서 블로킹한다. 그리고 덧수로 눈과 부리를 만들어준다. 동일한 과정을 반복해 양말 한 짝을 더 만든다.

발끝
이제 코는 바늘1과 바늘2에 동일하게 나뉘어 있다. 바늘1에는 발바닥 28 (32, 36)코가 있고, 단 시작 표시링 양쪽에 각각 14 (16, 18)코씩 있다. 바늘2에는 발등 28 (32, 36)코가 있다.

모든 사이즈 해당:
단 시작 표시링에서 시작해서:

1단(코줄임 단):
- 바늘1: 3코 남을 때까지 겉뜨기, 왼코줄임, 겉뜨기1.
- 바늘2: 겉뜨기1, 오른코줄임, 3코 남을 때까지 겉뜨기, 왼코줄임, 겉뜨기1.
- 바늘1: 겉뜨기1, 오른코줄임, 단 시작 표시링까지 겉뜨기한다. 4코 줄어듦.

2단: 모든 코 겉뜨기한다.

1~2단을 각 바늘에 20코 남을 때까지 반복한다(총 40코).
계속해서 각 바늘에 10코 남을 때까지 1단만 반복한다(매 단 코 줄임한다)(총 20코).
단 시작 표시링을 제거한다. 양말 옆선을 만날 때까지 5코를 겉뜨기한다. 각 바늘의 10코를 메리야스잇기로 연결한다.

배색뜨기 무늬 도안A

배색뜨기 무늬 도안B

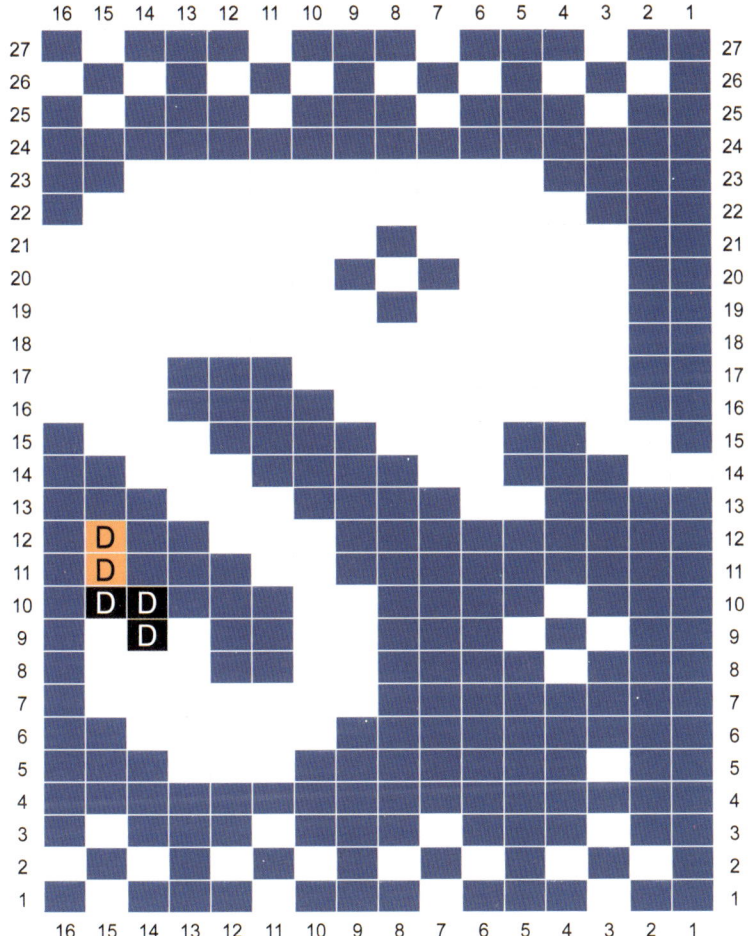

■ 바탕실: 레이크 취리히

□ 배색실: 마리나 미스트

D 오렌지색 덧수

D 검은색 덧수

플라워 파워
Flower Power

여러분도 저와 같다면, 꽃을 키우는 데는 재주가 없지만, 그래도 꽃이 주위에 있는 것을 갈망할 겁니다. 아니면 여러분은 열렬한 정원사이고 잘 가꾼 장미 덤불이나 튤립 화단과 어울리는 꽃을 양말에도 넣기를 원할 수도 있습니다. 저는 우리가 성공적인 정원사든 아니든, 어디에 살든지 간에 일 년 내내 꽃을 사랑하고 감상한다고 생각합니다. 그것을 염두에 두고, 이 다섯 가지 양말 도안을 제가 가장 좋아하는 꽃들에 바치는 재미있고 다채로운 컬렉션으로 디자인했습니다. 이 꽃들이 여러분이 가장 좋아하는 꽃이자 여러분이 가장 좋아하는 양말의 일부가 되기를 바랍니다!

블루밍 라벤더
Blooming Lavender

라벤더는 북아프리카와 지중해 산맥이 원산지지만 지금은 세계 곳곳에서 재배되고 있는 아름다운 허브입니다. 여름에 초원 전체를 보랏빛으로 물들이는 예쁜 꽃을 피울 뿐만 아니라 독특한 향기도 있습니다. 이 식물은 또한 많은 긍정적인 효능이 있으며, 불안과 불면증을 가라앉히고 휴식을 돕는다고 알려져 있습니다. 이 양말이 여러분이 뜨개질을 하면서 편안함을 느끼는 데 도움이 되기를 바랍니다!

양말 구조
발목단에서 시작해 위에서 아래로 내려 뜨는 이 양말은 고무뜨기 발목단과 자고새 눈 무늬 힐플랩과 거싯이 있습니다. 또한 양말목과 발끝 전에 배색뜨기 섹션이 있습니다.

사이즈
1 (2, 3)
발 둘레: 17~19 (20.5~23, 23.5~25)cm
완성치수: 14.5~16.5 (18~20, 20.5~23)cm
권장 여유분: 마이너스 2.5cm
양말목/발 길이는 쉽게 조정할 수 있다. 자세한 내용은 만드는 법을 참고할 것.
사진 속 작품은 사이즈2 US 8.5/EU 39/UK 6, 발 둘레 22.5cm로 떴다.

재료

실
핑거링 굵기, 얀 러브의 신데렐라 핑거링(슈퍼워시 블루페이스 레스터울 80%, 나일론 20%), 1타래 338m 100g

사진 속 작품에서는 다음 색상을 사용
바탕실: 루핀스Lupines(1타래)
배색실1: 매저스티Majesty(1타래)
배색실2: 마티니Martini(1타래)

같은 게이지 치수를 얻을 수 있다면 핑거링 굵기의 실은 무엇이든 사용할 수 있다.

바늘
고무뜨기와 메리야스뜨기에 사용: 2.25mm
매직루프 기법으로 뜰 경우 80cm 길이 줄바늘, 또는 장갑바늘, 또는 23cm 길이 줄바늘 2개 (선호하는 바늘 사용)
배색뜨기에 사용: 2.5mm
매직루프 기법으로 뜰 경우 80cm 길이 줄바늘, 또는 장갑바늘, 또는 23cm 길이 줄바늘 2개 (선호하는 바늘 사용)
주의사항: 잘 맞는 양말을 뜨기 위해 게이지를 체크할 것. 바늘 호수를 높이거나 낮춰서 추가 사이즈를 뜰 수 있다.

부자재
단코표시링, 가위, 돗바늘

게이지
34코×38단=10×10cm 배색뜨기
36코×44단=10×10cm 고무뜨기와 메리야스뜨기

스페셜 기법
배색 양말 뜨기(8쪽)
메리야스잇기(170쪽)
주요 기법 설명은 169쪽

만드는 법

발목단

바탕실과 2.25mm 바늘을 사용해서 56 (64, 72)코 만든다. 2개의 바늘에 동일하게 콧수를 나누고 단 시작에 표시링을 건다. 장갑바늘을 사용할 경우, 1개의 바늘에 콧수 절반을 옮기고 나머지 반은 2개의 바늘에 나눠 옮긴다. 단 시작에 표시링을 건다. 코가 꼬이지 않도록 조심하며 원통으로 잇는다.

고무뜨기 단: *겉뜨기1, 안뜨기1*, *~*을 단 끝까지 반복한다. 고무뜨기로 총 15단 뜬다(약 4cm).

양말목

바탕실과 2.5mm 바늘(또는 배색뜨기 게이지 치수를 얻을 수 있는 호수의 바늘)을 사용해서 코늘림 단을 뜬다:

사이즈1: *겉뜨기14, M1L코늘림*, *~*을 단 끝까지 반복한다. 4코 늘어남. 총 60코.

사이즈2: *겉뜨기8, M1L코늘림*, *~*을 단 끝까지 반복한다. 8코 늘어남. 총 72코.

사이즈3: *겉뜨기6, M1L코늘림*, *~*을 단 끝까지 반복한다. 12코 늘어남. 총 84코.

도안이 지시하는 곳에서 배색실1과 배색실2를 연결하며, 배색뜨기 무늬 도안A(50쪽) 1~37단을 뜬다. 무늬 도안은 오른쪽에서 왼쪽으로, 아래에서 위로 진행한다. 무늬 도안을 각 단마다 5 (6, 7)회 반복한다.

배색실1과 배색실2를 자른다.

바탕실을 사용해서 겉뜨기로 1단 뜬다.

바탕실과 2.25mm 바늘을 사용해서 코줄임 단을 뜬다:

사이즈1: *겉뜨기13, 왼코줄임*, *~*을 단 끝까지 반복한다. 4코 줄어듦. 총 56코.

사이즈2: *겉뜨기7, 왼코줄임*, *~*을 단 끝까지 반복한다. 8코 줄어듦. 총 64코.

사이즈3: *겉뜨기5, 왼코줄임*, *~*을 단 끝까지 반복한다. 12코 줄어듦. 총 72코.

바탕실을 사용해서 겉뜨기로 1단 뜬다. 바탕실을 자른다.

자고새 눈 무늬 힐플랩

자고새 눈 무늬 뒤꿈치는 배색실1을 사용해서 바늘1의 28 (32, 36)코를 가지고 평뜨기로 편물을 뒤집어가며 뜬다. 바늘2에는 발등이 될 28 (32, 36)코가 있다. 시작할 때 걸었던 단코표시링을 제거한다.

1단(겉면): *안뜨기하듯이 1코걸러뜨기, 겉뜨기1*, *~*을 단 끝까지 반복. 편물을 뒤집는다.

2단(안면): 안뜨기하듯이 1코걸러뜨기, 단 끝까지 안뜨기. 편물을 뒤집는다.

3단(겉면): 안뜨기하듯이 2코걸러뜨기, *겉뜨기1, 1코걸러뜨기*, *~*를 2코 남을 때까지 반복, 겉뜨기2. 편물을 뒤집는다.

4단(안면): 2단과 동일하게 뜬다.

1~4단을 반복하며 총 28 (32, 36)단을 뜨는데 마지막으로 뜨는 단이 안뜨기 단이 되도록 끝낸다. 힐턴을 완성한 후 주울 수 있는 가장자리 14 (16, 18)코가 있을 것이다.

힐턴

계속해서 배색실1을 사용해서, 이제 되돌아뜨기로 뒤꿈치 경사를 만들 것이다.

1단(겉면): 1코걸러뜨기, 겉뜨기15 (18, 20), 오른코줄임, 겉뜨기1. 편물을 뒤집는다.

2단(안면): 1코걸러뜨기, 안뜨기5 (7, 7), 안뜨기로 2코모아뜨기, 안뜨기1. 편물을 뒤집는다.

3단(겉면): 1코걸러뜨기, 겉뜨기6 (8, 8), 오른코줄임, 겉뜨기1. 편물을 뒤집는다.
4단(안면): 1코걸러뜨기, 안뜨기7 (9, 9), 안뜨기로 2코모아뜨기, 안뜨기1. 편물을 뒤집는다.
계속해서 이 규칙대로 뜬다: 1코걸러뜨기, 이전 단에서 편물을 뒤집어서 생긴 구멍 1코 전까지 겉뜨기 또는 안뜨기, 구멍을 막기 위해 오른코줄임 또는 안뜨기로 2코모아뜨기, 겉뜨기1 또는 안뜨기1. 편물을 뒤집는다.
(사이즈1만 해당: 마지막 2단은 오른코줄임 또는 안뜨기로 2코모아뜨기로 끝날 것이다. 겉뜨기1 또는 안뜨기1을 뜰 남은 코가 없을 것이다.) 계속해서 모든 코를 작업할 때까지 진행하고 마지막으로 뜨는 단이 안면에서 안뜨기 단이 되도록 끝낸다. 겉면이 보이도록 편물을 뒤집는다. 이제 바늘1에 16 (20, 22)코 남아 있다.

거싯

배색실1을 자르고 바탕실을 다시 연결한다.
바탕실을 사용해서, 이제 힐플랩의 양쪽 가장자리를 따라서 코를 주울 것이다.
뒤꿈치 코를 겉뜨기하는데, 8 (10, 11)코(중간 지점)를 뜬 후 단코표시링을 걸어 단 시작을 표시하고 나머지 코를 겉뜨기한다. 힐플랩의 가장자리를 따라 14 (16, 18)코를 꼬아뜨기로 줍는다. 모서리에 구멍이 생기지 않게 힐플랩과 발등 사이 모서리에서 1코 더 줍는다. 다음 단의 어디서 코줄임할지 알아볼 수 있게 여기에 단코표시링을 건다. 또는 뒤꿈치/거싯 코와 발등 코를 각각 다른 바늘에 나눈다.
바늘2에 쉼코로 두었던 발등 28 (32, 36)코를 겉뜨기한다. 발등 코를 뜬 후 전과 동일한 방법으로 단코표시링을 또 건다. 모서리에서 1코 줍고 힐플랩의 가장자리를 따라 14 (16, 18)코를 꼬아뜨기로 줍는다. 단 시작 표시링을 만날 때까지 뒤꿈치의 첫 번째 절반을 겉뜨기한다.
이제 뒤꿈치/거싯에 총 46 (54, 60)코, 발등에 28 (32, 36)코 있다. 이제 다시 모든 코를 사용해서 원통뜨기할 것이다. 바늘에 총 74 (86, 96)코 있다.

거싯 코줄임

1단: 첫 번째 단코표시링 3코 전까지 겉뜨기, 왼코줄임, 겉뜨기1, 두 번째 단코표시링을 만날 때까지 발등 코를 겉뜨기, 겉뜨기1, 오른코줄임, 단 시작 표시링까지 겉뜨기한다. 2코 줄어듦.
2단: 모든 코 겉뜨기한다.
뒤꿈치/거싯 코가 28 (32, 36)코로 줄어들 때까지 1~2단을 반복한다.
발등 28 (32, 36)코는 바늘2에 남아 있다. 이제 바늘에 총 56 (64, 72)코 있다.

발

계속해서 양말이 자신이 원하는 완성품 길이에서 약 5cm 모자랄 때까지, 바탕실을 사용해서 매 단 뜬다.
바탕실과 2.5mm 바늘(또는 배색뜨기 게이지 치수를 얻을 수 있는 호수의 바늘)을 사용해서, 코늘림 단을 뜬다:
사이즈1: *겉뜨기14, M1L코늘림*, *~*을 단 끝까지 반복한다. 4코 늘어남. 총 60코.
사이즈2: *겉뜨기10, M1L코늘림*, *~*을 4코 남을 때까지 반복, 겉뜨기4. 6코 늘어남. 총 70코.
사이즈3: *겉뜨기9, M1L코늘림*, *~*을 단 끝까지 반복한다. 8코 늘어남. 총 80코.

도안이 지시하는 곳에서 배색실2를 연결하면서, 배색뜨기 무늬 도안B(50쪽) 1~7단을 뜬다. 무늬 도안은 각 단마다 6 (7, 8)회 반복한다.
무늬 도안을 완성하면, 배색실2를 자른다.

바탕실을 사용해서 코줄임 단을 뜬다:
사이즈1: *겉뜨기13, 왼코줄임*, *~*을 단 끝까지 반복한다. 4코 줄어듦. 총 56코.
사이즈2: *겉뜨기9, 왼코줄임*, *~*을 4코 남을 때까지 반복, 겉뜨기4. 6코 줄어듦. 총 64코.
사이즈3: *겉뜨기8, 왼코줄임*, *~*을 단 끝까지 반복한다. 8코 줄어듦. 총 72코.
바탕실을 사용해서, 양말이 자신이 원하는 완성품 길이에서 4cm 모자랄 때까지 모든 단 겉뜨기한다. 이미 이 지점을 지났다면, 계속해서 발끝 섹션을 진행한다.
바탕실을 자른다.

발끝

이제 코는 바늘1과 바늘2에 동일하게 나뉘어 있다. 바늘1에는 발바닥 28 (32, 36)코가 있고, 단 시작 표시링 양쪽에 각각 14 (16, 18)코씩 있다. 바늘2에는 발등 28 (32, 36)코가 있다.

세팅 단: 배색실1을 사용해서 단 시작 표시링까지 겉뜨기로 1단 뜬다.

단 시작 표시링에서 시작해서:

1단(코줄임 단):
바늘1: 3코 남을 때까지 겉뜨기, 왼코줄임, 겉뜨기1.
바늘2: 겉뜨기1, 오른코줄임, 3코 남을 때까지 겉뜨기, 왼코줄임, 겉뜨기1.
바늘1: 겉뜨기1, 오른코줄임, 단 시작 표시링까지 겉뜨기한다.
4코 줄어듦.

2단: 모든 코 겉뜨기한다.

1~2단을 각 바늘에 20코 남을 때까지 반복한다(총 40코).

계속해서 각 바늘에 10코 남을 때까지 1단만 반복한다(매 단 코줄임한다)(총 20코).

단 시작 단코표시링을 제거한다. 양말 옆선을 만날 때까지 5코 겉뜨기한다. 각 바늘의 10코를 메리야스잇기로 연결한다.

마무리

실끝을 정리한다. 양말을 적셔서 블로킹한다. 동일한 과정을 반복해 양말 한 짝을 더 만든다.

배색뜨기 무늬 도안B

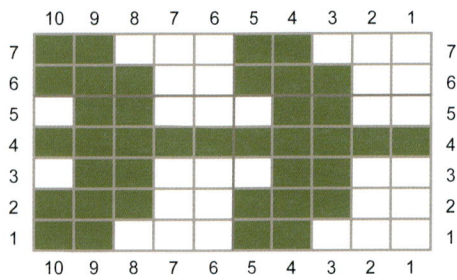

배색뜨기 무늬 도안A

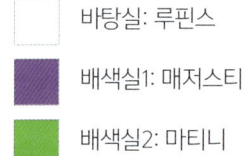

바탕실: 루핀스
배색실1: 매저스티
배색실2: 마티니

물망초
Forget-Me-Knot

저는 다섯 장의 작고 앙증맞은 꽃잎을 가진 작은 물망초 꽃을 항상 사랑해왔습니다. 어린 소녀였을 때, 저는 종종 앉아서 그것들을 감상하곤 했지요. 전 세계에서 발견되는 이 다년생 식물은 진정한 사랑, 오래 지속되는 기억과 충실함을 상징합니다. '나를 잊지 마세요forget-me-not'라는 이름에는 많은 전설이 있습니다. 한 전설에 따르면, 창조주가 모든 꽃에게 색깔을 나눠주는 것을 끝냈을 때 작은 속삭임을 들었습니다. "나를 잊지 마세요!" 창조주는 남은 파라색 한 조각을 물망초에게 주었고, 그 작은 꽃은 기뻐하며 그 색을 입었답니다. 봄에 보이는 이 행복한 꽃에서 영감을 받은 이 양말은 쌀쌀한 봄날 아침에 신기에 완벽합니다. 그리고 '매듭짓기는knot 잊으세요'라는 말장난은 양해해주세요. 양말에 실매듭이 생기지 않도록 주의를 환기하는 것일 뿐이랍니다!

양말 구조
귀여운 피콧 겹단으로 시작하는 이 양말은 위에서 아래로 내려 뜹니다, 양말목에는 심플한 배색뜨기 꽃무늬가 있고, 이어서 발끝까지 이어지는 장식적인 '진딧물' 무늬가 있습니다. 이 양말은 되돌아뜨기 뒤꿈치로 뜹니다.

사이즈
1 (2, 3)
발 둘레: 17~19 (20.5~23, 23.5~25)cm
완성치수: 14.5~16.5 (18~20, 20.5~23)cm
권장 여유분: 마이너스 2.5cm
양말목/발 길이는 쉽게 조정할 수 있다. 자세한 내용은 만드는 법을 참고할 것.
사진 속 작품은 사이즈2 US 8.5/EU 39/UK 6, 발 둘레 22.5cm로 떴다.

재료

실
핑거링 굵기, 존 아번 텍스타일의 엑스무어삭 4합(엑스무어 블루페이스울 60%, 코리데일울 20%, 츠바르트블레스울 10%, 나일론 10%), 1타래 200m 50g

사진 속 작품에서는 다음 색상을 사용
바탕실: 미즐Mizzle (2타래)
배색실1: 워틀베리Whortleberries (1타래)
배색실2: 드럼블Drumble (1타래)
같은 게이지 치수를 얻을 수 있다면 핑거링 굵기의 실은 무엇이든 사용할 수 있다. 얀 러브 또는 스위트 조지아가 좋은 대안이 될 수 있다.

바늘
피콧 겹단 발목단과 메리야스뜨기에 사용: 2.25mm
매직루프 기법으로 뜰 경우 80cm 길이 줄바늘, 또는 장갑바늘, 또는 23cm 길이 줄바늘 2개 (선호하는 바늘 사용)
배색뜨기에 사용: 2.5mm
매직루프 기법으로 뜰 경우 80cm 길이 줄바늘, 또는 장갑바늘, 또는 23cm 길이 줄바늘 2개 (선호하는 바늘 사용)
주의사항: 잘 맞는 양말을 뜨기 위해 게이지를 체크할 것. 바늘 호수를 높이거나 낮춰서 추가 사이즈를 뜰 수 있다.

부자재
단코표시링, 가위, 돗바늘

게이지
34코×38단=10×10cm 배색뜨기
36코×44단=10×10cm 메리야스뜨기

스페셜 기법
배색 양말 뜨기(8쪽)
메리야스잇기(170쪽)
감침질(171쪽)
주요 기법 설명은 169쪽

만드는 법

피콧 겹단 발목단

마지막에 피콧 가장자리를 꿰맬 실을 30cm 정도 남기고, 바탕실과 2.25mm 바늘을 사용해서 56 (64, 72)코 만든다. 2개의 바늘에 동일하게 콧수를 나눠 옮긴다. 장갑바늘을 사용할 경우, 1개의 바늘에 콧수 절반을 옮기고 나머지 반은 2개의 바늘에 나눠 옮긴다. 단 시작에 표시링을 건다. 코가 꼬이지 않도록 조심하며 원통으로 잇는다.

1~10단: 모든 코 겉뜨기한다.
11단: *왼코줄임, 바늘비우기*, *~*를 단 끝까지 반복한다.
12~22단: 모든 코 겉뜨기한다.

양말을 완성한 후 또는 양말목을 완성한 후, 발목단을 반으로 접어 안면이 서로 마주 보게 한다. 11단의 레이스 디테일이 귀여운 피콧 가장자리를 만든다. 코를 잡은 가장자리는 22단—배색뜨기 섹션이 시작되는 곳 바로 위—과 마주 보게 된다. 코를 만들 때 남겨뒀던 실끝을 사용해서 발목단을 감침질로 꿰맨다.

양말목

바탕실과 2.5mm 바늘(또는 배색뜨기 게이지 치수를 얻을 수 있는 호수의 바늘)을 사용해서, 코늘림 단을 뜬다:

사이즈1: *겉뜨기7, M1L코늘림*, *~*을 단 끝까지 반복한다. 8코 늘어남. 총 64코
사이즈2: *겉뜨기8, M1L코늘림*, *~*을 단 끝까지 반복한다. 8코 늘어남. 총 72코
사이즈3: *겉뜨기9, M1L코늘림*, *~*을 단 끝까지 반복한다. 8코 늘어남. 총 80코

도안이 지시하는 곳에서 배색실1과 배색실2를 연결하면서, 배색뜨기 무늬 도안(56쪽) 1~26단을 뜬다. 무늬 도안은 각 단마다 8 (9, 10)회 반복한다.

19~26단을 2회 더 반복한다. (또는 원하는 횟수만큼 반복하는데, 마지막으로 뜨는 단이 26단이 되도록 끝낸다. 단수를 늘리면 실이 더 많이 소요되니 주의할 것.)

배색실1과 배색실2를 자른다.

되돌아뜨기 뒤꿈치

이제 배색실1을 사용해서 2.25mm 바늘만 가지고, 자신이 선택한 사이즈에 맞는 뒤꿈치 지시사항을 따라 뜰 것이다.

사이즈1(바늘1에 32코 있음):

1단(겉면): 1코걸러뜨기, [겉뜨기6, 왼코줄임]을 3회 반복, 겉뜨기4, 왼코줄임, 안면이 보이도록 편물을 뒤집는다(1코는 뜨지 않고 둔다). 4코 줄어듦. 이제 뒤꿈치에 총 28코 있다.
2단(안면): 1코걸러뜨기, 안뜨기25(끝의 1코는 뜨지 않고 둔다), 겉면이 보이도록 편물을 뒤집는다.
3단: 1코걸러뜨기, 겉뜨기24(끝의 2코는 뜨지 않고 둔다). 편물을 뒤집는다.
4단: 1코걸러뜨기, 안뜨기23(구멍 1코 전까지). 편물을 뒤집는다.
5단: 1코걸러뜨기, 겉뜨기22(구멍 1코 전까지). 편물을 뒤집는다.
6단: 1코걸러뜨기, 안뜨기21(구멍 1코 전까지). 편물을 뒤집는다.
7단: 1코걸러뜨기, 구멍 1코 전까지 겉뜨기. 편물을 뒤집는다.
8단: 1코걸러뜨기, 구멍 1코 전까지 안뜨기. 편물을 뒤집는다.
7~8단을 5회 더 반복한다.
19단: 1코걸러뜨기, 구멍 1코 전까지 겉뜨기. 편물을 뒤집는다.
20단: 1코걸러뜨기, 안뜨기7.
중심에 안뜨기 8코가 있고 그 양옆에 뜨지 않은 코가 10코씩 있다. 편물을 뒤집는다.

이제 편물을 뒤집어서 생긴 구멍을 막으면서 뒤꿈치를 평뜨기로 편물을 뒤집어가며 뜬다.

21단(겉면): 1코걸러뜨기, 겉뜨기6, (구멍 양쪽의 각 1코를 이용해서) 오른코줄임, 오른코줄임한 코 아래에서 주워올려(코를 꼬지 않는다) M1L코늘림. 편물을 뒤집는다.

22단(안면): 1코걸러뜨기, 안뜨기7, 안뜨기로 2코모아뜨기, 안뜨기로 2코모아뜨기한 코 아래에서 주워올려(코를 꼬지 않는다) M1Lp코늘림. 편물을 뒤집는다.

23단: 1코걸러뜨기, 겉뜨기8, 오른코줄임, M1L코늘림. 편물을 뒤집는다.

24단: 1코걸러뜨기, 안뜨기9, 안뜨기로 2코모아뜨기, M1Lp코늘림. 편물을 뒤집는다.

계속해서 이미 만들어진 규칙대로 14단 더 뜬다.

39단(겉면): 1코걸러뜨기, 겉뜨기24, 오른코줄임, M1L코늘림. 편물을 뒤집는다.

40단(안면): 1코걸러뜨기, 안뜨기25, 안뜨기로 2코모아뜨기, M1Lp코늘림. 편물을 뒤집는다.

41단(겉면): 1코걸러뜨기, [겉뜨기7, M1L코늘림]을 3회 반복, 겉뜨기6, M1L코늘림. 4코 늘어남.

이제 바늘1에 32코 있다.

계속해서 발 섹션을 진행한다(55쪽).

사이즈2(바늘1에 36코 있음):

1단(겉면): 1코걸러뜨기, [겉뜨기6, 왼코줄임]을 4회 반복, 겉뜨기2, 안면이 보이도록 편물을 뒤집는다(1코는 뜨지 않고 둔다). 4코 줄어듦. 이제 뒤꿈치에 총 32코 있다.

2단(안면): 1코걸러뜨기, 안뜨기29(끝의 1코는 뜨지 않고 둔다), 겉면이 보이도록 편물을 뒤집는다.

3단: 1코걸러뜨기, 겉뜨기28(끝의 2코는 뜨지 않고 둔다). 편물을 뒤집는다.

4단: 1코걸러뜨기, 안뜨기27(구멍 1코 전까지). 편물을 뒤집는다.

5단: 1코걸러뜨기, 겉뜨기26(구멍 1코 전까지). 편물을 뒤집는다.

6단: 1코걸러뜨기, 안뜨기25(구멍 1코 전까지). 편물을 뒤집는다.

7단: 1코걸러뜨기, 구멍 1코 전까지 겉뜨기. 편물을 뒤집는다.

8단: 1코걸러뜨기, 구멍 1코 전까지 안뜨기. 편물을 뒤집는다.

7~8단을 5회 더 반복한다.

19단: 1코걸러뜨기, 구멍 1코 전까지 겉뜨기. 편물을 뒤집는다.

20단: 1코걸러뜨기, 안뜨기11.

중심에 안뜨기 12코가 있고 그 양옆에 뜨지 않은 코가 10코씩 있다. 편물을 뒤집는다.

이제 편물을 뒤집어서 생긴 구멍을 막으면서 뒤꿈치를 평뜨기로 편물을 뒤집어가며 뜬다.

21단(겉면): 1코걸러뜨기, 겉뜨기10, (구멍 양쪽의 각 1코를 이용해서) 오른코줄임, 오른코줄임한 코 아래에서 주워올려(코를 꼬지 않는다) M1L코늘림. 편물을 뒤집는다.

22단(안면): 1코걸러뜨기, 안뜨기11, 안뜨기로 2코모아뜨기, 안뜨기로 2코모아뜨기한 코 아래에서 주워올려(코를 꼬지 않는다) M1Lp코늘림. 편물을 뒤집는다.

23단: 1코걸러뜨기, 겉뜨기12, 오른코줄임, M1L코늘림. 편물을 뒤집는다.

24단: 1코걸러뜨기, 안뜨기13, 안뜨기로 2코모아뜨기, M1Lp코늘림. 편물을 뒤집는다.

계속해서 이미 만들어진 규칙대로 14단 더 뜬다.

39단(겉면): 1코걸러뜨기, 겉뜨기28, 오른코줄임, M1L코늘림. 편물을 뒤집는다.

40단(안면): 1코걸러뜨기, 안뜨기29, 안뜨기로 2코모아뜨기, M1Lp코늘림. 편물을 뒤집는다.

41단(겉면): [겉뜨기8, M1L코늘림]을 4회 반복한다. 4코 늘어남. 이제 바늘1에 36코 있다.
계속해서 발 섹션을 진행한다.

사이즈3(바늘1에 40코 있음):
1단(겉면): 1코걸러뜨기, [겉뜨기8, 왼코줄임]을 3회 반복, 겉뜨기6, 왼코줄임, 안면이 보이도록 편물을 뒤집는다(1코는 뜨지 않고 둔다). 4코 줄어듦. 이제 뒤꿈치에 총 36코 있다.
2단(안면): 1코걸러뜨기, 안뜨기33(끝의 1코는 뜨지 않고 둔다), 겉면이 보이도록 편물을 뒤집는다.
3단: 1코걸러뜨기, 겉뜨기32(끝의 2코는 뜨지 않고 둔다). 편물을 뒤집는다.
4단: 1코걸러뜨기, 안뜨기31(구멍 1코 전까지). 편물을 뒤집는다.
5단: 1코걸러뜨기, 겉뜨기30(구멍 1코 전까지). 편물을 뒤집는다.
6단: 1코걸러뜨기, 안뜨기29(구멍 1코 전까지). 편물을 뒤집는다.
7단: 1코걸러뜨기, 구멍 1코 전까지 겉뜨기. 편물을 뒤집는다.
8단: 1코걸러뜨기, 구멍 1코 전까지 안뜨기. 편물을 뒤집는다.
7~8단을 6회 더 반복한다.
21단: 1코걸러뜨기, 구멍 1코 전까지 겉뜨기. 편물을 뒤집는다.
22단: 1코걸러뜨기, 안뜨기13.
중심에 안뜨기 14코가 있고 그 양옆에 뜨지 않은 코가 11코씩 있다. 편물을 뒤집는다.

이제 편물을 뒤집어서 생긴 구멍을 막으면서 뒤꿈치를 평뜨기로 편물을 뒤집어가며 뜬다.
23단(겉면): 1코걸러뜨기, 겉뜨기12, (구멍 양쪽의 각 1코를 이용해서) 오른코줄임, 오른코줄임한 코 아래에서 주워올려(코를 꼬지 않는다) M1L코늘림. 편물을 뒤집는다.
24단(안면): 1코걸러뜨기, 안뜨기13, 안뜨기로 2코모아뜨기, 안뜨기로 2코모아뜨기한 코 아래에서 주워올려(코를 꼬지 않는다) M1Lp코늘림. 편물을 뒤집는다.
25단: 1코걸러뜨기, 겉뜨기14, 오른코줄임, M1L코늘림. 편물을 뒤집는다.
26단: 1코걸러뜨기, 안뜨기15, 안뜨기로 2코모아뜨기, M1Lp코늘림. 편물을 뒤집는다.
계속해서 이미 만들어진 규칙대로 16단 더 뜬다.
43단(겉면): 1코걸러뜨기, 겉뜨기32, 오른코줄임, M1L코늘림. 편물을 뒤집는다.

44단(안면): 1코걸러뜨기, 안뜨기33, 안뜨기로 2코모아뜨기, M1Lp코늘림. 편물을 뒤집는다.
45단(겉면): 1코걸러뜨기, [겉뜨기9, M1L코늘림]을 3회 반복, 겉뜨기7, M1L코늘림. 4코 늘어남.
이제 바늘1에 40코 있다.

발(모든 사이즈)
다시 원통으로 연결해서 바탕실과 2.5mm 바늘을 사용해 뜬다. 다시 바늘1과 바늘2를 둘 다 사용해서 진행한다.
단 시작을 다시 만날 때까지 바늘2의 32 (36, 40)코를 겉뜨기한다(이것은 배색뜨기 무늬 도안의 19단으로 셀 것이다).
배색실1(그리고 결국 배색실2)를 다시 연결해, 20단에서 시작해서 배색뜨기 무늬 도안을 다시 뜬다. 계속해서 양말이 자신이 원하는 완성품 길이에서 5cm 모자랄 때까지 19~26단을 반복해 뜬다.
배색뜨기 무늬 도안 1~3단을 뜬다.
배색실1과 배색실2를 자른다.

발끝
바탕실을 사용해서 코줄임 단을 뜬다:

사이즈1: *겉뜨기6, 왼코줄임*, *~*을 단 끝까지 반복한다. 8코 줄어듦. 총 56코.

사이즈2: *겉뜨기7, 왼코줄임*, *~*을 단 끝까지 반복한다. 8코 줄어듦. 총 64코.

사이즈3: *겉뜨기8, 왼코줄임*, *~*을 단 끝까지 반복한다. 8코 줄어듦. 총 72코.

이제 바늘1과 바늘2에 동일한 콧수가 있어야 한다. 단 시작 표시링을 제거한다. 바늘1에는 발바닥 28 (32, 36)코가 있다. 바늘2에는 발등 28 (32, 36)코가 있다.

바탕실과 바늘1을 사용해서 14 (16, 18)코 겉뜨기한다. 방금 뜬 코 다음에 단 시작 표시링을 건다. 이곳은 발바닥 부분인 바늘1의 가운데여야 한다.

세팅 단: 바탕실을 사용해서 단 시작 표시링까지 겉뜨기로 1단 더 뜬다.

1단(코줄임 단):

바늘1: 3코 남을 때까지 겉뜨기, 왼코줄임, 겉뜨기1.

바늘2: 겉뜨기1, 오른코줄임, 3코 남을 때까지 겉뜨기, 왼코줄임, 겉뜨기1.

바늘1: 겉뜨기1, 오른코줄임, 단 시작 표시링까지 겉뜨기한다. 4코 줄어듦.

2단: 모든 코 겉뜨기한다.

각 바늘에 20코 남을 때까지 1~2단을 반복한다(총 40코).

계속해서 각 바늘에 10코 남을 때까지 1단만 반복한다(매 단 코 줄임한다)(총 20코).

단 시작 표시링을 제거한다. 양말의 옆선을 만날 때까지 5코 겉뜨기한다. 각 바늘에 남은 10코를 메리야스잇기로 연결한다.

마무리

실끝을 정리한다. 양말을 적셔서 블로킹한다. 동일한 과정을 반복해 양말 한 짝을 더 만든다.

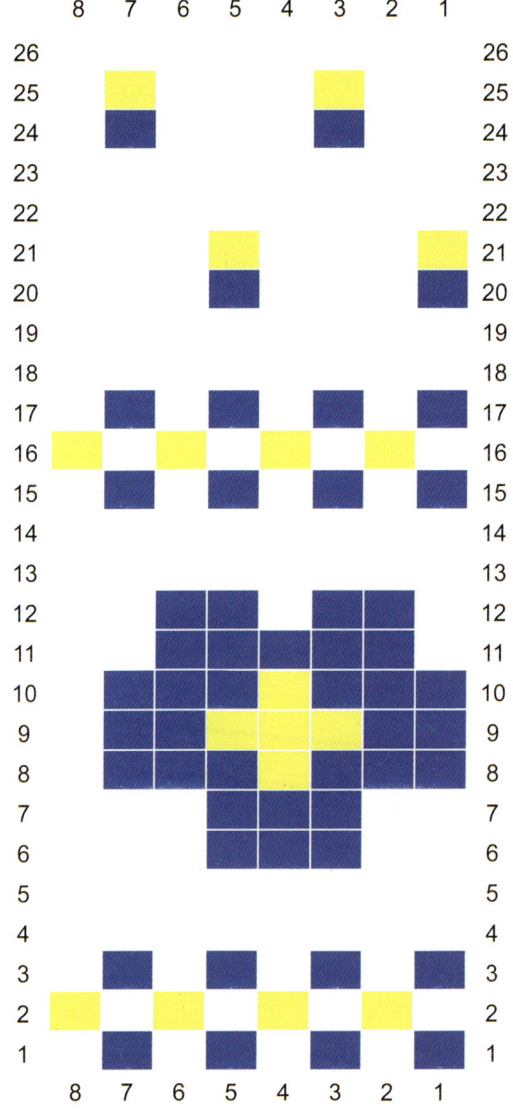

배색뜨기 무늬 도안

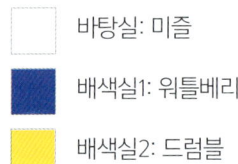

바탕실: 미즐

배색실1: 워틀베리

배색실2: 드럼블

행복한 양귀비
Happy Poppy

유감스럽게도 여름은 제가 가장 좋아하는 계절은 아닙니다. 저는 정말로 여름에 대한 모든 것을 포용하려고 노력했지만, 7월 말이면 더 시원한 날씨를 갈망하기 시작하는 경향이 있습니다. 저는 너무 덥거나 잠을 못 자는 상황에 잘 적응하지 못합니다. 유럽에 사는 우리는 에어컨을 가지고 있지 않아서, 폭염 속에서 상황은 매우 불쾌해질 수 있습니다. 하지만 이곳 스위스의 초원에 처음으로 양귀비가 나타날 때면 매우 흥분됩니다. 양귀비는 아마도 제가 가장 좋아하는 꽃일 것입니다. 그 아름다움과 선명함, 그리고 행복하게 마구 자라지만 너무 연약해서 집으로 가져갈 수 없다는 점이 좋습니다. 그래서 저는 양귀비들은 모든 사람이 즐길 수 있도록 초원에 두고, 대신 어느 계절이든 내내 신을 수 있는 행복한 양귀비 양말을 만들 것을 제안합니다!

양말 구조
고무뜨기 발목단에서 시작해 위에서 아래로 내려 뜨는 이 양말은 양말목과 발 전체에 두 가지 색으로 이루어진 배색 양귀비 무늬가 있습니다. 뒤꿈치는 되돌아뜨기 뒤꿈치 구조입니다.

사이즈
1 (2, 3)

발 둘레: 17~19 (20.5~23, 23.5~25)cm
완성치수: 14.5~16.5 (18~20, 20.5~23)cm
권장 여유분: 마이너스 2.5cm

양말목/발 길이는 쉽게 조정할 수 있다. 자세한 내용은 만드는 법을 참고할 것.
사진 속 작품은 사이즈2 US 8.5/EU 39/UK 6, 발 둘레 22.5cm로 떴다.

재료

실
핑거링 굵기, 줄리 아슬린의 노마드(슈퍼워시 메리노울 80%, 나일론 20%), 1타래 457m 115g

사진 속 작품에서는 다음 색상을 사용
바탕실: 비아리츠Biarritz(1타래)
배색실: 해피Happy(1타래)

같은 게이지 치수를 얻을 수 있다면 핑거링 굵기의 실은 무엇이든 사용할 수 있다. 브루클린 트위드의 피어리 얀이 좋은 대안이 될 수 있다.

바늘
고무뜨기에 사용: 2.25mm
매직루프 기법으로 뜰 경우 80cm 길이 줄바늘, 또는 장갑바늘, 또는 23cm 길이 줄바늘 2개 (선호하는 바늘 사용)

배색뜨기에 사용: 2.5mm
매직루프 기법으로 뜰 경우 80cm 길이 줄바늘, 또는 장갑바늘, 또는 23cm 길이 줄바늘 2개 (선호하는 바늘 사용)

주의사항: 잘 맞는 양말을 뜨기 위해 게이지를 체크할 것. 바늘 호수를 높이거나 낮춰서 추가 사이즈를 뜰 수 있다.

부자재
단코표시링, 가위, 돗바늘

게이지
34코×38단=10×10cm 배색뜨기
36코×44단=10×10cm 고무뜨기

스페셜 기법
배색 양말 뜨기(8쪽)
메리야스잇기(170쪽)
주요 기법 설명은 169쪽

만드는 법

발목단
바탕실과 2.25mm 바늘을 사용해서 56 (64, 72)코 만든다. 2개의 바늘에 동일하게 콧수를 나눠 옮긴다. 장갑바늘을 사용할 경우, 1개의 바늘에 콧수 절반을 옮기고 나머지 반은 2개의 바늘에 나눠 옮긴다. 단 시작에 표시링을 건다. 코가 꼬이지 않도록 조심하며 원통으로 잇는다.

고무뜨기 단: *겉뜨기1, 안뜨기1*, *~*을 단 끝까지 반복한다. 고무뜨기로 총 13단 뜬다(약 3cm).

양말목
바탕실과 2.5mm 바늘(또는 배색뜨기 게이지 치수를 얻을 수 있는 호수의 바늘)을 사용해서, 코늘림 단을 뜬다:

사이즈1: *겉뜨기7, M1L코늘림*, *~*을 단 끝까지 반복한다. 8코 늘어남. 총 64코.

사이즈2: *겉뜨기8, M1L코늘림*, *~*을 단 끝까지 반복한다. 8코 늘어남. 총 72코.

사이즈3: *겉뜨기9, M1L코늘림*, *~*을 단 끝까지 반복한다. 8코 늘어남. 총 80코.

도안이 지시하는 곳에서 배색실을 연결하면서, 자신이 선택한 사이즈에 맞는 배색뜨기 무늬 도안대로 뜨기 시작한다(62~63쪽). 사이즈1 무늬 도안은 62쪽, 사이즈2 무늬 도안은 62쪽, 사이즈3 무늬 도안은 63쪽에 있다. 무늬 도안은 각 단마다 2회 반복한다.

1~32단을 1회 뜨고, 1~16단을 뜬다.

배색실을 자른다. 계속해서 되돌아뜨기 뒤꿈치 지시사항을 진행한다.

되돌아뜨기 뒤꿈치
이제 바탕실을 사용해서 2.25mm 바늘1만 가지고, 자신이 선택한 사이즈에 맞는 뒤꿈치 지시사항을 따라 뜰 것이다.

사이즈1(바늘1에 32코 있음):
1단(겉면): 1코걸러뜨기, [겉뜨기6, 왼코줄임]을 3회 반복, 겉뜨기4, 왼코줄임, 안면이 보이도록 편물을 뒤집는다(1코는 뜨지 않고 둔다). 4코 줄어듦. 이제 뒤꿈치에 총 28코 있다.

2단(안면): 1코걸러뜨기, 안뜨기25(끝의 1코는 뜨지 않고 둔

다), 겉면이 보이도록 편물을 뒤집는다.

3단: 1코걸러뜨기, 겉뜨기24(끝의 2코는 뜨지 않고 둔다). 편물을 뒤집는다.

4단: 1코걸러뜨기, 안뜨기23(구멍 1코 전까지). 편물을 뒤집는다.

5단: 1코걸러뜨기, 겉뜨기22(구멍 1코 전까지). 편물을 뒤집는다.

6단: 1코걸러뜨기, 안뜨기21(구멍 1코 전까지). 편물을 뒤집는다.

7단: 1코걸러뜨기, 구멍 1코 전까지 겉뜨기. 편물을 뒤집는다.

8단: 1코걸러뜨기, 구멍 1코 전까지 안뜨기. 편물을 뒤집는다.

7~8단을 5회 더 반복한다.

19단: 1코걸러뜨기, 구멍 1코 전까지 겉뜨기. 편물을 뒤집는다.

20단: 1코걸러뜨기, 안뜨기7.

중심에 안뜨기 8코가 있고 그 양옆에 뜨지 않은 코가 10코씩 있다. 편물을 뒤집는다.

이제 편물을 뒤집어서 생긴 구멍을 막으면서 뒤꿈치를 평뜨기로 편물을 뒤집어가며 뜬다.

21단(겉면): 1코걸러뜨기, 겉뜨기6, (구멍 양쪽의 각 1코를 이용해서) 오른코줄임, 오른코줄임한 코 아래에서 주워올려(코를 꼬지 않는다) M1L코늘림. 편물을 뒤집는다.

22단(안면): 1코걸러뜨기, 안뜨기7, 안뜨기로 2코모아뜨기, 안

뜨기로 2코모아뜨기한 코 아래에서 주워올려(코를 꼬지 않는다) M1Lp코늘림. 편물을 뒤집는다.
23단: 1코걸러뜨기, 겉뜨기8, 오른코줄임, M1L코늘림. 편물을 뒤집는다.
24단: 1코걸러뜨기, 안뜨기9, 안뜨기로 2코모아뜨기, M1Lp코늘림. 편물을 뒤집는다.
계속해서 이미 만들어진 규칙대로 14단 더 뜬다.
39단(겉면): 1코걸러뜨기, 겉뜨기24, 오른코줄임, M1L코늘림. 편물을 뒤집는다.
40단(안면): 1코걸러뜨기, 안뜨기25, 안뜨기로 2코모아뜨기, M1Lp코늘림. 편물을 뒤집는다.
41단(겉면): 1코걸러뜨기, [겉뜨기7, M1L코늘림]을 3회 반복, 겉뜨기6, M1L코늘림. 4코 늘어남. 편물을 뒤집는다.
이제 바늘1에 32코 있다.
42단(안면): 1코걸러뜨기, 안뜨기31.
계속해서 발 섹션을 진행한다(61쪽).

사이즈2(바늘1에 36코 있음):
1단(겉면): 1코걸러뜨기, [겉뜨기6, 왼코줄임]을 4회 반복, 겉뜨기2, 편물을 뒤집는다(1코는 뜨지 않고 둔다). 4코 줄어듦. 이제 뒤꿈치에 총 32코 있다.
2단(안면): 1코걸러뜨기, 안뜨기29(끝의 1코는 뜨지 않고 둔다), 겉면이 보이도록 편물을 뒤집는다.
3단: 1코걸러뜨기, 겉뜨기28(끝의 2코는 뜨지 않고 둔다). 편물을 뒤집는다.
4단: 1코걸러뜨기, 안뜨기27(구멍 1코 전까지). 편물을 뒤집는다.
5단: 1코걸러뜨기, 겉뜨기26(구멍 1코 전까지). 편물을 뒤집는다.
6단: 1코걸러뜨기, 안뜨기25(구멍 1코 전까지). 편물을 뒤집는다.
7단: 1코걸러뜨기, 구멍 1코 전까지 겉뜨기. 편물을 뒤집는다.
8단: 1코걸러뜨기, 구멍 1코 전까지 안뜨기. 편물을 뒤집는다.
7~8단을 5회 더 반복한다.
19단: 1코걸러뜨기, 구멍 1코 전까지 겉뜨기. 편물을 뒤집는다.
20단: 1코걸러뜨기, 안뜨기11.
중심에 안뜨기 12코가 있고 그 양옆에 뜨지 않은 코가 10코씩 있다. 편물을 뒤집는다.

이제 편물을 뒤집어서 생긴 구멍을 막으면서 뒤꿈치를 평뜨기로 편물을 뒤집어가며 뜬다.

21단(겉면): 1코걸러뜨기, 겉뜨기10, (구멍 양쪽의 각 1코를 이용해서) 오른코줄임, 오른코줄임한 코 아래에서 주워올려(코를 꼬지 않는다) M1L코늘림. 편물을 뒤집는다.
22단(안면): 1코걸러뜨기, 안뜨기11, 안뜨기로 2코모아뜨기, 안뜨기로 2코모아뜨기한 코 아래에서 주워올려(코를 꼬지 않는다) M1Lp코늘림. 편물을 뒤집는다.
23단: 1코걸러뜨기, 겉뜨기12, 오른코줄임, M1L코늘림. 편물을 뒤집는다.
24단: 1코걸러뜨기, 안뜨기13, 안뜨기로 2코모아뜨기, M1Lp코늘림. 편물을 뒤집는다.
계속해서 이미 만들어진 규칙대로 14단 더 뜬다.
39단(겉면): 1코걸러뜨기, 겉뜨기28, 오른코줄임, M1L코늘림. 편물을 뒤집는다.
40단(안면): 1코걸러뜨기, 안뜨기29, 안뜨기로 2코모아뜨기, M1Lp코늘림. 편물을 뒤집는다.
41단(겉면): [겉뜨기8, M1L코늘림]을 4회 반복한다. 4코 늘어남. 편물을 뒤집는다.
이제 바늘1에 36코 있다.
42단(안면): 1코걸러뜨기, 안뜨기35.
계속해서 발 섹션을 진행한다(61쪽).

사이즈3(바늘1에 40코 있음):
1단(겉면): 1코걸러뜨기, [겉뜨기8, 왼코줄임]을 3회 반복, 겉뜨기6, 왼코줄임, 안면이 보이도록 편물을 뒤집는다(1코는 뜨지 않고 둔다). 4코 줄어듦. 이제 뒤꿈치에 총 36코 있다.
2단(안면): 1코걸러뜨기, 안뜨기33(끝의 1코는 뜨지 않고 둔다), 겉면이 보이도록 편물을 뒤집는다.
3단: 1코걸러뜨기, 겉뜨기32(끝의 2코는 뜨지 않고 둔다). 편물을 뒤집는다.
4단: 1코걸러뜨기, 안뜨기31(구멍 1코 전까지). 편물을 뒤집는다.
5단: 1코걸러뜨기, 겉뜨기30(구멍 1코 전까지). 편물을 뒤집는다.
6단: 1코걸러뜨기, 안뜨기29(구멍 1코 전까지). 편물을 뒤집는다.
7단: 1코걸러뜨기, 구멍 1코 전까지 겉뜨기. 편물을 뒤집는다.
8단: 1코걸러뜨기, 구멍 1코 전까지 안뜨기. 편물을 뒤집는다.
7~8단을 6회 더 반복한다.
21단: 1코걸러뜨기, 구멍 1코 전까지 겉뜨기. 편물을 뒤집는다.
22단: 1코걸러뜨기, 안뜨기13.
중심에 안뜨기 14코가 있고 그 양옆에 뜨지 않은 코가 11코씩

있다. 편물을 뒤집는다.

이제 편물을 뒤집어서 생긴 구멍을 막으면서 뒤꿈치를 평뜨기로 편물을 뒤집어가며 뜬다.
23단(겉면): 1코걸러뜨기, 겉뜨기12, (구멍 양쪽의 각 1코를 이용해서) 오른코줄임, 오른코줄임한 코 아래에서 주워올려(코를 꼬지 않는다) M1L코늘림. 편물을 뒤집는다.
24단(안면): 1코걸러뜨기, 안뜨기13, 안뜨기로 2코모아뜨기, 안뜨기로 2코모아뜨기한 코 아래에서 주워올려(코를 꼬지 않는다) M1Lp코늘림. 편물을 뒤집는다.
25단: 1코걸러뜨기, 겉뜨기14, 오른코줄임, M1L코늘림. 편물을 뒤집는다.
26단: 1코걸러뜨기, 안뜨기15, 안뜨기로 2코모아뜨기, M1Lp코늘림. 편물을 뒤집는다.
계속해서 이미 만들어진 규칙대로 16단 더 뜬다.
43단(겉면): 1코걸러뜨기, 겉뜨기32, 오른코줄임, M1L코늘림. 편물을 뒤집는다.
44단(안면): 1코걸러뜨기, 안뜨기33, 안뜨기로 2코모아뜨기, M1Lp코늘림. 편물을 뒤집는다.
45단(겉면): 1코걸러뜨기, [겉뜨기9, M1L코늘림]을 3회 반복, 겉뜨기8, M1L코늘림. 4코 늘어남. 편물을 뒤집는다.
이제 바늘1에 40코 있다.
46단(안면): 1코걸러뜨기, 안뜨기39.

발(모든 사이즈)

다시 원통으로 연결해서 바탕실과 배색실 및 2.5mm 바늘(또는 배색뜨기 게이지 치수를 얻을 수 있는 호수의 바늘)을 사용해 뜬다. 바늘1에서 시작해, 자신이 선택한 사이즈에 맞는 무늬 도안을 17단에서 다시 뜬다. 계속해서 양말이 자신이 원하는 완성품 길이에서 4cm 모자랄 때까지—배색뜨기 무늬 도안을 완전히 반복하지 못하고 끝내더라도—배색뜨기 무늬 도안을 진행한다.
무늬 도안을 완전히 반복했음에도 앞서 말한 길이에 미치지 못한다면, 바탕실을 사용해서 다음 설명의 코줄임 단을 뜬다. 코줄임 단을 완성하면, 발끝 지시사항을 뜨기에 충분한 길이가 될 때까지 바탕실을 사용해서 메리야스뜨기로 몇 단 뜬다.
배색실을 자른다.

발끝

바탕실을 사용해서 코줄임 단을 뜬다:
사이즈1: *겉뜨기6, 왼코줄임*, *~*을 단 끝까지 반복한다. 8코 줄어듦. 총 56코.
사이즈2: *겉뜨기7, 왼코줄임*, *~*을 단 끝까지 반복한다. 8코 줄어듦. 총 64코.
사이즈3: *겉뜨기8, 왼코줄임*, *~*을 단 끝까지 반복한다. 8코 줄어듦. 총 72코.

이제 바늘1과 바늘2에 동일한 콧수가 있어야 한다. 단 시작 표시링을 제거한다. 바늘1에는 발바닥 28 (32, 36)코가 있다. 바늘2에는 발등 28 (32, 36)코가 있다.
바탕실과 바늘1을 사용해서 14 (16, 18)코를 겉뜨기한다. 이제 방금 뜬 코 다음에 단 시작 표시링을 건다. 이곳은 발바닥 부분인 바늘1의 가운데여야 한다.
세팅 단: 바탕실을 사용해서 단 시작 표시링까지 겉뜨기로 1단 더 뜬다.

1단(코줄임 단):
　바늘1: 3코 남을 때까지 겉뜨기, 왼코줄임, 겉뜨기1.
　바늘2: 겉뜨기1, 오른코줄임, 3코 남을 때까지 겉뜨기, 왼코줄임, 겉뜨기1.
　바늘1: 겉뜨기1, 오른코줄임, 단 시작 표시링까지 겉뜨기한다. 4코 줄어듦.
2단: 모든 코 겉뜨기한다.
각 바늘에 20코 남을 때까지 1~2단을 반복한다(총 40코).
계속해서 각 바늘에 10코 남을 때까지 1단만 반복한다(매 단 코줄임한다)(총 20코).
단 시작 표시링을 제거한다. 양말의 옆선을 만날 때까지 5코 겉뜨기한다. 각 바늘에 남은 10코를 메리야스잇기로 연결한다.

마무리

실끝을 정리한다. 양말을 적셔서 블로킹한다. 동일한 과정을 반복해 양말 한 짝을 더 만든다.

배색뜨기 무늬 도안—사이즈1

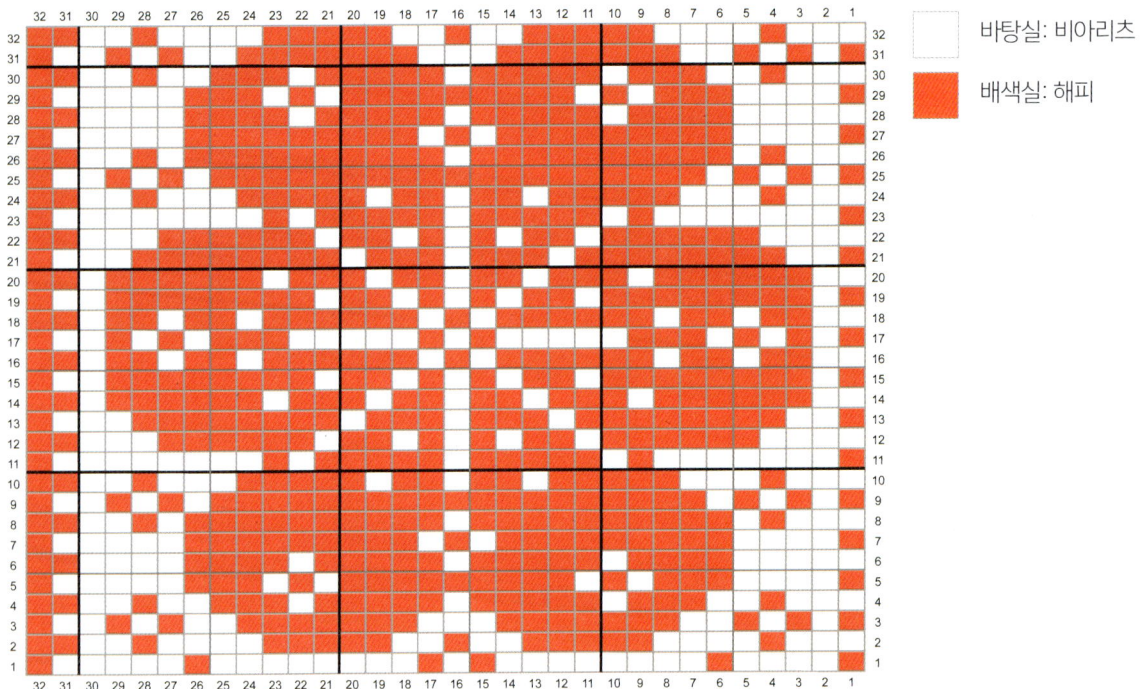

바탕실: 비아리츠
배색실: 해피

배색뜨기 무늬 도안—사이즈2

배색뜨기 무늬 도안—사이즈3

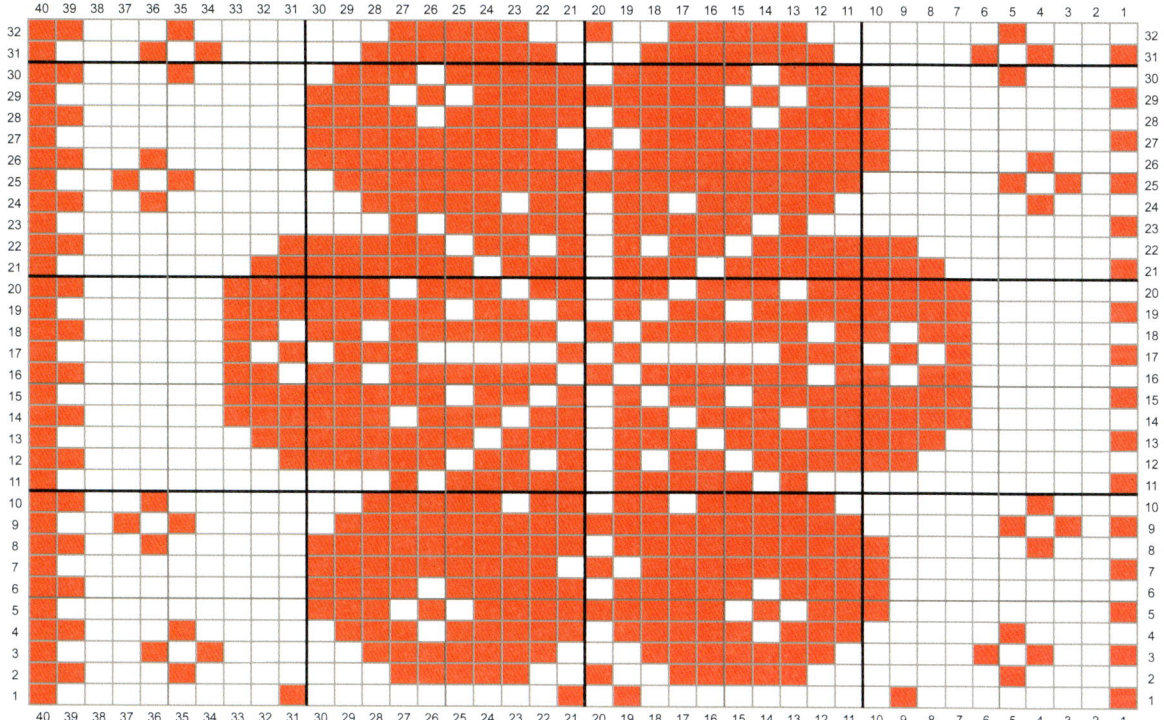

바탕실: 비아리츠

배색실: 해피

장미꽃잎의 빗방울
Raindrops on Roses

이 양말은 클래식하고 뜨기 쉬운 장미꽃 모티프가 특징입니다. 두 가지 선명한 색상이 대비되는 배색 무늬는 양말 전체에 빗방울처럼 계속됩니다. 이것은 뜨개질하기에 매우 재미있고 중독성 있을 뿐만 아니라, 신기에도 아름다운 양말을 만듭니다. 영화 〈사운드 오브 뮤직〉에서 마리아가 노래한 '내가 가장 좋아하는 것들'이 "장미꽃잎의 빗방울"이라는 가사로 시작했듯이, 이 양말도 여러분이 가장 좋아하는 것들 중 하나가 될 수도 있습니다.

양말 구조
발목단에서 시작해 위에서 아래로 내려 뜨는 이 양말은 꼬아고무뜨기 발목단과 되돌아뜨기 뒤꿈치가 있습니다. 양말목과 발 전체에 이어지는 가로배색뜨기 무늬 도안이 특징입니다.

사이즈
1 (2, 3)
발 둘레: 17~19 (20.5~23, 23.5~25)cm
완성치수: 14.5~16.5 (18~20, 20.5~23)cm
권장 여유분: 마이너스 2.5cm
양말목/발 길이는 쉽게 조정할 수 있다. 자세한 내용은 만드는 법을 참고할 것.
사진 속 작품은 사이즈2 US 8.5/EU 39/UK 6, 발 둘레 22.5cm로 떴다.

재료
실
바탕실: 핑거링/삭 굵기, 카운티스 어블레이즈의 레이디 페르세포네 삭(블루페이스레스터울 75%, 나일론 25%), 1타래 140m 100g
배색실: 핑거링/삭 굵기, 칭 파이버의 슈퍼소프트 삭(슈퍼워시메리노울 80%, 캐시미어 10%, 나일론 10%), 소형 1타래 87.5m 25g

사진 속 작품에서는 다음 색상을 사용
바탕실: 테이크잇오프라인Take It Offline(1타래)
배색실: 슈스이Shusui(소형 1타래)
주의사항: 카운티스 어블레이즈는 실 생산을 중단했으므로 라비앵 에메의 메리노슈퍼 삭 '피넛버터 앤 젤리' 색상을 바탕실 대안으로 추천한다.

같은 게이지 치수를 얻을 수 있다면 핑거링 굵기의 실은 무엇이든 사용할 수 있다. 롤라빈의 휴 로코 또는 스위트 조지아도 좋은 대안이 될 수 있다.

바늘
고무뜨기와 뒤꿈치 및 발끝에 사용: 2.25mm
매직루프 기법으로 뜰 경우 80cm 길이 줄바늘, 또는 장갑바늘, 또는 23cm 길이 줄바늘 2개 (선호하는 바늘 사용)
배색뜨기에 사용: 2.5mm
매직루프 기법으로 뜰 경우 80cm 길이 줄바늘, 또는 장갑바늘, 또는 23cm 길이 줄바늘 2개 (선호하는 바늘 사용)
주의사항: 잘 맞는 양말을 뜨기 위해 게이지를 체크할 것. 바늘 호수를 높이거나 낮춰서 추가 사이즈를 뜰 수 있다.

부자재
단코표시링, 가위, 돗바늘

게이지
34코×38단=10×10cm 배색뜨기
36코×44단=10×10cm 메리야스뜨기와 고무뜨기

스페셜 기법
배색 양말 뜨기(8쪽)
메리야스잇기(170쪽)
주요 기법 설명은 169쪽

도안이 지시하는 곳에서 배색실을 연결하면서, 배색뜨기 무늬 도안A(69쪽) 1~31단을 뜬다. 무늬 도안은 각 단마다 5 (6, 7)회 반복한다.

바탕실을 사용해서, 코줄임 단을 뜬다:
사이즈1: *겉뜨기13, 왼코줄임*, *~*을 단 끝까지 반복한다. 4코 줄어듦. 총 56코.
사이즈2: *겉뜨기16, 왼코줄임*, *~*을 단 끝까지 반복한다. 4코 줄어듦. 총 68코.
사이즈3: *겉뜨기19, 왼코줄임*, *~*을 단 끝까지 반복한다. 4코 줄어듦. 총 80코.
배색뜨기 무늬 도안B(69쪽) 1~6단을 2회 반복하고, 1~2단을 뜬다. 무늬 도안은 각 단마다 14 (17, 20)회 반복한다.

되돌아뜨기 뒤꿈치
이제 배색실과 2.25mm 바늘1만 사용해서, 자신이 선택한 사이즈에 맞는 뒤꿈치 지시사항을 따라 뜰 것이다.

사이즈1(바늘1에 28코 있음):
1단(겉면): 1코걸러뜨기, 겉뜨기26, 안면이 보이도록 편물을 뒤집는다(1코는 뜨지 않고 둔다).
2단(안면): 1코걸러뜨기, 안뜨기25(끝의 1코는 뜨지 않고 둔다), 겉면이 보이도록 편물을 뒤집는다.
3단: 1코걸러뜨기, 겉뜨기24(끝의 2코는 뜨지 않고 둔다). 편물을 뒤집는다.
4단: 1코걸러뜨기, 안뜨기23(구멍 1코 전까지). 편물을 뒤집는다.
5단: 1코걸러뜨기, 겉뜨기22(구멍 1코 전까지). 편물을 뒤집는다.
6단: 1코걸러뜨기, 안뜨기21(구멍 1코 전까지). 편물을 뒤집는다.
7단: 1코걸러뜨기, 구멍 1코 전까지 겉뜨기. 편물을 뒤집는다.
8단: 1코걸러뜨기, 구멍 1코 전까지 안뜨기. 편물을 뒤집는다.
7~8단을 5회 더 반복한다.
19단: 1코걸러뜨기, 구멍 1코 전까지 겉뜨기. 편물을 뒤집는다.
20단: 1코걸러뜨기, 안뜨기7.
중심에 안뜨기 8코가 있고 그 양옆에 뜨지 않은 코가 10코씩 있다. 편물을 뒤집는다.

이제 편물을 뒤집어서 생긴 구멍을 막으면서 뒤꿈치를 평뜨기로 편물을 뒤집어가며 뜬다.

만드는 법

발목단
바탕실과 2.25mm 바늘을 사용해서 56 (64, 72)코 만든다. 2개의 바늘에 동일하게 콧수를 나눠 옮긴다. 장갑바늘을 사용할 경우, 1개의 바늘에 콧수 절반을 옮기고 나머지 반은 2개의 바늘에 나눠 옮긴다. 단 시작에 표시링을 건다. 코가 꼬이지 않도록 조심하며 원통으로 잇는다.
고무뜨기 단: *꼬아뜨기1, 안뜨기1*, *~*을 단 끝까지 반복한다.
고무뜨기로 총 13단 뜬다(약 3cm).

양말목
바탕실과 2.5mm 바늘(또는 배색뜨기 게이지 치수를 얻을 수 있는 호수의 바늘)을 사용해서, 코늘림 단을 뜬다:
사이즈1: *겉뜨기14, M1L코늘림*, *~*을 단 끝까지 반복한다. 4코 늘어남. 총 60코.
사이즈2: *겉뜨기8, M1L코늘림*, *~*을 단 끝까지 반복한다. 8코 늘어남. 총 72코.
사이즈3: *겉뜨기6, M1L코늘림*, *~*을 단 끝까지 반복한다. 12코 늘어남. 총 84코.

21단(겉면): 1코걸러뜨기, 겉뜨기6, (구멍 양쪽의 각 1코를 이용해서) 오른코줄임, 오른코줄임한 코 아래에서 주워올려(코를 꼬지 않는다) M1L코늘림. 편물을 뒤집는다.
22단(안면): 1코걸러뜨기, 안뜨기7, 안뜨기로 2코모아뜨기, 안뜨기로 2코모아뜨기한 코 아래에서 주워올려(코를 꼬지 않는다) M1Lp코늘림. 편물을 뒤집는다.
23단: 1코걸러뜨기, 겉뜨기8, 오른코줄임, M1L코늘림. 편물을 뒤집는다.
24단: 1코걸러뜨기, 안뜨기9, 안뜨기로 2코모아뜨기, M1Lp코늘림. 편물을 뒤집는다.
계속해서 이미 만들어진 규칙대로 14단 더 뜬다.
39단(겉면): 1코걸러뜨기, 겉뜨기24, 오른코줄임, M1L코늘림. 편물을 뒤집는다.
40단(안면): 1코걸러뜨기, 안뜨기25, 안뜨기로 2코모아뜨기, M1Lp코늘림. 편물을 뒤집는다.
41단(겉면): 1코걸러뜨기, 겉뜨기27.
이제 바늘1에 28코 있다.
계속해서 발 섹션을 진행한다(68쪽).

사이즈2(바늘1에 34코 있음):
1단(겉면): 1코걸러뜨기, [겉뜨기14, 왼코줄임]을 2회 반복, 안면이 보이도록 편물을 뒤집는다(1코는 뜨지 않고 둔다). 2코 줄어듦. 이제 뒤꿈치에 총 32코 있다.
2단(안면): 1코걸러뜨기, 안뜨기29(끝의 1코는 뜨지 않고 둔다), 겉면이 보이도록 편물을 뒤집는다.
3단: 1코걸러뜨기, 겉뜨기28(끝의 2코는 뜨지 않고 둔다). 편물을 뒤집는다.
4단: 1코걸러뜨기, 안뜨기27(구멍 1코 전까지). 편물을 뒤집는다.
5단: 1코걸러뜨기, 겉뜨기26(구멍 1코 전까지). 편물을 뒤집는다.
6단: 1코걸러뜨기, 안뜨기25(구멍 1코 전까지). 편물을 뒤집는다.
7단: 1코걸러뜨기, 구멍 1코 전까지 겉뜨기. 편물을 뒤집는다.
8단: 1코걸러뜨기, 구멍 1코 전까지 안뜨기. 편물을 뒤집는다.
7~8단을 5회 더 반복한다.
19단: 1코걸러뜨기, 구멍 1코 전까지 겉뜨기. 편물을 뒤집는다.
20단: 1코걸러뜨기, 안뜨기11.
중심에 안뜨기 12코가 있고 그 양옆에 뜨지 않은 코가 10코씩 있다. 편물을 뒤집는다.

이제 편물을 뒤집어서 생긴 구멍을 막으면서 뒤꿈치를 평뜨기로 편물을 뒤집어가며 뜬다.
21단(겉면): 1코걸러뜨기, 겉뜨기10, (구멍 양쪽의 각 1코를 이용해서) 오른코줄임, 오른코줄임한 코 아래에서 주워올려(코를 꼬지 않는다) M1L코늘림. 편물을 뒤집는다.
22단(안면): 1코걸러뜨기, 안뜨기11, 안뜨기로 2코모아뜨기, 안뜨기로 2코모아뜨기한 코 아래에서 주워올려(코를 꼬지 않는다) M1Lp코늘림. 편물을 뒤집는다.
23단: 1코걸러뜨기, 겉뜨기12, 오른코줄임, M1L코늘림. 편물을 뒤집는다.
24단: 1코걸러뜨기, 안뜨기13, 안뜨기로 2코모아뜨기, M1Lp코늘림. 편물을 뒤집는다.
계속해서 이미 만들어진 규칙대로 14단 더 뜬다.
39단(겉면): 1코걸러뜨기, 겉뜨기28, 오른코줄임, M1L코늘림. 편물을 뒤집는다.
40단(안면): 1코걸러뜨기, 안뜨기29, 안뜨기로 2코모아뜨기, M1Lp코늘림. 편물을 뒤집는다.
41단(겉면): [겉뜨기16, M1L코늘림]을 2회 반복한다. 2코 늘어남. 이제 바늘1에 34코 있다.
계속해서 발 섹션을 진행한다(68쪽).

로 편물을 뒤집어가며 뜬다.

23단(겉면): 1코걸러뜨기, 겉뜨기12, (구멍 양쪽의 각 1코를 이용해서) 오른코줄임, 오른코줄임한 코 아래에서 주워올려(코를 꼬지 않는다) M1L코늘림. 편물을 뒤집는다.

24단(안면): 1코걸러뜨기, 안뜨기13, 안뜨기로 2코모아뜨기, 안뜨기로 2코모아뜨기한 코 아래에서 주워올려(코를 꼬지 않는다) M1Lp코늘림. 편물을 뒤집는다.

25단: 1코걸러뜨기, 겉뜨기14, 오른코줄임, M1L코늘림. 편물을 뒤집는다.

26단: 1코걸러뜨기, 안뜨기15, 안뜨기로 2코모아뜨기, M1Lp코늘림. 편물을 뒤집는다.

계속해서 이미 만들어진 규칙대로 16단 더 뜬다.

43단(겉면): 1코걸러뜨기, 겉뜨기32, 오른코줄임, M1L코늘림. 편물을 뒤집는다.

44단(안면): 1코걸러뜨기, 안뜨기33, 안뜨기로 2코모아뜨기, M1Lp코늘림. 편물을 뒤집는다.

45단(겉면): 1코걸러뜨기, [겉뜨기8, M1L코늘림]을 4회 반복, 단 끝까지 겉뜨기한다. 4코 늘어남.

이제 바늘1에 40코 있다.

사이즈3(바늘1에 40코 있음):

1단(겉면): 1코걸러뜨기, [겉뜨기7, 왼코줄임]을 4회 반복, 겉뜨기2, 안면이 보이도록 편물을 뒤집는다(1코는 뜨지 않고 둔다). 4코 줄어듦. 이제 뒤꿈치에 총 36코 있다.

2단(안면): 1코걸러뜨기, 안뜨기33(끝의 1코는 뜨지 않고 둔다), 겉면이 보이도록 편물을 뒤집는다.

3단: 1코걸러뜨기, 겉뜨기32(끝의 2코는 뜨지 않고 둔다). 편물을 뒤집는다.

4단: 1코걸러뜨기, 안뜨기31(구멍 1코 전까지). 편물을 뒤집는다.

5단: 1코걸러뜨기, 겉뜨기30(구멍 1코 전까지). 편물을 뒤집는다.

6단: 1코걸러뜨기, 안뜨기29(구멍 1코 전까지). 편물을 뒤집는다.

7단: 1코걸러뜨기, 구멍 1코 전까지 겉뜨기. 편물을 뒤집는다.

8단: 1코걸러뜨기, 구멍 1코 전까지 안뜨기. 편물을 뒤집는다.

7~8단을 6회 더 반복한다.

21단: 1코걸러뜨기, 구멍 1코 전까지 겉뜨기. 편물을 뒤집는다.

22단: 1코걸러뜨기, 안뜨기13.

중심에 안뜨기 14코가 있고 그 양옆에 뜨지 않은 코가 11코씩 있다. 편물을 뒤집는다.

이제 편물을 뒤집어서 생긴 구멍을 막으면서 뒤꿈치를 평뜨기

발

다시 원통으로 연결해서 바탕실과 2.5mm 바늘을 사용해 뜬다. 다시 바늘1과 바늘2를 둘 다 사용해서 진행한다.

단 시작 표시링을 다시 만날 때까지 바늘2의 28 (34, 40)코를 겉뜨기한다(이것은 배색뜨기 무늬 도안B의 3단으로 셀 것이다). 계속해서 배색뜨기 무늬 도안B를 뜨는데, 4단에서 시작하고 8단에서 끝낸다. 이제 양말이 자신이 원하는 완성품 길이에서 7cm 모자랄 때까지 1~8단을 반복한다. 어느 단에서 끝내도 좋다.

배색뜨기 무늬 도안C(69쪽) 1~7단을 뜬다.

무늬 도안은 각 단마다 14 (17, 20)회 반복한다.

바탕실을 자른다.

발끝

배색실을 사용해서, 2.25mm 바늘로 코를 옮기면서 이번 단을 뜬다.

사이즈1: 겉뜨기로 1단 뜬다.

사이즈2: *겉뜨기15, 왼코줄임*, *~*을 단 끝까지 반복한다. 4코 줄어듦. 총 64코.

사이즈3: *겉뜨기8, 왼코줄임*, *~*을 단 끝까지 반복한다. 8코 줄어듦. 총 72코.

이제 바늘1과 바늘2에 동일한 콧수가 있어야 한다. 단 시작 표시링을 제거한다. 바늘1에는 발바닥 28 (32, 36)코가 있다. 바늘2에는 발등 28 (32, 36)코가 있다.

배색실과 바늘1을 사용해서 14 (16, 18)코 겉뜨기한다. 방금 뜬 코 다음에 단 시작 표시링을 건다. 이곳은 발바닥 부분인 바늘1의 가운데여야 한다. 바늘2에는 발등 코가 있다.

세팅 단: 배색실을 사용해서 단 시작 표시링까지 겉뜨기한다.

1단(코줄임 단):
- 바늘1: 3코 남을 때까지 겉뜨기, 왼코줄임, 겉뜨기1.
- 바늘2: 겉뜨기1, 오른코줄임, 3코 남을 때까지 겉뜨기, 왼코줄임, 겉뜨기1.
- 바늘1: 겉뜨기1, 오른코줄임, 단 시작까지 겉뜨기한다.
- 4코 줄어듦.

2단: 모든 코 겉뜨기한다.

각 바늘에 20코 남을 때까지 1~2단을 반복한다(총 40코). 계속해서 각 바늘에 10코 남을 때까지 1단만 반복한다(매 단 코 줄임한다)(총 20코).
단 시작 표시링을 제거한다. 양말의 옆선을 만날 때까지 5코 겉뜨기한다. 각 바늘에 남은 10코를 메리야스잇기로 연결한다.

마무리
실끝을 정리한다. 양말을 적셔서 블로킹한다. 동일한 과정을 반복해 양말 한 짝을 더 만든다.

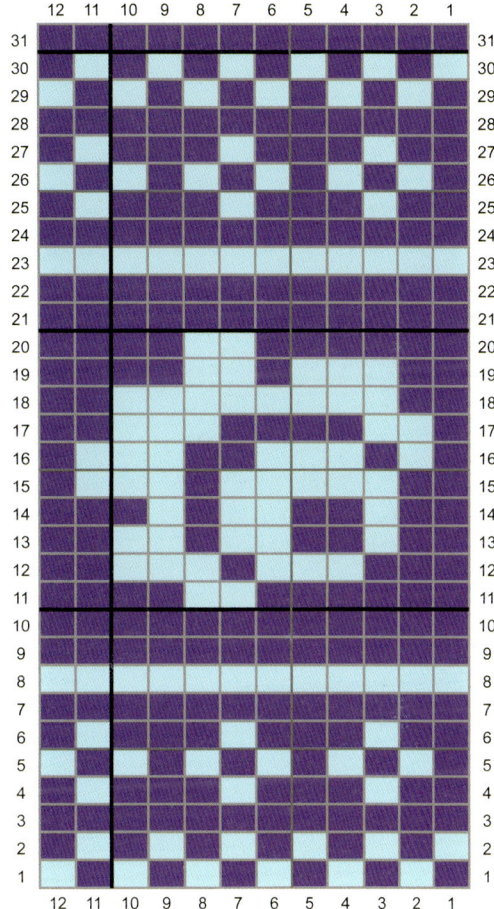

배색뜨기 무늬 도안A

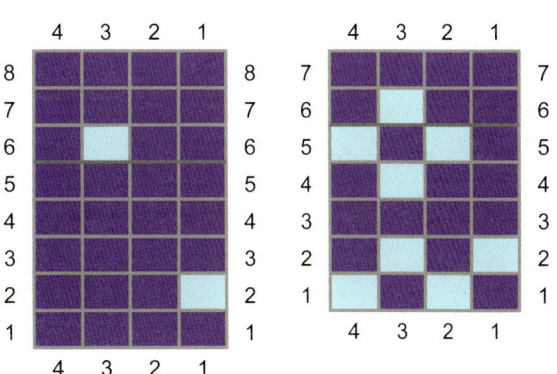

배색뜨기 무늬 도안B   배색뜨기 무늬 도안C

바탕실: 테이크잇오프라인
배색실: 슈스이

플라워 파워 69

튤립 사이로 살금살금
Tiptoe Through the Tulips

저는 놀라운 색깔의 다채로운 튤립이 흐드러지게 핀 모습을 좋아합니다. 그것들은 봄이 다가오고 있으며 꽃과 색, 그리고 생명이 곧 정원에 다시 나타날 것이라는 첫 번째 신호 중 하나입니다. 겨울 추위가 풀리고 눈 사이로 고개를 내민 녹색 새싹은 반가운 선물로 보이지요. 저는 다양한 튤립 색상을 사용해 양말 한 켤레를 만들어서 이 꽃을 기념하고 축하하고 싶었고 마침내 겨울이 끝나고 봄의 빛이 돌아온다는 희망찬 느낌을 주고 싶었습니다.

양말 구조
세 가지 색을 사용해서, 고무뜨기 발목단에서 시작해 위에서 아래로 내려 뜨는 이 양말은 발목단과 발끝에 심플한 장식적인 배색뜨기 무늬가 있습니다. 양말목과 발 전체에는 튤립 모티프가 있습니다. 이 양말은 되돌아뜨기 뒤꿈치로 뜹니다.

사이즈
1 (2, 3)
발 둘레: 17~19 (20.5~23, 23.5~25)cm
완성치수: 14.5~16.5 (18~20, 20.5~23)cm
권장 여유분: 마이너스 2.5cm
양말목/발 길이는 쉽게 조정할 수 있다. 자세한 내용은 만드는 법을 참고할 것.
사진 속 작품은 사이즈2 US 8.5/EU 39/UK 6, 발 둘레 22.5cm로 떴다.

재료

실
바탕실과 배색실2: 핑거링 굵기, 얀 러브의 신데렐라 핑거링(슈퍼워시 블루페이스레스터울 80%, 나일론 20%), 1타래 338m 100g
배색실1: 핑거링 굵기, 얀 러브의 갈라드리엘 삭(슈퍼워시 코리데일울 80%, 나일론 20%), 1타래 338m 100g

사진 속 작품에서는 다음 색상을 사용
바탕실: 코니퍼Conifer(1타래)
배색실1: 코스모스Cosmos(1타래)
배색실2: 마티니Martini(20g짜리 소형 1타래)

바늘
고무뜨기와 뒤꿈치 및 발끝에 사용: 2.25mm
매직루프 기법으로 뜰 경우 80cm 길이 줄바늘, 또는 장갑바늘, 또는 23cm 길이 줄바늘 2개 (선호하는 바늘 사용)
배색뜨기에 사용: 2.5mm
매직루프 기법으로 뜰 경우 80cm 길이 줄바늘, 또는 장갑바늘, 또는 23cm 길이 줄바늘 2개 (선호하는 바늘 사용)
주의사항: 잘 맞는 양말을 뜨기 위해 게이지를 체크할 것. 바늘 호수를 높이거나 낮춰서 추가 사이즈를 뜰 수 있다.

부자재
단코표시링, 가위, 돗바늘

게이지
34코×38단=10×10cm 배색뜨기
36코×44단=10×10cm 메리야스뜨기와 고무뜨기

스페셜 기법
배색 양말 뜨기(8쪽)
메리야스잇기(170쪽)
주요 기법 설명은 169쪽

만드는 법

발목단
바탕실과 2.25mm 바늘을 사용해서 56 (64, 72)코 만든다. 2개의 바늘에 동일하게 콧수를 나눠 옮긴다. 장갑바늘을 사용할 경우, 1개의 바늘에 콧수 절반을 옮기고 나머지 반은 2개의 바늘에 나눠 옮긴다. 단 시작에 표시링을 건다. 코가 꼬이지 않도록 조심하며 원통으로 잇는다.

고무뜨기 단: *꼬아뜨기1, 안뜨기1*, *~*을 단 끝까지 반복한다. 고무뜨기로 총 13단 뜬다(약 3cm).

양말목
바탕실과 2.5mm 바늘(또는 배색뜨기 게이지 치수를 얻을 수 있는 호수의 바늘)을 사용해서, 코늘림 단을 뜬다:

사이즈1: *겉뜨기14, M1L코늘림*, *~*을 단 끝까지 반복한다. 4코 늘어남. 총 60코.
사이즈2: *겉뜨기8, M1L코늘림*, *~*을 단 끝까지 반복한다. 8코 늘어남. 총 72코.
사이즈3: *겉뜨기6, M1L코늘림*, *~*을 단 끝까지 반복한다. 12코 늘어남. 총 84코.

도안이 지시하는 곳에서 배색실1을 연결하면서, 배색뜨기 무늬 도안B(75쪽) 1~3단을 뜬다. 무늬 도안은 각 단마다 5 (6, 7)회 반복한다. 무늬 도안은 오른쪽에서 왼쪽으로, 아래에서 위로 진행한다. 이제 도안이 지시하는 곳에서 배색실2를 연결하면서, 배색뜨기 무늬 도안A(75쪽) 1~24단을 뜬다. 무늬 도안은 각 단마다 5 (6, 7)회 반복한다. 1~13단을 1회 더 뜨고, 계속해서 되돌아뜨기 뒤꿈치 지시사항을 진행한다.

되돌아뜨기 뒤꿈치
이제 바탕실을 사용해서 2.25mm 바늘1만 가지고, 자신이 선택한 사이즈에 맞는 뒤꿈치 지시사항을 따라 뜰 것이다.

사이즈1(바늘1에 30코 있음):
1단(겉면): 1코걸러뜨기, [겉뜨기12, 왼코줄임]을 2회 반복, 안면이 보이도록 편물을 뒤집는다(1코는 뜨지 않고 둔다). 2코 줄어듦. 이제 뒤꿈치에 총 28코 있다.
2단(안면): 1코걸러뜨기, 안뜨기25(끝의 1코는 뜨지 않고 둔다), 겉면이 보이도록 편물을 뒤집는다.
3단: 1코걸러뜨기, 겉뜨기24(끝의 2코는 뜨지 않고 둔다). 편물을 뒤집는다.
4단: 1코걸러뜨기, 안뜨기23(구멍 1코 전까지). 편물을 뒤집는다.
5단: 1코걸러뜨기, 겉뜨기22(구멍 1코 전까지). 편물을 뒤집는다.
6단: 1코걸러뜨기, 안뜨기21(구멍 1코 전까지). 편물을 뒤집는다.
7단: 1코걸러뜨기, 구멍 1코 전까지 겉뜨기. 편물을 뒤집는다.
8단: 1코걸러뜨기, 구멍 1코 전까지 안뜨기. 편물을 뒤집는다.
7~8단을 5회 더 반복한다.
19단: 1코걸러뜨기, 구멍 1코 전까지 겉뜨기. 편물을 뒤집는다.
20단: 1코걸러뜨기, 안뜨기7.
중심에는 안뜨기 8코가 있고 그 양옆에 뜨지 않은 코가 10코씩 있다. 편물을 뒤집는다.

이제 편물을 뒤집어서 생긴 구멍을 막으면서 뒤꿈치를 평뜨기로 편물을 뒤집어가며 뜬다.
21단(겉면): 1코걸러뜨기, 겉뜨기6, (구멍 양쪽의 각 1코를 이용해서) 오른코줄임, 오른코줄임한 코 아래에서 주워올려(코를 꼬지 않는다) M1L코늘림. 편물을 뒤집는다.
22단(안면): 1코걸러뜨기, 안뜨기7, 안뜨기로 2코모아뜨기, 안뜨기로 2코모아뜨기한 코 아래에서 주워올려(코를 꼬지 않

다) M1Lp코늘림. 편물을 뒤집는다.
23단: 1코걸러뜨기, 겉뜨기8, 오른코줄임, M1L코늘림. 편물을 뒤집는다.
24단: 1코걸러뜨기, 안뜨기9, 안뜨기로 2코모아뜨기, M1Lp코늘림. 편물을 뒤집는다.
계속해서 이미 만들어진 규칙대로 14단 더 뜬다.
39단(겉면): 1코걸러뜨기, 겉뜨기24, 오른코줄임, M1L코늘림. 편물을 뒤집는다.
40단(안면): 1코걸러뜨기, 안뜨기25, 안뜨기로 2코모아뜨기, M1Lp코늘림. 편물을 뒤집는다.
41단(겉면): 1코걸러뜨기, [겉뜨기13, M1L코늘림]을 2회 반복, 겉뜨기1. 2코 늘어남. 편물을 뒤집는다.
이제 바늘1에 30코 있다.
42단(안면): 1코걸러뜨기, 안뜨기29.
계속해서 발 섹션을 진행한다(74쪽).

사이즈2(바늘1에 36코 있음):
1단(겉면): 1코걸러뜨기, [겉뜨기6, 왼코줄임]을 4회 반복, 겉뜨기2, 안면이 보이도록 편물을 뒤집는다(1코는 뜨지 않고 둔다). 4코 줄어듦. 이제 뒤꿈치에 총 32코 있다.
2단(안면): 1코걸러뜨기, 안뜨기29(끝의 1코는 뜨지 않고 둔다), 겉면이 보이도록 편물을 뒤집는다.
3단: 1코걸러뜨기, 겉뜨기28(끝의 2코는 뜨지 않고 둔다). 편물을 뒤집는다.
4단: 1코걸러뜨기, 안뜨기27(구멍 1코 전까지). 편물을 뒤집는다.
5단: 1코걸러뜨기, 겉뜨기26(구멍 1코 전까지). 편물을 뒤집는다.
6단: 1코걸러뜨기, 안뜨기25(구멍 1코 전까지). 편물을 뒤집는다.
7단: 1코걸러뜨기, 구멍 1코 전까지 겉뜨기. 편물을 뒤집는다.
8단: 1코걸러뜨기, 구멍 1코 전까지 안뜨기. 편물을 뒤집는다.
7~8단을 5회 더 반복한다.
19단: 1코걸러뜨기, 구멍 1코 전까지 겉뜨기. 편물을 뒤집는다.
20단: 1코걸러뜨기, 안뜨기11.
중심에 안뜨기 12코가 있고 그 양옆에 뜨지 않은 코가 10코씩 있다. 편물을 뒤집는다.

이제 편물을 뒤집어서 생긴 구멍을 막으면서 뒤꿈치를 평뜨기로 편물을 뒤집어가며 뜬다.
21단(겉면): 1코걸러뜨기, 겉뜨기10, (구멍 양쪽의 각 1코를 이용해서) 오른코줄임, 오른코줄임한 코 아래에서 주워올려(코를 꼬지 않는다) M1L코늘림. 편물을 뒤집는다.
22단(안면): 1코걸러뜨기, 안뜨기11, 안뜨기로 2코모아뜨기, 안뜨기로 2코모아뜨기한 코 아래에서 주워올려(코를 꼬지 않는다) M1Lp코늘림. 편물을 뒤집는다.
23단: 1코걸러뜨기, 겉뜨기12, 오른코줄임, M1L코늘림. 편물을 뒤집는다.
24단: 1코걸러뜨기, 안뜨기13, 안뜨기로 2코모아뜨기, M1Lp코늘림. 편물을 뒤집는다.
계속해서 이미 만들어진 규칙대로 14단 더 뜬다.
39단(겉면): 1코걸러뜨기, 겉뜨기28, 오른코줄임, M1L코늘림. 편물을 뒤집는다.
40단(안면): 1코걸러뜨기, 안뜨기29, 안뜨기로 2코모아뜨기, M1Lp코늘림. 편물을 뒤집는다.
41단(겉면): [겉뜨기8, M1L코늘림]을 4회 반복한다. 4코 늘어남. 편물을 뒤집는다.
이제 바늘1에 36코 있다.
42단: 1코걸러뜨기, 안뜨기35.
계속해서 발 섹션을 진행한다(74쪽).

사이즈3(바늘1에 42코 있음):
1단(겉면): 1코걸러뜨기, [겉뜨기5, 왼코줄임]을 5회 반복, 겉뜨기3, 왼코줄임, 안면이 보이도록 편물을 뒤집는다(1코는 뜨지 않고 둔다). 6코 줄어듦. 이제 뒤꿈치에 총 36코 있다.
2단(안면): 1코걸러뜨기, 안뜨기33(끝의 1코는 뜨지 않고 둔다), 겉면이 보이도록 편물을 뒤집는다.
3단: 1코걸러뜨기, 겉뜨기32(끝의 2코는 뜨지 않고 둔다). 편물을 뒤집는다.
4단: 1코걸러뜨기, 안뜨기31(구멍 1코 전까지). 편물을 뒤집는다.
5단: 1코걸러뜨기, 겉뜨기30(구멍 1코 전까지). 편물을 뒤집는다.
6단: 1코걸러뜨기, 안뜨기29(구멍 1코 전까지). 편물을 뒤집는다.
7단: 1코걸러뜨기, 구멍 1코 전까지 겉뜨기. 편물을 뒤집는다.
8단: 1코걸러뜨기, 구멍 1코 전까지 안뜨기. 편물을 뒤집는다.
7~8단을 6회 더 반복한다.
21단: 1코걸러뜨기, 구멍 1코 전까지 겉뜨기. 편물을 뒤집는다.
22단: 1코걸러뜨기, 안뜨기13.
중심에 안뜨기 14코가 있고 그 양옆에 뜨지 않은 코가 11코씩 있다. 편물을 뒤집는다.

이제 편물을 뒤집어서 생긴 구멍을 막으면서 뒤꿈치를 평뜨기로 편물을 뒤집어가며 뜬다.

23단(겉면): 1코걸러뜨기, 겉뜨기12, (구멍 양쪽의 각 1코를 이용해서) 오른코줄임, 오른코줄임한 코 아래에서 주워올려(코를 꼬지 않는다) M1L코늘림. 편물을 뒤집는다.

24단(안면): 1코걸러뜨기, 안뜨기13, 안뜨기로 2코모아뜨기, 안뜨기로 2코모아뜨기한 코 아래에서 주워올려(코를 꼬지 않는다) M1Lp코늘림. 편물을 뒤집는다.

25단: 1코걸러뜨기, 겉뜨기14, 오른코줄임, M1L코늘림. 편물을 뒤집는다.

26단: 1코걸러뜨기, 안뜨기15, 안뜨기로 2코모아뜨기, M1Lp코늘림. 편물을 뒤집는다.

계속해서 이미 만들어진 규칙대로 16단 더 뜬다.

43단(겉면): 1코걸러뜨기, 겉뜨기32, 오른코줄임, M1L코늘림. 편물을 뒤집는다.

44단(안면): 1코걸러뜨기, 안뜨기33, 안뜨기로 2코모아뜨기, M1Lp코늘림. 편물을 뒤집는다.

45단(겉면): 1코걸러뜨기, [겉뜨기5, M1L코늘림]을 6회 반복, 겉뜨기5. 6코 늘어남.

이제 바늘1에 42코 있다.

46단(안면): 1코걸러뜨기, 안뜨기41.

발(모든 사이즈)

다시 원통으로 연결해서 바탕실과 배색실1, 배색실2 및 2.5mm 바늘(또는 배색뜨기 게이지 치수를 얻을 수 있는 호수의 바늘)을 사용해 뜬다. 바늘1에서 시작, 배색뜨기 무늬 도안A(75쪽)를 다시 뜨는데, 14단에서 시작하고 24단에서 끝낸다. 계속해서 양말이 자신이 원하는 완성품 길이에서 약 4.5cm 모자랄 때까지 배색뜨기 무늬 도안A를 반복하는데, 마지막으로 뜨는 단이 13단이 되도록 끝낸다. 이 길이가 될 때까지 필요하다면 바탕실을 사용해서 몇 단 더 겉뜨기한다.

배색실2를 자른다.

배색뜨기 무늬 도안C(75쪽) 1~3단을 뜬다. 무늬 도안은 각 단마다 5 (6, 7)회 반복한다.

배색실1을 자른다.

발끝

바탕실과 2.25mm 바늘을 사용해서, 코줄임 단을 뜬다:

사이즈1: *겉뜨기13, 왼코줄임*, *~*을 단 끝까지 반복한다. 4코 줄어듦. 총 56코.

사이즈2: *겉뜨기7, 왼코줄임*, *~*을 단 끝까지 반복한다. 8코 줄어듦. 총 64코.

사이즈3: *겉뜨기5, 왼코줄임*, *~*을 단 끝까지 반복한다. 12코 줄어듦. 총 72코.

이제 바늘1과 바늘2에 동일한 콧수가 있어야 한다. 단 시작 표시링을 제거한다. 바늘1에는 발바닥 28 (32, 36)코가 있다. 바늘2에는 발등 28 (32, 36)코가 있다.

바탕실과 바늘1을 사용해서 14 (16, 18)코 겉뜨기한다. 방금 뜬 코 다음에 단 시작 표시링을 건다. 이곳은 발바닥 부분인 바늘1의 가운데여야 한다.

세팅 단: 바탕실을 사용해서 단 시작 표시링까지 겉뜨기로 1단 더 뜬다.

1단(코줄임 단):
  바늘1: 3코 남을 때까지 겉뜨기, 왼코줄임, 겉뜨기1.
  바늘2: 겉뜨기1, 오른코줄임, 3코 남을 때까지 겉뜨기, 왼코줄임, 겉뜨기1.
  바늘1: 겉뜨기1, 오른코줄임, 단 시작 표시링까지 겉뜨기한다.
  4코 줄어듦.

2단: 모든 코 겉뜨기한다.

각 바늘에 20코 남을 때까지 1~2단을 반복한다(총 40코). 계속해서 각 바늘에 10코 남을 때까지 1단만 반복한다(매 단 코줄임한다)(총 20코).

단 시작 표시링을 제거한다. 양말의 옆선을 만날 때까지 5코 겉뜨기한다. 각 바늘에 남은 10코를 메리야스잇기로 연결한다.

마무리

실끝을 정리한다. 양말을 적셔서 블로킹한다. 동일한 과정을 반복해 양말 한 짝을 더 만든다.

배색뜨기 무늬 도안A

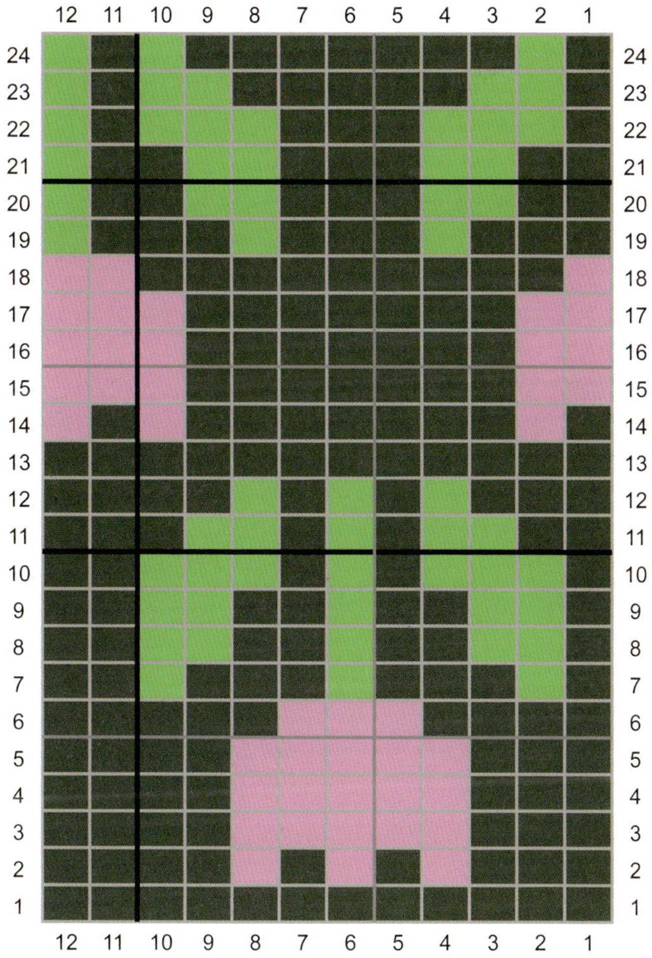

■ 바탕실: 코니퍼
■ 배색실1: 코스모스
■ 배색실2: 마티니

배색뜨기 무늬 도안B

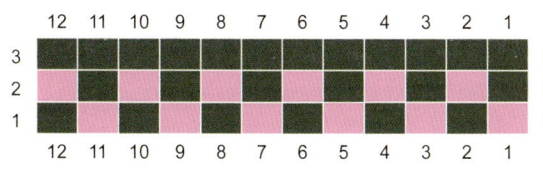

배색뜨기 무늬 도안C

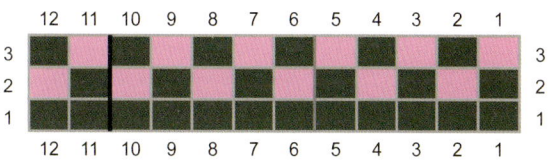

찬란한 음식
Food, Glorious Food

저의 뜨개질 디자인은 종종 일상에서 보는 것들에서 영감을 받고, 음식은 저의 하루에서 크고 행복한 부분입니다. 저는 아침에 제일 먼저 선명한 빨간색 고추, 즙이 많은 만다린 오렌지, 뜨겁고 김이 모락모락 나는 커피 한 잔을 보면 금세 힘이 납니다. 아침, 점심, 저녁식사든, 또는 그사이에 먹는 간식이든, 멋진 음식과 관련된 양말을 신는 것은 여러분의 얼굴에 미소를 가져다줄 것이라고 확신합니다.

꼭대기의 체리
Cherry on Top

꼭대기에 얹는 체리는 무엇인가를 최대한 아름답게 만드는 마지막 터치입니다. 재미있는 색상의 체리 모티프가 있는 이 즐거운 줄무늬 양말도 그래요. 여름에 나무에서 갓 따서 달콤하고 신선하든지, 맛있는 파이 속에서 새콤한 맛을 내든지, 아니면 이 양말에 들어간 따뜻하고 복슬복슬한 짜임이든지, 어떻게 체리를 거부할 수 있을까요?

양말 구조
고무뜨기 발목단에서 시작해 위에서 아래로 내려 뜨는 이 양말은 양말목에 독창적인 체리 무늬를 포함하고 있으며, 발끝 앞에 더 작은 베리 무늬가 있습니다. 이 양말은 양말목과 발 전체에 줄무늬가 있어 뜨는 데 중독성이 있습니다. 자고새 눈 무늬 힐플랩과 거싯으로 뜹니다.

사이즈
1 (2, 3)
발 둘레: 17~19 (20.5~23, 23.5~25)cm
완성치수: 14.5~16.5 (18~20, 20.5~23)cm
권장 여유분: 마이너스 2.5cm
양말목/발 길이는 쉽게 조정할 수 있다. 자세한 내용은 만드는 법을 참고할 것.
사진 속 작품은 사이즈2 US 8.5/EU 39/UK 6, 발 둘레 22.5cm로 떴다.

재료

실
핑거링 굵기, 샤헨마이어 레기아 프리미엄 4합 메리노 야크(울 58%, 폴리아미드28%, 야크 14%), 1타래 400m 100g
사진 속 작품에서는 다음 색상을 사용
바탕실: 민트 멜리어트Mint Meliert(1타래)
배색실1: 힘비어(라즈베리) 멜리어트Himbeer Meliert(1타래)
배색실2: 틸 멜리어트Teal Meliert(1타래)
같은 게이지 치수를 얻을 수 있다면 핑거링 굵기의 실은 무엇이든 사용할 수 있다. 스위트 조지아 또는 매들린토시가 좋은 대안이 될 수 있다.

바늘
모든 사이즈 고무뜨기와 메리야스뜨기에 사용: 2.25mm
매직루프 기법으로 뜰 경우 80cm 길이 줄바늘, 또는 장갑바늘, 또는 23cm 길이 줄바늘 2개 (선호하는 바늘 사용)
사이즈1 배색뜨기에만 사용: 2.5mm
매직루프 기법으로 뜰 경우 80cm 길이 줄바늘, 또는 장갑바늘, 또는 23cm 길이 줄바늘 2개 (선호하는 바늘 사용)
사이즈2 배색뜨기에만 사용: 2.25mm
매직루프 기법으로 뜰 경우 80cm 길이 줄바늘, 또는 장갑바늘, 또는 23cm 길이 줄바늘 2개 (선호하는 바늘 사용)
사이즈3 배색뜨기에만 사용: 2.75mm
매직루프 기법으로 뜰 경우 80cm 길이 줄바늘, 또는 장갑바늘, 또는 23cm 길이 줄바늘 2개 (선호하는 바늘 사용)
주의사항: 잘 맞는 양말을 뜨기 위해 게이지를 체크할 것. 바늘 호수를 높이거나 낮춰서 추가 사이즈를 뜰 수 있다.

부자재
단코표시링, 가위, 돗바늘

게이지
34코×38단=10×10cm 사이즈1 양말목 배색뜨기만 해당
36코×40단=10×10cm 메리야스뜨기와 고무뜨기 및 사이즈2 양말목 배색뜨기
32코×44단=10×10cm 사이즈3 양말목 배색뜨기만 해당

스페셜 기법
배색 양말 뜨기(8쪽)
단차가 생기지 않는 줄무늬 뜨기(171쪽)
메리야스잇기 (170쪽)
주요 기법 설명은 169쪽

만드는 법

발목단

바탕실과 2.25mm 바늘을 사용해서 56 (64, 72)코 만든다. 2개의 바늘에 동일하게 콧수를 나눠 옮긴다. 단 시작에 표시링을 건다. 장갑바늘을 사용할 경우, 1개의 바늘에 콧수 절반을 옮기고 나머지 반은 2개의 바늘에 나눠 옮긴다. 코가 꼬이지 않도록 조심하며 원통으로 잇는다.

고무뜨기 단: *겉뜨기1, 안뜨기1*, *~*을 단 끝까지 반복한다.
고무뜨기로 총 12단 뜬다(약 3cm).

양말목

바탕실을 사용해서 겉뜨기로 1단 뜬다. 사이즈1과 사이즈3만, 더 큰 호수의 바늘로 코를 옮기면서 뜬다.

코늘림 단을 뜬다:

사이즈1: *겉뜨기7, M1L코늘림*~*을 단 끝까지 반복한다. 8코 늘어남. 총 64코.

사이즈2: *겉뜨기4, M1L코늘림*, *~*을 단 끝까지 반복한다. 16코 늘어남. 총 80코.

사이즈3: *겉뜨기9, M1L코늘림*, *~*을 단 끝까지 반복한다. 8코 늘어남. 총 80코.

도안이 지시하는 곳에서 배색실1과 배색실2를 연결하면서, 배색뜨기 무늬 도안A(83쪽) 1~30단을 뜬다. 무늬 도안은 각 단마다 4 (5, 5)회 반복한다. 16단을 뜬 후 배색실2를 자른다. 무늬 도안을 완성하면 배색실1을 자른다.

바탕실을 사용해서 겉뜨기로 1단 뜨는데, 사이즈1과 사이즈3만, 더 작은 호수의 바늘로 코를 옮기면서 뜬다.

바탕실을 사용해서, 코줄임 단을 뜬다:

사이즈1: *겉뜨기6, 왼코줄임*, *~*을 단 끝까지 반복한다. 8코 줄어듦. 총 56코.

사이즈2: *겉뜨기3, 왼코줄임*, *~*을 단 끝까지 반복한다. 16코 줄어듦. 총 64코.

사이즈3: *겉뜨기8, 왼코줄임*, *~*을 단 끝까지 반복한다. 8코 줄어듦. 총 72코.

배색실2를 다시 연결해서 다음과 같이 줄무늬를 뜨기 시작한다:
배색실2를 사용해서 겉뜨기로 2단 뜬다.
바탕실을 사용해서 겉뜨기로 2단 뜬다.
계속해서 4cm 더 또는 양말목이 자신이 원하는 길이가 될 때까지 줄무늬로 뜬다. 바탕실로 줄무늬를 뜬 후 끝낸다. 배색실2를 자른다.

자고새 눈 무늬 힐플랩

자고새 눈 무늬 힐플랩은 바탕실을 사용해서 바늘1의 28 (32, 36)코를 가지고 평뜨기로 편물을 뒤집어가며 뜬다. 바늘2에는 발등이 될 28 (32, 36)코가 있다. 시작할 때 걸었던 단코표시링을 제거한다.

1단(겉면): *안뜨기하듯이 1코걸러뜨기, 겉뜨기1*, *~*을 단 끝까지 반복한다. 편물을 뒤집는다.

2단(안면): 안뜨기하듯이 1코걸러뜨기, 단 끝까지 안뜨기. 편물을 뒤집는다.

3단(겉면): 안뜨기하듯이 2코걸러뜨기, *겉뜨기1, 1코걸러뜨기*, *~*를 2코 남을 때까지 반복, 겉뜨기2. 편물을 뒤집는다.

4단(안면): 2단과 동일하게 뜬다.

1~4단을 반복하며 총 28 (32, 36)단을 뜨는데, 마지막으로 뜨는 단이 안뜨기 단이 되도록 끝낸다. 힐턴을 완성한 후 주울 수

있는 가장자리 14 (16, 18)코가 있을 것이다.

힐턴
계속해서 바탕실을 사용해서, 이제 되돌아뜨기로 뒤꿈치 경사를 만들 것이다.

1단(겉면): 1코걸러뜨기, 겉뜨기15 (18, 20), 오른코줄임, 겉뜨기1. 편물을 뒤집는다.

2단(안면): 1코걸러뜨기, 안뜨기5 (7, 7), 안뜨기로 2코모아뜨기, 안뜨기1. 편물을 뒤집는다.

3단(겉면): 1코걸러뜨기, 겉뜨기6 (8, 8), 오른코줄임, 겉뜨기1. 편물을 뒤집는다.

4단(안면): 1코걸러뜨기, 안뜨기7 (9, 9), 안뜨기로 2코모아뜨기, 안뜨기1. 편물을 뒤집는다.

계속해서 이미 만들어진 규칙대로 뜬다: 1코걸러뜨기, 이전 단에서 편물을 뒤집어서 생긴 구멍 1코 전까지 겉뜨기 또는 안뜨기, 구멍을 막기 위해 오른코줄임 또는 안뜨기로 2코모아뜨기, 겉뜨기1 또는 안뜨기1. 편물을 뒤집는다. 계속해서 모든 코를 작업할 때까지 진행하는데 마지막으로 뜨는 단이 안면에서 안뜨기 단이 되도록 끝낸다. 겉면이 보이도록 편물을 뒤집는다. 이제 바늘1에 16 (20, 22)코 남아 있다.

거싯
이제 힐플랩의 양쪽 가장자리를 따라서 코를 주울 것이다.

바탕실을 사용해서, 뒤꿈치 코를 겉뜨기하는데 8 (10, 11)코(중간 지점)를 뜬 후 단코표시링을 걸어 단 시작을 표시한다.

배색실2를 연결해서, 뒤꿈치 코 끝까지 겉뜨기, 힐플랩의 가장자리를 따라 14 (16, 18)코를 꼬아뜨기로 줍는다. 모서리에 구멍이 생기지 않게 힐플랩과 발등 사이 모서리에서 1코 더 줍는다. 다음 단의 어디서 코줄임할지 알아볼 수 있게 여기에 단코표시링을 건다. 또는 뒤꿈치/거싯 코와 발등 코를 각각 다른 바늘에 나눈다.

쉼코로 두었던 바늘2의 발등 28 (32, 36)코를 겉뜨기한다. 발등 코를 뜬 후 전과 동일한 방법으로 단코표시링을 또 건다.

모서리에서 1코 줍고 힐플랩의 가장자리를 따라 14 (16, 18)코를 꼬아뜨기로 줍는다. 단 시작 표시링을 만날 때까지 뒤꿈치 코의 첫 번째 절반을 겉뜨기한다.

이제 뒤꿈치/거싯에 총 46 (54, 60)코, 발등에 28 (32, 36)코 있다. 이제 다시 모든 코를 사용해서 원통뜨기할 것이다. 총 74

(86, 96)코.

거싯 코줄임
1단: 첫 번째 단코표시링 3코 전까지 겉뜨기, 왼코줄임, 겉뜨기1, 두 번째 단코표시링을 만날 때까지 발등 코를 겉뜨기, 겉뜨기1, 오른코줄임, 단 시작 표시링까지 겉뜨기한다. 2코 줄어듦.

2단: 바탕실을 사용해서 (줄무늬를 유지하기 위해) 모든 코 겉뜨기한다.

뒤꿈치/거싯 코가 28 (32, 36)코로 줄어들 때까지 1~2단을 반복한다(코줄임하는 동안에도 바탕실과 배색실2를 번갈아 사용해서 2단 줄무늬를 계속 진행한다). 발등 28 (32, 36)코는 바늘2에 남아 있다. 이제 총 56 (64, 72)코 있다.

발
계속해서 양말이 자신이 원하는 완성품 길이에서 약 5cm 모자랄 때까지, 바탕실과 배색실2를 2단마다 번갈아 가며 줄무늬로 뜨는데, 배색실2로 줄무늬를 마무리한다.

사이즈1과 사이즈3만, 코를 더 큰 호수의 바늘로 옮긴다.

바탕실을 사용해서 코늘림 단을 뜬다:

바탕실을 사용해서, 양말이 자신이 원하는 완성품 길이에서 4cm 모자랄 때까지 모든 단 겉뜨기한다. 이미 이 지점이 지났다면 계속해서 발끝 섹션을 진행한다.

발끝

이제 코는 바늘1과 바늘2에 동일하게 나뉘어 있다. 바늘1에는 발바닥 28 (32, 36)코가 있고, 단 시작 표시링 양쪽에 각각 14 (16, 18)코씩 있다. 바늘2에는 발등 28 (32, 36)코가 있다.

세팅 단: 바탕실을 사용해서, 단 시작 표시링까지 겉뜨기로 1단 더 뜬다.

1단(코줄임 단):
  바늘1: 3코 남을 때까지 겉뜨기, 왼코줄임, 겉뜨기1.
  바늘2: 겉뜨기1, 오른코줄임, 3코 남을 때까지 겉뜨기, 왼코줄임, 겉뜨기1.
  바늘1: 겉뜨기1, 오른코줄임, 단 시작 표시링까지 겉뜨기한다.
  4코 줄어듦.

2단: 모든 코 겉뜨기한다.

1~2단을 각 바늘에 20코 남을 때까지 반복한다(총 40코).
계속해서 각 바늘에 10코 남을 때까지 1단만 반복한다(매 단 코 줄임한다)(총 20코).
단 시작 표시링을 제거한다. 양말 옆선을 만날 때까지 5코를 겉뜨기한다. 각 바늘의 10코를 메리야스잇기로 연결한다.

마무리

실끝을 정리한다. 양말을 적셔서 블로킹한다. 동일한 과정을 반복해 양말 한 짝을 더 만든다.

사이즈1: *겉뜨기14, M1L코늘림*, *~*을 단 끝까지 반복한다. 4코 늘어남. 총 60코.

사이즈2: *겉뜨기10, M1L코늘림*, *~*을 4코 남을 끝까지 반복, 겉뜨기4. 6코 늘어남. 총 70코.

사이즈3: *겉뜨기9, M1L코늘림*, *~*을 단 끝까지 반복한다. 8코 늘어남. 총 80코.

도안이 지시하는 곳에서 배색실1과 배색실2를 연결하면서, 배색뜨기 무늬 도안B(83쪽) 1~6단을 뜬다. 무늬 도안은 각 단마다 12 (14, 16)회 반복한다.
배색실1과 배색실2를 자른다.
사이즈1과 사이즈3만, 코를 더 작은 호수의 바늘로 옮긴다.

코줄임 단을 뜬다:

사이즈1: *겉뜨기13, 왼코줄임*, *~*을 단 끝까지 반복한다. 4코 줄어듦. 총 56코.

사이즈2: *겉뜨기9, 왼코줄임*, *~*을 4코 남을 때까지 반복, 겉뜨기4. 6코 줄어듦. 총 64코.

사이즈3: *겉뜨기8, 왼코줄임*, *~*을 단 끝까지 반복한다. 8코 줄어듦. 총 72코.

배색뜨기 무늬 도안A

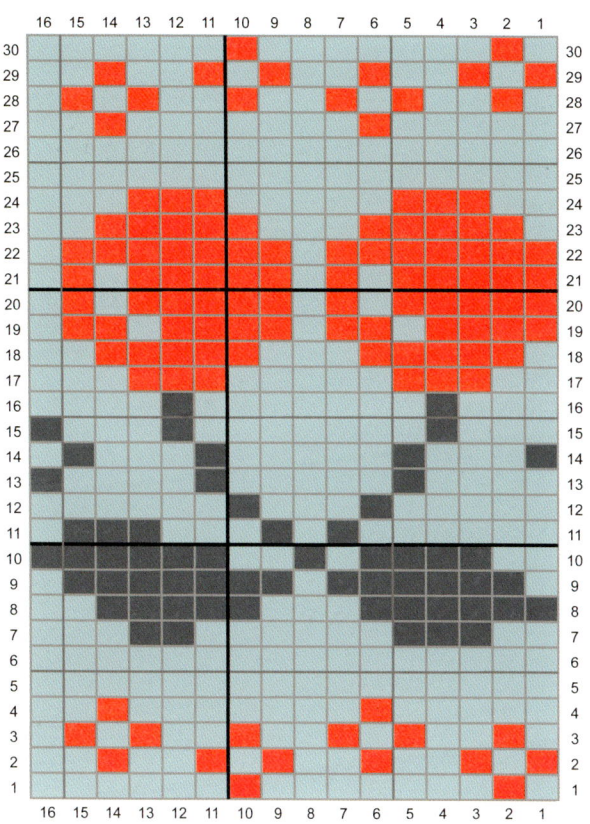

- 바탕실: 민트 멜리어트
- 배색실1: 힘비어 멜리어트
- 배색실2: 틸 멜리어트

배색뜨기 무늬 도안B

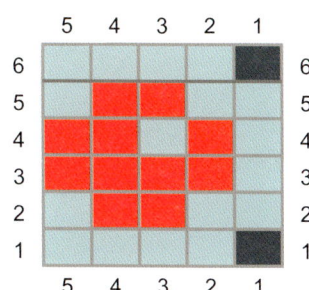

커피 브레이크
Coffee Break

아침에 따뜻한 커피 한 모금보다 더 편안함을 주는 것은 없습니다. 이 양말 무늬는 커피를 마시는 시간 없이는 하루를 행복하게 보낼 수 없는 우리 커피애호가들에게 바쳐진 것입니다. 커피는 따뜻하고 위로가 되는 음료일 뿐만 아니라 활력을 북돋고 건강에도 좋습니다. 물론 적당히 마신다면요! 친구들과 함께 앉아 갓 내린 커피를 즐기는 의식에는 매우 사랑스럽고 단순한 뭔가가 있습니다. 물론 커피를 마시면서 최근에 시작한 뜨개 프로젝트를 몇 단 뜰 수도 있지요! 이 도안은 모든 커피 전문가들을 위한 완벽하고 아늑한 양말을 만들어냅니다.

양말 구조
고무뜨기 발목단에서 시작해 위에서 아래로 내려 뜨는 이 양말은 양말목에 배색뜨기 무늬를 포함하고 있으며, 발끝을 뜨기 전에 작고 심플한 배색뜨기 장식이 있습니다. 이 양말은 자고새 눈 무늬 힐플랩과 거싯으로 뜹니다.

사이즈
1 (2, 3)
발 둘레: 20.5~23 (23.5~25, 26~27.5)cm
완성치수: 18~20 (20.5~23, 23.5~25)cm
권장 여유분: 마이너스 2.5cm
양말목/발 길이는 쉽게 조정할 수 있다. 자세한 내용은 만드는 법을 참고할 것.
사진 속 작품은 사이즈2 US 8.5/EU 39/UK 6, 발 둘레 22.5cm로 떴다.

재료

실
핑거링 굵기, 기글링게코의 삭란디아 삭스얀(슈퍼워시 메리노 울 80%, 나일론 20%), 1타래 365m 100g

사진 속 작품에서는 다음 색상을 사용
바탕실: 밴틀리브라운Bantli Brown(1타래)
배색실1: 더블퍼지Double Fudge(1타래)
배색실2: 아이스블루Ice Blue(자투리 소량)
같은 게이지 치수를 얻을 수 있다면 핑거링 굵기의 실은 무엇이든 사용할 수 있다. 휴 로코, 롤라빈 또는 구매 가능한 인디 브랜드의 손염색실이 좋은 대안이 될 수 있다.

바늘
고무뜨기와 메리야스뜨기에 사용: 2.25mm
매직루프 기법으로 뜰 경우 80cm 길이 줄바늘, 또는 장갑바늘, 또는 23cm 길이 줄바늘 2개 (선호하는 바늘 사용)
배색뜨기에 사용: 2.5mm
매직루프 기법으로 뜰 경우 80cm 길이 줄바늘, 또는 장갑바늘, 또는 23cm 길이 줄바늘 2개 (선호하는 바늘 사용)
주의사항: 잘 맞는 양말을 뜨기 위해 게이지를 체크할 것. 바늘 호수를 높이거나 낮춰서 추가 사이즈를 뜰 수 있다.

부자재
단코표시링, 가위, 돗바늘

게이지
34코×36단=10×10cm 배색뜨기
32코×42단=10×10cm 메리야스뜨기와 고무뜨기

스페셜 기법
배색 양말 뜨기(8쪽)
메리야스잇기(170쪽)
주요 기법 설명은 169쪽

만드는 법

발목단
바탕실과 2.25mm 바늘을 사용해서 56 (64, 72)코 만든다. 2개의 바늘에 동일하게 콧수를 나눠 옮긴다. 단 시작에 표시링을 건다. 장갑바늘을 사용할 경우, 1개의 바늘에 콧수 절반을 옮기고 나머지 반은 2개의 바늘에 나눠 옮긴다. 코가 꼬이지 않도록 조심하며 원통으로 잇는다.

고무뜨기 단: *겉뜨기1, 안뜨기1*, *~*을 단 끝까지 반복한다.
고무뜨기로 총 13단 뜬다(약 3cm).

양말목
바탕실을 사용해서 2.5mm 바늘(또는 배색뜨기 게이지 치수를 얻을 수 있는 호수의 바늘)로 코를 옮기면서 겉뜨기로 1단 뜬다.

코늘림 단을 뜬다:

사이즈1: *겉뜨기14, M1L코늘림*~*을 단 끝까지 반복한다.
4코 늘어남. 총 60코.

사이즈2: *겉뜨기8, M1L코늘림*, *~*을 단 끝까지 반복한다.
8코 늘어남. 총 72코.

사이즈3: *겉뜨기6, M1L코늘림*, *~*을 단 끝까지 반복한다.
12코 늘어남. 총 84코.

바탕실을 사용해서 겉뜨기로 1단 뜬다.
도안이 지시하는 곳에서 배색실1과 배색실2를 연결하면서, 배색뜨기 무늬 도안(88쪽) 1~34단을 뜬다. 무늬 도안은 오른쪽에서 왼쪽으로, 아래에서 위로 진행한다. 무늬 도안을 각 단마다 5 (6, 7)회 반복한다.
배색실1과 배색실2를 자른다.
바탕실을 사용해 2.25mm 바늘로 코를 옮기면서 겉뜨기로 1단 뜬다.

코줄임 단을 뜬다:

사이즈1: *겉뜨기13, 왼코줄임*, *~*을 단 끝까지 반복한다.
4코 줄어듦. 총 56코.

사이즈2: *겉뜨기7, 왼코줄임*, *~*을 단 끝까지 반복한다.
8코 줄어듦. 총 64코.

사이즈3: *겉뜨기5, 왼코줄임*, *~*을 단 끝까지 반복한다.
12코 줄어듦. 총 72코.

계속해서 4.5cm 더 또는 힐플랩까지 원하는 길이만큼 뜬다.
바탕실을 자른다.

자고새 눈 무늬 힐플랩
자고새 눈 무늬 힐플랩은 배색실1을 사용해서 바늘1의 28 (32, 36)코를 가지고 평뜨기로 편물을 뒤집어가며 뜬다. 바늘2에는 발등이 될 28 (32, 36)코가 있다. 시작할 때 걸었던 단코표시링을 제거한다.

1단(겉면): *안뜨기하듯이 1코걸러뜨기, 겉뜨기1*, *~*을 단 끝까지 반복한다. 편물을 뒤집는다.

2단(안면): 안뜨기하듯이 1코걸러뜨기, 단 끝까지 안뜨기. 편물을 뒤집는다.

3단(겉면): 안뜨기하듯이 2코걸러뜨기, *겉뜨기1, 1코걸러뜨기*, *~*를 2코 남을 때까지 반복, 겉뜨기2. 편물을 뒤집는다.

4단(안면): 2단과 동일하게 뜬다.

1~4단을 반복하며 총 28 (32, 36)단을 뜨는데 마지막으로 뜨는 단이 안면(안뜨기) 단이 되도록 끝낸다. 힐턴을 완성한 후 주울 수 있는 가장자리 14 (16, 18)코가 있을 것이다.

힐턴
계속해서 배색실1을 사용해 이제 되돌아뜨기로 뒤꿈치 경사를 만들 것이다.

1단(겉면): 1코걸러뜨기, 겉뜨기15 (18, 20), 오른코줄임, 겉뜨기1. 편물을 뒤집는다.

2단(안면): 1코걸러뜨기, 안뜨기5 (7, 7), 안뜨기로 2코모아뜨기, 안뜨기1. 편물을 뒤집는다.

3단(겉면): 1코걸러뜨기, 겉뜨기6 (8, 8), 오른코줄임, 겉뜨기1. 편물을 뒤집는다.

4단(안면): 1코걸러뜨기, 안뜨기7 (9, 9), 안뜨기로 2코모아뜨기, 안뜨기1. 편물을 뒤집는다.

계속해서 이 규칙대로 뜬다: 1코걸러뜨기, 이전 단에서 편물을 뒤집어서 생긴 구멍 1코 전까지 겉뜨기 또는 안뜨기, 구멍을 막기 위해 오른코줄임 또는 안뜨기로 2코모아뜨기, 겉뜨기1 또는 안뜨기1. 편물을 뒤집는다.

(사이즈1만 해당: 마지막 2단은 오른코줄임 또는 안뜨기로 2코모아뜨기로 끝날 것이다. 겉뜨기1 또는 안뜨기1을 뜰 남은 코가 없을 것이다.) 계속해서 모든 코를 작업할 때까지 진행하는데 마지막으로 뜨는 단이 편물의 안면에서 안뜨기 단이 되도록 끝낸다. 겉면이 보이도록 편물을 뒤집는다. 이제 바늘1에 16 (20, 22)코 남아 있다.

거싯

배색실1을 자르고 바탕실을 연결한다.

이제 힐플랩의 양쪽 가장자리를 따라서 코를 주울 것이다.

뒤꿈치 코를 겉뜨기하는데, 8 (10, 11)코(중간 지점)를 뜬 후 단코표시링을 걸어 단 시작을 표시하고 나머지 코를 겉뜨기한다.

힐플랩의 가장자리를 따라 14 (16, 18)코를 꼬아뜨기로 줍는다. (모서리에 구멍이 생기지 않게) 힐플랩과 발등 사이 모서리에서 1코 더 줍는다. 다음 단의 어디서 코줄임할지 알아볼 수 있게 여기에 단코표시링을 건다. 또는 뒤꿈치/거싯 코와 발등 코를 각각 다른 바늘에 나눈다.

쉼코로 둔 바늘2의 발등 28 (32, 36)코를 겉뜨기한다. 발등 코를 뜬 후 전과 동일한 방법으로 단코표시링을 또 건다.

모서리에서 1코 줍고 힐플랩의 가장자리를 따라 14 (16, 18)코를 꼬아뜨기로 줍는다. 단 시작 표시링을 만날 때까지 뒤꿈치의 첫 번째 절반을 겉뜨기한다.

이제 뒤꿈치/거싯에 총 46 (54, 60)코, 발등에 28 (32, 36)코 있다 이제 다시 모든 코를 사용해서 원통뜨기할 것이다. 바늘에 총 74 (86, 96)코 있다.

거싯 코줄임

1단: 첫 번째 단코표시링 3코 전까지 겉뜨기, 왼코줄임, 겉뜨기1, 단코표시링 옮긴다. 두 번째 단코표시링을 만날 때까지 발등 코를 겉뜨기한다, 단코표시링 옮긴다, 겉뜨기1, 오른코줄임. 단 시작 표시링까지 겉뜨기한다. 2코 줄어듦.

2단: 모든 코 겉뜨기한다.

뒤꿈치/거싯 코가 28 (32, 36)코로 줄어들 때까지 1~2단을 반복한다. 발등 28 (32, 36)코는 바늘2에 남아 있다. 이제 총 56 (64, 72)코 있다.

발

계속해서 바탕실을 사용해서 양말이 자신이 원하는 완성품 길이보다 약 5cm 모자랄 때까지 바탕실을 사용해서 매 단 겉뜨기한다.

바탕실을 자른다.

2.5m 바늘로 바꾼다.

배색실1을 사용해서 코늘림 단을 뜬다:

사이즈1: *겉뜨기14, M1L코늘림*, *~*을 단 끝까지 반복한다. 4코 늘어남. 총 60코.

사이즈2: *겉뜨기8, M1L코늘림*, *~*을 단 끝까지 반복한다.

8코 늘어남. 총 72코.
사이즈3: *겉뜨기6, M1L코늘림*, *~*을 단 끝까지 반복한다.
12코 늘어남. 총 84코.

도안이 지시하는 곳에서 배색실1과 배색실2를 연결하면서, 배색뜨기 무늬 도안 1~3단만 뜬다. 무늬 도안은 각 단마다 5 (6, 7)회 반복한다.

배색실2를 자른다.
2.25mm 바늘로 바꾼다.
배색실1을 사용해서 코줄임 단을 뜬다:
사이즈1: *겉뜨기13, 왼코줄임*, *~*을 단 끝까지 반복한다.
4코 줄어듦. 총 56코.
사이즈2: *겉뜨기7, 왼코줄임*, *~*을 단 끝까지 반복한다.
8코 줄어듦. 총 64코.
사이즈3: *겉뜨기5, 왼코줄임*, *~*을 단 끝까지 반복한다.
12코 줄어듦. 총 72코.
겉뜨기로 1단 뜬다.

발끝
이제 코는 바늘1과 바늘2에 동일하게 나뉘어 있다. 바늘1에는 발바닥 28 (32, 36)코가 있고, 단 시작 표시링 양쪽에 각각 14 (16, 18)코씩 있다. 바늘2에는 발등 28 (32, 36)코가 있다.

단 시작 표시링에서 시작해서:
1단(코줄임 단):
　바늘1: 3코 남을 때까지 겉뜨기, 왼코줄임, 겉뜨기1.
　바늘2: 겉뜨기1, 오른코줄임, 3코 남을 때까지 겉뜨기, 왼코줄임, 겉뜨기1.
　바늘1: 겉뜨기1, 오른코줄임, 단 시작 표시링까지 겉뜨기한다.
　4코 줄어듦.
2단: 모든 코 겉뜨기한다.
1~2단을 각 바늘에 20코 남을 때까지 반복한다(총 40코).
계속해서 각 바늘에 10코 남을 때까지 1단만 반복한다(매 단 코 줄임한다)(총 20코).
단 시작 표시링을 제거한다. 양말 옆선을 만날 때까지 5코를 겉뜨기한다. 각 바늘의 10코를 메리야스잇기로 연결한다.

마무리
실끝을 정리한다. 양말을 적셔서 블로킹한다. 동일한 과정을 반복해 양말 한 짝을 더 만든다.

배색뜨기 무늬 도안

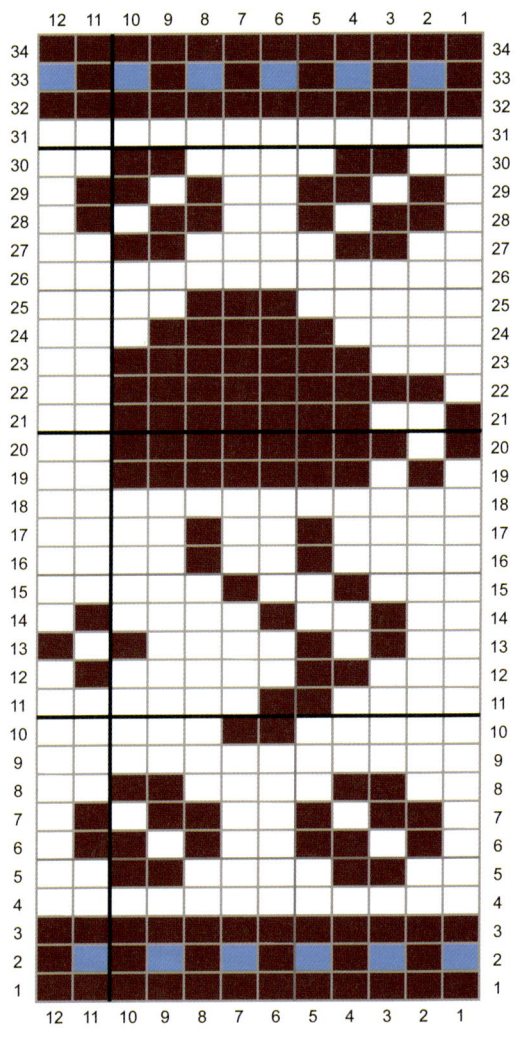

바탕실: 밴틀리브라운
배색실1: 더블퍼지
배색실2: 아이스블루

젤라토 삭스
Gelato Socks

이 양말은 따뜻하고 화창하고 근심 걱정 없는 여름날과 더위를 식히고 달콤한 간식을 먹기 위해 아이스크림 가게로 가는 나들이에서 영감을 받았습니다. 저희 가족이 사는 곳에서 이탈리아는 차로 이동하면 금방 갈 수 있어서, 운 좋게도 여름이면 이탈리아를 여행하고 그곳의 젤라토 가게를 방문할 수 있습니다. 맛있고 다채로운 휘핑 젤라토가 담긴 커다란 쟁반들은 눈길을 사로잡는 구경거리입니다. '칭 파이버'의 멋진 손염색 실은 여름의 젤라토 같은 느낌을 줍니다. 저는 11월의 흐리고 비 오는 날도 밝혀줄 편안한 여름 추억이 가득한 달콤한 양말을 만들고 싶었습니다.

양말 구조
꼬아고무뜨기로 고무뜨기 발목단에서 시작해 위에서 아래로 내려 뜨는 이 양말은 양말목에 배색뜨기 무늬를 포함하고 있으며, 발끝을 뜨기 전에 작고 단순한 배색뜨기 장식이 있습니다. 이 양말은 고무뜨기 힐플랩과 거싯으로 뜹니다.

사이즈
1 (2, 3)
발 둘레: 20.5~23 (23.5~25, 26~27.5)cm
완성치수: 18~20 (20.5~23, 23.5~25)cm
권장 여유분: 마이너스 2.5cm
양말목/발 길이는 쉽게 조정할 수 있다. 자세한 내용은 만드는 법을 참고할 것.
사진 속 작품은 사이즈2 US 8.5/EU 39/UK 6, 발 둘레 22.5cm로 떴다.

재료

실
바탕실, 배색실1, 배색실4: 핑거링 굵기, 칭 파이버의 하이트위스트 BFL(슈퍼워시 블루페이스레스터울 100%), 1타래 365m 100g
배색실2, 배색실3: 슈퍼파인/핑거링 굵기, 랑 얀의 야볼(버진 슈퍼워시 울75%, 나일론 25%), 1타래 210m 50g

사진 속 작품에서는 다음 색상을 사용
바탕실: 재지Jazzy(1타래)
배색실1: 비스킷Biscuit(20g)
배색실2: 펄Pearl(20g)
배색실 3: 로사Rosa(20g)
배색실 4: 슈스이Shusui(20g)
같은 게이지 치수를 얻을 수 있다면 핑거링 굵기의 실은 무엇이든 사용할 수 있다. 구매 가능한 인디 브랜드의 손염색실도 좋은 대안이 될 수 있다.

바늘
고무뜨기와 메리야스뜨기에 사용: 2.25mm
매직루프 기법으로 뜰 경우 80cm 길이 줄바늘, 또는 장갑바늘, 또는 23cm 길이 줄바늘 2개 (선호하는 바늘 사용)
배색뜨기에 사용: 2.5mm
매직루프 기법으로 뜰 경우 80cm 길이 줄바늘, 또는 장갑바늘, 또는 23cm 길이 줄바늘 2개 (선호하는 바늘 사용)
주의사항: 잘 맞는 양말을 뜨기 위해 게이지를 체크할 것. 바늘 호수를 높이거나 낮춰서 추가 사이즈를 뜰 수 있다.

부자재
단코표시링, 가위, 돗바늘

게이지
34코×36단=10×10cm 배색뜨기
32코×42단=10×10cm 메리야스뜨기와 고무뜨기

스페셜 기법
배색 양말 뜨기(8쪽)
메리야스잇기(170쪽)
주요 기법 설명은 169쪽

만드는 법

발목단

바탕실과 2.25mm 바늘을 사용해서 56 (64, 72)코 만든다. 2개의 바늘에 동일하게 콧수를 나눠 옮기고 단 시작에 표시링을 건다. 장갑바늘을 사용할 경우, 1개의 바늘에 콧수 절반을 옮기고 나머지 반은 2개의 바늘에 나눠 옮긴다. 코가 꼬이지 않도록 조심하며 원통으로 잇는다.

고무뜨기 단: *꼬아뜨기1, 안뜨기1*, *~*을 단 끝까지 반복한다. 고무뜨기로 총 13단 뜬다(약 3cm).

양말목

바탕실을 사용해서 2.5mm 바늘로 코를 옮기면서, 겉뜨기로 1단 뜬다.

코늘림 단을 뜬다:

- **사이즈1:** *겉뜨기14, M1L코늘림*, *~*을 단 끝까지 반복한다. 4코 늘어남. 총 60코.
- **사이즈2:** *겉뜨기8, M1L코늘림*, *~*을 단 끝까지 반복한다. 8코 늘어남. 총 72코.
- **사이즈3:** *겉뜨기6, M1L코늘림*, *~*을 단 끝까지 반복한다. 12코 늘어남. 총 84코.

바탕실을 사용해서 겉뜨기로 1단 뜬다.

도안이 지시하는 곳에서 배색실1과 배색실2, 배색실3을 연결하며, 배색뜨기 무늬 도안A(93쪽) 1~31단을 뜬다. 무늬 도안은 오른쪽에서 왼쪽으로, 아래에서 위로 진행한다. 무늬 도안은 각 단마다 5 (6, 7)회 반복한다.

배색실1과 배색실2, 배색실3을 자른다.

바탕실을 사용해서 2.25mm 바늘로 코를 옮기면서 겉뜨기로 1단 뜬다.

코줄임 단을 뜬다:

- **사이즈1:** *겉뜨기13, 왼코줄임*, *~*을 단 끝까지 반복한다. 4코 줄어듦. 총 56코.
- **사이즈2:** *겉뜨기7, 왼코줄임*, *~*을 단 끝까지 반복한다. 8코 줄어듦. 총 64코.
- **사이즈3:** *겉뜨기5, 왼코줄임*, *~*을 단 끝까지 반복한다. 12코 줄어듦. 총 72코.

겉뜨기로 4.5cm 더 또는 힐플랩까지 원하는 길이만큼 뜬다.

바탕실을 자른다.

고무뜨기 힐플랩

뒤꿈치는 현재 바늘1에 있는 28 (32, 36)코를 가지고 평뜨기로 편물을 뒤집어가며 뜬다. 바늘2에는 발등이 될 28 (32, 36)코가 있다. 단 시작에 있는 표시링을 제거한다.

배색실4를 연결한다.

1단(겉면): *1코걸러뜨기, 겉뜨기1*, *~*을 단 끝까지 반복한다. 편물을 뒤집는다.

2단(안면): 1코걸러뜨기, 단 끝까지 안뜨기한다. 편물을 뒤집는다.

1~2단을 반복하며 총 28 (32, 36)단을 뜨는데, 마지막으로 뜨는 단이 2단(안뜨기 단)이 되도록 끝낸다. 힐턴을 완성한 후 주울 수 있는 가장자리 14 (16, 18)코가 있을 것이다.

힐턴

계속해서 배색실4를 사용해, 이제 되돌아뜨기로 뒤꿈치 경사를 만들 것이다.

1단(겉면): 1코걸러뜨기, 겉뜨기15 (18, 20), 오른코줄임, 겉뜨기1. 편물을 뒤집는다.

2단(안면): 1코걸러뜨기, 안뜨기5 (7, 7), 안뜨기로 2코모아뜨기, 안뜨기1. 편물을 뒤집는다.

3단(겉면): 1코걸러뜨기, 겉뜨기6 (8, 8), 오른코줄임, 겉뜨기1. 편물을 뒤집는다.

4단(안면): 1코걸러뜨기, 안뜨기7 (9, 9), 안뜨기로 2코모아뜨기, 안뜨기1. 편물을 뒤집는다.

계속해서 이 규칙대로 뜬다: 1코걸러뜨기, 이전 단에서 편물을 뒤집어서 생긴 구멍 1코 전까지 겉뜨기 또는 안뜨기, 구멍을 막기 위해 오른코줄임 또는 안뜨기로 2코모아뜨기, 겉뜨기1 또는 안뜨기1. 편물을 뒤집는다.

(사이즈1만 해당: 마지막 2단은 오른코줄임 또는 안뜨기로 2코모아뜨기로 끝날 것이다. 겉뜨기1 또는 안뜨기1을 뜰 남은 코가 없을 것이다.) 계속해서 모든 코를 작업할 때까지 진행하고 마지막으로 뜨는 단이 안면에서 안뜨기 단이 되도록 끝낸다. 겉면이 보이도록 편물을 뒤집는다. 이제 바늘1에 16 (20, 22)코 남아 있을 것이다.

거싯

배색실4를 자르고 바탕실을 연결한다.

바탕실을 사용해서, 이제 힐플랩의 양쪽 가장자리를 따라서 코를 주울 것이다.

뒤꿈치 코를 겉뜨기하는데, 8 (10, 11)코(중간 지점)를 뜬 후 단코표시링을 걸어 단 시작을 표시하고 나머지 코를 겉뜨기한다. 힐플랩의 가장자리를 따라 14 (16, 18)코를 꼬아뜨기로 줍는다. 모서리에 구멍이 생기지 않게 힐플랩과 발등 사이 모서리에서 1코 더 줍는다. 다음 단의 어디서 코줄임할지 알아볼 수 있게 여기에 단코표시링을 건다. 또는 뒤꿈치/거싯 코와 발등 코를 각각 다른 바늘에 나눈다.

바늘2에 쉼코로 두었던 발등 28 (32, 36)코를 겉뜨기한다. 발등 코를 뜬 후 전과 동일한 방법으로 단코표시링을 또 건다.

모서리에서 1코 줍고 힐플랩의 가장자리를 따라 14 (16, 18)코를 꼬아뜨기로 줍는다. 단 시작 표시링을 만날 때까지 뒤꿈치의 첫 번째 절반을 겉뜨기한다.

이제 뒤꿈치/거싯에 총 46 (54, 60)코, 발등에 28 (32, 36)코 있다. 다시 모든 코를 사용해서 원통뜨기할 것이다. 총 74 (86, 96)코 있다.

거싯 코줄임

1단: 첫 번째 단코표시링 3코 전까지 겉뜨기, 왼코줄임, 겉뜨기1, 두 번째 단코표시링을 만날 때까지 발등 코를 겉뜨기, 겉뜨기1, 오른코줄임, 단 시작 표시링까지 겉뜨기한다. 2코 줄어듦.

2단: 모든 코 겉뜨기한다.

뒤꿈치/거싯 코가 28 (32, 36)코로 줄어들 때까지 1~2단을 반복한다.

바늘2에 발등 28 (32, 36)코 남아 있다. 이제 바늘에 총 56 (64, 72)코 있다.

발

바탕실을 사용해서 양말이 자신이 원하는 완성품 길이에서 약 5cm 모자랄 때까지 매 단 겉뜨기한다.

2.5mm 바늘로 바꾼다.

사이즈1: 겉뜨기14, M1L코늘림*, *~*을 단 끝까지 반복한다. 4코 늘어남. 총 60코.

사이즈2: *겉뜨기8, M1L코늘림*, *~*을 단 끝까지 반복한다. 8코 늘어남. 총 72코.

사이즈3: *겉뜨기6, M1L코늘림*, *~*을 단 끝까지 반복한다. 12코 늘어남. 총 84코.

바탕실을 사용해서 겉뜨기로 1단 뜬다.

도안이 지시하는 곳에서 배색실1과 배색실3을 연결하며, 배색뜨기 무늬 도안B(93쪽) 1~3단을 뜬다. 무늬 도안은 오른쪽에서 왼쪽으로, 아래에서 위로 진행한다. 무늬 도안은 각 단마다 30 (36, 42)회 반복한다.

바탕실과 배색실1, 배색실3을 자른다.

2.25mm 바늘로 바꾼다.

배색실4를 사용해서 코줄임 단을 뜬다:

사이즈1: *겉뜨기13, 왼코줄임*, *~*을 단 끝까지 반복한다. 4코 줄어듦. 총 56코.

사이즈2: *겉뜨기7, 왼코줄임*, *~*을 단 끝까지 반복한다. 8코 줄어듦. 총 64코.

사이즈3: *겉뜨기5, 왼코줄임*, *~*을 단 끝까지 반복한다. 12코 줄어듦. 총 72코.

겉뜨기로 1단 뜬다.

발끝

이제 코는 바늘1과 바늘2에 동일하게 나뉘어 있다. 바늘1에는 발바닥 28 (32, 36)코가 있고, 단 시작 표시링 양쪽에 각각 14 (16, 18)코씩 있다. 바늘2에는 발등 28 (32, 36)코가 있다.

1단(코줄임 단):
바늘1: 3코 남을 때까지 겉뜨기, 왼코줄임, 겉뜨기1.
바늘2: 겉뜨기1, 오른코줄임, 3코 남을 때까지 겉뜨기, 왼코줄임, 겉뜨기1.
바늘1: 겉뜨기1, 오른코줄임, 단 시작 표시링까지 겉뜨기한다. 4코 줄어듦.
2단: 모든 코 겉뜨기한다.
1~2단을 각 바늘에 20코 남을 때까지 반복한다(총 40코).
계속해서 각 바늘에 10코 남을 때까지 1단만 반복한다(매 단 코 줄임한다)(총 20코).
단 시작 표시링을 제거한다. 양말 옆선을 만날 때까지 5코를 겉뜨기한다. 각 바늘의 남은 코를 메리야스잇기로 연결한다.

마무리

실끝을 정리한다. 양말을 적셔서 블로킹한다. 동일한 과정을 반복해 양말 한 짝을 더 만든다.

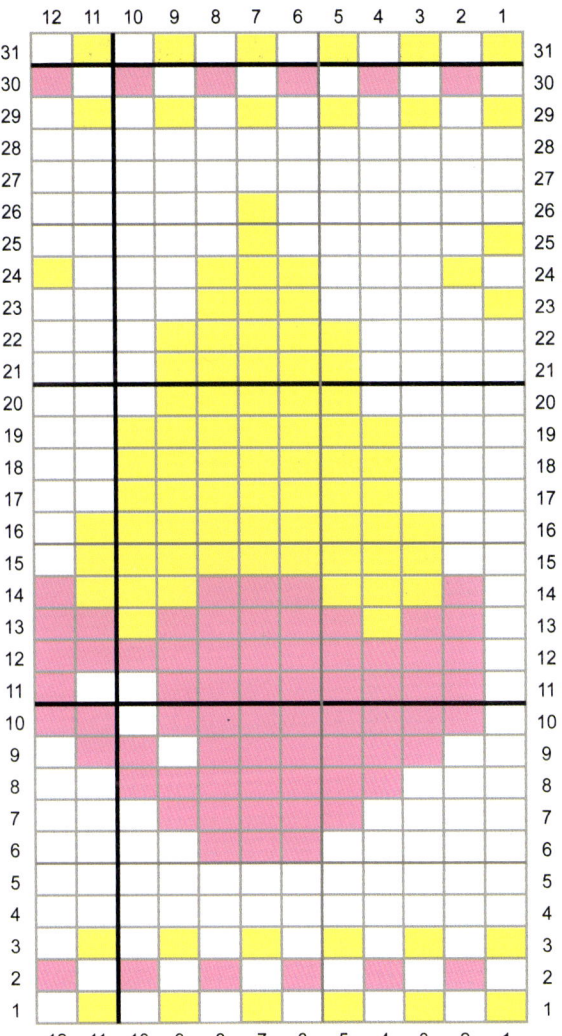

배색뜨기 무늬 도안A

배색뜨기 무늬 도안B

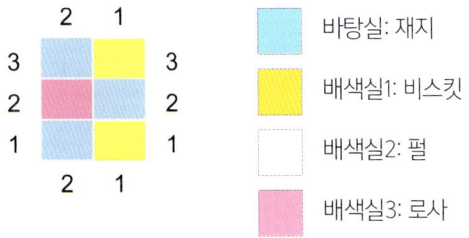

스파이시 삭스
Spicy Socks

저는 매운 음식을 아주 좋아하고 고추를 아주 좋아합니다. 그래서 모든 매운 것에 바치는 이 양말 만들기를 참을 수가 없었습니다. 여러분이 매운 음식을 즐겨 먹든 그렇지 않든, 이것은 세 가지 다른 크기로 뜨개질할 수 있는 매우 재미있고 눈길을 끄는 양말입니다. 재미있고 강렬한 색상의 고추를 누가 마다하겠어요? 미각이 아무리 섬세한 사람이라도 이 양말을 즐겨 신을 수 있습니다.

양말 구조
고무뜨기 발목단에서 시작해 위에서 아래로 내려 뜨는 이 양말은 발 전체에 배색뜨기 고추 무늬를 포함하고 있으며, 빨간색 발끝 가까이에는 추가로 작고 심플한 배색뜨기 장식이 있습니다. 이 양말은 되돌아뜨기 뒤꿈치로 뜹니다.

사이즈
1 (2, 3)
발 둘레: 20.5~22.5 (23~25.5, 26~27.5)cm
완성치수: 18~20 (20.5~23, 23.5~25)cm
권장 여유분: 마이너스 2.5cm
양말목/발 길이는 쉽게 조정할 수 있다. 자세한 내용은 만드는 법을 참고할 것.
사진 속 작품은 사이즈2 US 8.5/EU 39/UK 6, 발 둘레 22.5cm로 떴다.

재료

실
핑거링 굵기, 기글링게코의 삭란디아 삭스얀(슈퍼워시 메리노울 80%, 나일론 20%), 1타래 365m 100g

사진 속 작품에서는 다음 색상을 사용
바탕실: 미드나이트Midnight(1타래)
배색실1: 할라페뇨Jalapeño(1타래)
배색실2: 파미그래니트Pomegranate(1타래)

같은 게이지 치수를 얻을 수 있다면 핑거링 굵기의 실은 무엇이든 사용할 수 있다. 스위트 조지아 또는 매들린토시가 좋은 대안이 될 수 있다.

바늘
고무뜨기와 뒤꿈치 및 발끝에 사용: 2.25mm
매직루프 기법으로 뜰 경우 80cm 길이 줄바늘, 또는 장갑바늘, 또는 23cm 길이 줄바늘 2개 (선호하는 바늘 사용)
배색뜨기에 사용: 2.5mm
매직루프 기법으로 뜰 경우 80cm 길이 줄바늘, 또는 장갑바늘, 또는 23cm 길이 줄바늘 2개 (선호하는 바늘 사용)
주의사항: 잘 맞는 양말을 뜨기 위해 게이지를 체크할 것. 바늘 호수를 높이거나 낮춰서 추가 사이즈를 뜰 수 있다.

부자재
단코표시링, 가위, 돗바늘

게이지
34코×38단=10×10cm 배색뜨기
36코×44단=10×10cm 고무뜨기와 메리야스뜨기

스페셜 기법
배색 양말 뜨기(8쪽), 메리야스잇기(170쪽)
주요 기법 설명은 169쪽

만드는 법

발목단
바탕실과 2.25mm 바늘을 사용해서 56 (64, 72)코 만든다. 2개의 바늘에 동일하게 콧수를 나눠 옮긴다. 장갑바늘을 사용할 경우, 1개의 바늘에 콧수 절반을 옮기고 나머지 반은 2개의 바늘에 나눠 옮긴다. 단 시작에 표시링을 건다. 코가 꼬이지 않도록 조심하며 원통으로 잇는다.
고무뜨기 단: *겉뜨기2, 안뜨기2*, *~*를 단 끝까지 반복한다.
고무뜨기로 총 12단 뜬다(약 3cm).

양말목

바탕실을 사용해서 2.5mm 바늘(또는 배색뜨기 게이지 치수를 얻을 수 있는 호수의 바늘)로, 코늘림 단을 뜬다:

사이즈1: *겉뜨기14, M1L코늘림*, *~*을 단 끝까지 반복한다. 4코 늘어남. 총 60코.

사이즈2: *겉뜨기8, M1L코늘림*, *~*을 단 끝까지 반복한다. 8코 늘어남. 총 72코.

사이즈3: *겉뜨기6, M1L코늘림*, *~*을 단 끝까지 반복한다. 12코 늘어남. 총 84코.

도안이 지시하는 곳에서 배색실1과 배색실2를 연결하며, 배색뜨기 무늬 도안A(99쪽) 1~40단을 뜬다, 무늬 도안은 각 단마다 5 (6, 7)회 반복한다.

되돌아뜨기 뒤꿈치

이제 바탕실과 2.25mm 바늘1만 사용해서, 자신이 선택한 사이즈에 맞는 뒤꿈치 지시사항을 따라 뜰 것이다.

사이즈1(바늘1에 30코 있음):

1단(겉면): 1코걸러뜨기, [겉뜨기12, 왼코줄임]을 2회 반복, 안면이 보이도록 편물을 뒤집는다 (1코는 뜨지 않고 둔다). 2코 줄어듦. 이제 뒤꿈치에 총 28코 있다.

2단(안면): 1코걸러뜨기, 안뜨기25(끝의 1코는 뜨지 않고 둔다), 겉면이 보이도록 편물을 뒤집는다.

3단: 1코걸러뜨기, 겉뜨기24(끝의 2코는 뜨지 않고 둔다). 편물을 뒤집는다.

4단: 1코걸러뜨기, 안뜨기23(구멍 1코 전까지). 편물을 뒤집는다.

5단: 1코걸러뜨기, 겉뜨기22(구멍 1코 전까지). 편물을 뒤집는다.

6단: 1코걸러뜨기, 안뜨기21(구멍 1코 전까지). 편물을 뒤집는다.

7단: 1코걸러뜨기, 구멍 1코 전까지 겉뜨기. 편물을 뒤집는다.

8단: 1코걸러뜨기, 구멍 1코 전까지 안뜨기. 편물을 뒤집는다.

7~8단을 5회 더 반복한다.

19단: 1코걸러뜨기, 구멍 1코 전까지 겉뜨기. 편물을 뒤집는다.

20단: 1코걸러뜨기, 안뜨기7.

중심에 안뜨기 8코가 있고 그 양옆에 뜨지 않은 코가 10코씩 있다. 편물을 뒤집는다.

이제 편물을 뒤집어서 생긴 구멍을 막으면서 뒤꿈치를 평뜨기로 편물을 뒤집어가며 뜬다.

21단(겉면): 1코걸러뜨기, 겉뜨기6, (구멍 양쪽의 각 1코를 이용해서) 오른코줄임, 오른코줄임한 코 아래에서 주워올려(코를 꼬지 않는다) M1L코늘림. 편물을 뒤집는다.

22단(안면): 1코걸러뜨기, 안뜨기7, 안뜨기로 2코모아뜨기, 안뜨기로 2코모아뜨기한 코 아래에서 주워올려(코를 꼬지 않는다) M1Lp코늘림. 편물을 뒤집는다.

23단: 1코걸러뜨기, 겉뜨기8, 오른코줄임, M1L코늘림. 편물을 뒤집는다.

24단: 1코걸러뜨기, 안뜨기9, 안뜨기로 2코모아뜨기, M1Lp코늘림. 편물을 뒤집는다.

계속해서 이미 만들어진 규칙대로 14단 더 뜬다.

39단(겉면): 1코걸러뜨기, 겉뜨기24, 오른코줄임, M1L코늘림. 편물을 뒤집는다.

40단(안면): 1코걸러뜨기, 안뜨기25, 안뜨기로 2코모아뜨기, M1Lp코늘림. 편물을 뒤집는다.

41단(겉면): 1코걸러뜨기, [겉뜨기13, M1L코늘림]을 2회 반복, 겉뜨기1. 2코 늘어남.

이제 바늘1에 30코 있다.

계속해서 발 섹션을 진행한다(98쪽).

사이즈2(바늘1에 36코 있음):

1단(겉면): 1코걸러뜨기, [겉뜨기6, 왼코줄임]을 4회 반복, 겉뜨기2, 편물을 뒤집는다(1코는 뜨지 않고 둔다). 4코 줄어듦. 이제 뒤꿈치에 총 32코가 있다.
2단(안면): 1코걸러뜨기, 안뜨기29(끝의 1코는 뜨지 않고 둔다), 겉면이 보이도록 편물을 뒤집는다.
3단: 1코걸러뜨기, 겉뜨기28(끝의 2코는 뜨지 않고 둔다). 편물을 뒤집는다.
4단: 1코걸러뜨기, 안뜨기27(구멍 1코 전까지). 편물을 뒤집는다.
5단: 1코걸러뜨기, 겉뜨기26(구멍 1코 전까지). 편물을 뒤집는다.
6단: 1코걸러뜨기, 안뜨기25(구멍 1코 전까지). 편물을 뒤집는다.
7단: 1코걸러뜨기, 구멍 1코 전까지 겉뜨기. 편물을 뒤집는다.
8단: 1코걸러뜨기, 구멍 1코 전까지 안뜨기. 편물을 뒤집는다.
7~8단을 5회 더 반복한다.
19단: 1코걸러뜨기, 구멍 1코 전까지 겉뜨기. 편물을 뒤집는다.
20단: 1코걸러뜨기, 안뜨기11.
중심에 안뜨기 12코가 있고 그 양옆에 뜨지 않은 코가 10코씩 있다. 편물을 뒤집는다.

편물을 뒤집어서 생긴 구멍을 막으면서 이제 뒤꿈치를 평뜨기로 편물을 뒤집어가며 뜬다.
21단(겉면): 1코걸러뜨기, 겉뜨기10, (구멍 양쪽의 각 1코를 이용해서) 오른코줄임, 오른코줄임한 코 아래에서 주워올려(코를 꼬지 않는다) M1L코늘림. 편물을 뒤집는다.
22단(안면): 1코걸러뜨기, 안뜨기11, 안뜨기로 2코모아뜨기, 안뜨기로 2코모아뜨기한 코 아래에서 주워올려(코를 꼬지 않는다) M1Lp코늘림. 편물을 뒤집는다.
23단: 1코걸러뜨기, 겉뜨기12, 오른코줄임, M1L코늘림. 편물을 뒤집는다.
24단: 1코걸러뜨기, 안뜨기13, 안뜨기로 2코모아뜨기, M1Lp코늘림. 편물을 뒤집는다.
계속해서 이미 만들어진 규칙대로 14단 더 뜬다.
39단(겉면): 1코걸러뜨기, 겉뜨기28, 오른코줄임, M1L코늘림. 편물을 뒤집는다.
40단(안면): 1코걸러뜨기, 안뜨기29, 안뜨기로 2코모아뜨기, M1Lp코늘림. 편물을 뒤집는다.
41단(겉면): [겉뜨기8, M1L코늘림]을 4회 반복한다. 4코 늘어남. 이제 바늘1에 36코 있다.
계속해서 발 섹션을 진행한다(98쪽).

사이즈3(바늘1에 42코 있음):
1단(겉면): 1코걸러뜨기, [겉뜨기5, 왼코줄임]을 5회 반복, 겉뜨기3, 왼코줄임, 안면이 보이도록 편물을 뒤집는다(1코는 뜨지 않고 둔다). 6코 줄어듦. 이제 뒤꿈치에 총 36코가 있다.
2단(안면): 1코걸러뜨기, 안뜨기33(끝의 1코는 뜨지 않고 둔다), 겉면이 보이도록 편물을 뒤집는다.
3단: 1코걸러뜨기, 겉뜨기32(끝의 2코는 뜨지 않고 둔다). 편물을 뒤집는다.
4단: 1코걸러뜨기, 안뜨기31(구멍 1코 전까지). 편물을 뒤집는다.
5단: 1코걸러뜨기, 겉뜨기30(구멍 1코 전까지). 편물을 뒤집는다.
6단: 1코걸러뜨기, 안뜨기29(구멍 1코 전까지). 편물을 뒤집는다.
7단: 1코걸러뜨기, 구멍 1코 전까지 겉뜨기. 편물을 뒤집는다.
8단: 1코걸러뜨기, 구멍 1코 전까지 안뜨기. 편물을 뒤집는다.
7~8단을 6회 더 반복한다.

21단: 1코걸러뜨기, 구멍 1코 전까지 겉뜨기. 편물을 뒤집는다.
22단: 1코걸러뜨기, 안뜨기13.
중심에 안뜨기 14코가 있고 그 양옆에 뜨지 않은 코가 11코씩 있다. 편물을 뒤집는다.

이제 편물을 뒤집어서 생긴 구멍을 막으면서 뒤꿈치를 평뜨기로 편물을 뒤집어가며 뜬다.

23단(겉면): 1코걸러뜨기, 겉뜨기12, (구멍 양쪽의 각 1코를 이용해서) 오른코줄임, 오른코줄임한 코 아래에서 주워올려(코를 꼬지 않는다) M1L코늘림. 편물을 뒤집는다.

24단(안면): 1코걸러뜨기, 안뜨기13, 안뜨기로 2코모아뜨기, 안뜨기로 2코모아뜨기한 코 아래에서 주워올려(코를 꼬지 않는다) M1Lp코늘림. 편물을 뒤집는다.

25단: 1코걸러뜨기, 겉뜨기14, 오른코줄임, M1L코늘림. 편물을 뒤집는다.

26단: 1코걸러뜨기, 안뜨기15, 안뜨기로 2코모아뜨기, M1Lp코늘림. 편물을 뒤집는다.

계속해서 이미 만들어진 규칙대로 16단 더 뜬다.

43단(겉면): 1코걸러뜨기, 겉뜨기32, 오른코줄임, M1L코늘림. 편물을 뒤집는다.

44단(안면): 1코걸러뜨기, 안뜨기33, 안뜨기로 2코모아뜨기, M1Lp코늘림. 편물을 뒤집는다.

45단(겉면): 1코걸러뜨기, [겉뜨기5, M1L코늘림]을 6회 반복, 겉뜨기5. 6코 늘어남.

이제 바늘1에 42코가 있다.

발(모든 사이즈)

다시 원통으로 연결해서 바탕실과 2.5mm 바늘을 사용해 뜬다. 다시 바늘1과 바늘2를 둘 다 이용해서 진행한다.

단 시작을 다시 만날 때까지 바늘2의 30 (36, 42)코를 겉뜨기한다(이것은 배색뜨기 무늬 도안A의 1단으로 셀 것이다).

배색실1(그리고 결국 배색실2)을 다시 연결해 배색뜨기 무늬 도안A를 다시 시작한다, 2단에서 시작해 40단에서 끝낸다. 1~40단을 1회 더 뜬다.

배색실1을 자른다.

바탕실을 사용해서, 양말이 자신이 원하는 완성품 길이에서 5cm 모자랄 때까지 모든 단 겉뜨기한다. 이미 원하는 완성품 길이에서 4cm 모자란다면, 무늬 도안B를 건너뛰고 발끝 섹션을 시작한다.

바탕실과 배색실2를 사용해서 배색뜨기 무늬 도안B의 1~4단을 뜬다. 무늬 도안은 각 단마다 10 (12, 14)회 반복한다.

바탕실과 2.25mm 바늘을 사용해서, 양말이 자신이 원하는 완성품 길이에서 4cm 모자랄 때까지 모든 단 겉뜨기한다. 이미 그 지점에 있다면, 계속해서 발끝 섹션을 진행한다.

바탕실을 자른다.

발끝

배색실2를 사용해서 발끝 섹션 준비:

사이즈1: *겉뜨기13, 왼코줄임*, *~*을 단 끝까지 반복한다. 4코 줄어듦. 총 56코.

사이즈2: *겉뜨기7, 왼코줄임*, *~*을 단 끝까지 반복한다. 8코 줄어듦. 총 64코.

사이즈3: *겉뜨기5, 왼코줄임*, *~*을 단 끝까지 반복한다. 12코 줄어듦. 총 72코.

이제 바늘1과 바늘2에 동일한 콧수가 있어야 한다. 단 시작 표시링을 제거한다.

바늘1에는 발바닥 28 (32, 36)코가 있다. 바늘2에는 발등 28 (32, 36)코가 있다.

배색실2와 바늘1을 사용해서 14 (16, 18)코를 겉뜨기한다. 방금 뜬 코 다음에 단 시작 표시링을 건다. 이곳은 발바닥 부분인 바늘1의 가운데여야 한다.

세팅 단: 배색실2를 사용해서 단 시작 표시링까지 겉뜨기로 1단 더 뜬다.

1단(코줄임 단):
- 바늘1: 3코 남을 때까지 겉뜨기, 왼코줄임, 겉뜨기1.
- 바늘2: 겉뜨기1, 오른코줄임, 3코 남을 때까지 겉뜨기, 왼코줄임, 겉뜨기1.
- 바늘1: 겉뜨기1, 오른코줄임, 단 시작 표시링까지 겉뜨기한다. 4코 줄어듦.

2단: 모든 코 겉뜨기한다.

각 바늘에 20코 남을 때까지 1~2단을 반복한다(총 40코). 계속해서 각 바늘에 10코 남을 때까지 1단만 반복한다(매 단 코 줄임한다)(총 20코).

단 시작 표시링을 제거한다. 양말의 옆선을 만날 때까지 5코 겉뜨기한다. 각 바늘에 남은 10코를 메리야스잇기로 연결한다.

마무리

실끝을 정리한다. 양말을 적셔서 블로킹한다. 동일한 과정을 반복해 양말 한 짝을 더 만든다.

배색뜨기 무늬 도안B

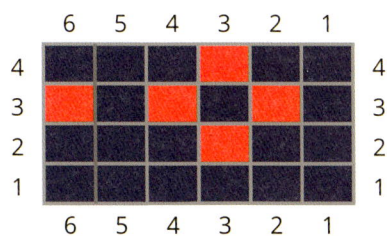

배색뜨기 무늬 도안A

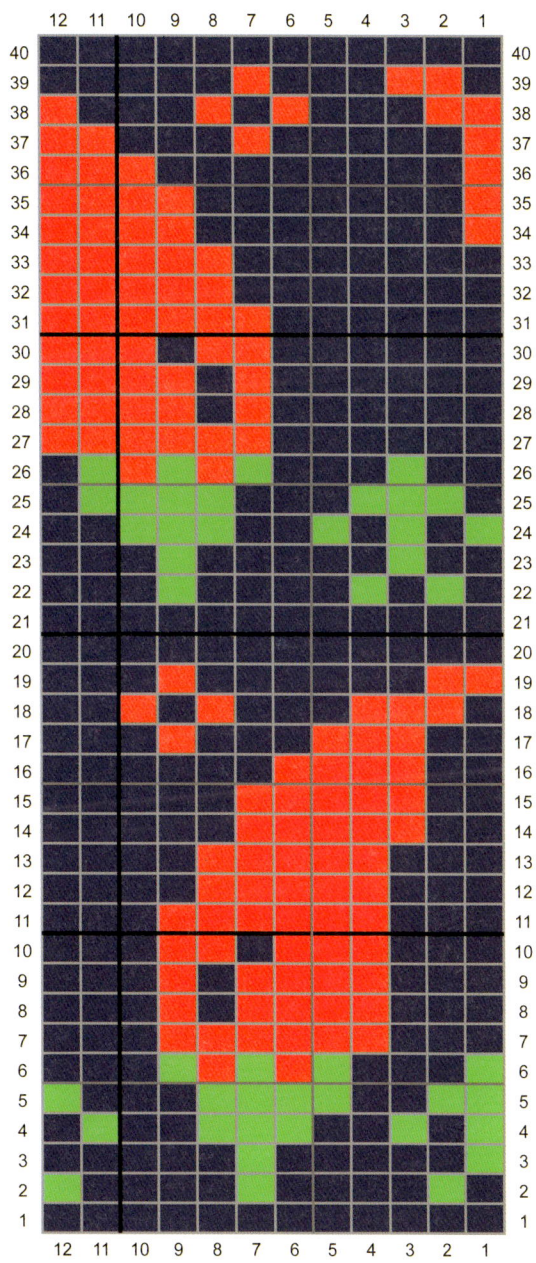

- 바탕실: 미드나이트
- 배색실1: 할라페뇨
- 배색실2: 파미그래니트

비타민C 삭스
Vitamin C Socks

만다린 오렌지는 비타민C의 훌륭한 공급원이며 맛있고 즙이 많고 건강에 좋은 간식입니다. 많은 사람이 환영하는 겨울 과일인 오렌지는 종종 크리스마스에 선물로 주고받으며 음력 새해 축하 기간에는 부와 번영의 상징으로 쓰입니다. 이곳 스위스에서는 산타클로스를 사미클라우스라고 부르는데, 숲에 살던 그가 12월 6일에 착한 아이들에게 나눠주기 위해 가져오는 자루에는 견과류, 생강빵과 함께 만다린이 가득하답니다. 저는 이 정열적이고 밝고 행운을 가져다줄 것 같은 과일로 양말을 만들면 재미있을 거라고 생각했습니다!

양말 구조
꼬아고무뜨기 발목단에서 시작해 위에서 아래로 내려뜨는 이 양말은 양말목과 발 전체에 두 가지 만다린에서 영감을 받은 배색뜨기 무늬가 있습니다. 되돌아뜨기 뒤꿈치로 뜹니다.

사이즈
1 (2, 3)

발 둘레: 20.5~23 (23.5~25, 26~27.5)cm
완성치수: 18~20 (20.5~23, 23.5~25)cm
권장 여유분: 마이너스 2.5cm
양말목/발 길이는 쉽게 조정할 수 있다. 자세한 내용은 만드는 법을 참고할 것.
사진 속 작품은 사이즈2 US 8.5/EU 39/UK 6, 발 둘레 22.5cm로 떴다.

재료
실
핑거링 굵기, 기글링게코의 삭란디아 삭스얀(슈퍼워시 메리노 울 80%, 나일론 20%), 1타래 365m 100g

사진 속 작품에서는 다음 색상을 사용
바탕실: 마리나 미스트Marina Mist(1타래)
배색실1: 만다린Mandarin(1타래)
배색실2: 캐너리Canary(1타래)

바늘
고무뜨기와 뒤꿈치 및 발끝에 사용: 2.25mm
매직루프 기법으로 뜰 경우 80cm 길이 줄바늘, 또는 장갑바늘, 또는 23cm 길이 줄바늘 2개 (선호하는 바늘 사용)

배색뜨기에 사용: 2.5mm
매직루프 기법으로 뜰 경우 80cm 길이 줄바늘, 또는 장갑바늘, 또는 23cm 길이 줄바늘 2개 (선호하는 바늘 사용)

주의사항: 잘 맞는 양말을 뜨기 위해 게이지를 체크할 것. 바늘 호수를 높이거나 낮춰서 추가 사이즈를 뜰 수 있다.

부자재
단코표시링, 가위, 돗바늘

게이지
34코×46단=10×10cm 배색뜨기
36코×48단=10×10cm 고무뜨기

스페셜 기법
배색 양말 뜨기(8쪽)
메리야스잇기(170쪽)
주요 기법 설명은 169쪽

만드는 법

발목단
배색실1과 2.25mm 바늘을 사용해서 56 (64, 72)코 만든다. 2개의 바늘에 28 (32, 36)코씩 동일하게 콧수를 나눠 옮긴다. 장갑바늘을 사용할 경우, 1개의 바늘에 콧수 절반을 옮기고 나머지 반은 2개의 바늘에 나눠 옮긴다. 단 시작에 표시링을 건다. 코가 꼬이지 않도록 조심하며 원통으로 잇는다.
고무뜨기 단: *꼬아뜨기1, 안뜨기1*, *~*을 단 끝까지 반복한다.
고무뜨기로 총 14단 뜬다(약 3cm).

양말목
배색실1을 사용해서 2.5mm 바늘(또는 배색뜨기 게이지 치수를 얻을 수 있는 호수의 바늘)로, 코늘림 단을 뜬다:
사이즈1: *겉뜨기14, M1L코늘림*, *~*을 단 끝까지 반복한다. 4코 늘어남. 총 60코.
사이즈2: *겉뜨기8, M1L코늘림*, *~*을 단 끝까지 반복한다. 8코 늘어남. 총 72코.
사이즈3: *겉뜨기6, M1L코늘림*, *~*을 단 끝까지 반복한다. 12코 늘어남. 총 84코.

도안이 지시하는 곳에서 바탕실과 배색실2를 연결하며, 배색뜨기 무늬 도안A(105쪽) 1~27단을 뜬다.
   사이즈1: 무늬 도안을 각 단마다 2회 반복하고 1~12코를 1회 더 뜬다.
   사이즈2: 무늬 도안을 각 단마다 3회 반복한다.
   사이즈3: 무늬 도안을 각 단마다 3회 반복하고 1~12코를 1회 더 뜬다.
이제 무늬 도안B(105쪽)를 진행한다. 무늬 도안은 각 단마다 5 (6, 7)회 반복한다. 1~20단을 1회 뜨고 1~10단을 1회 더 뜬다. 바탕실과 배색실2를 자른다.

되돌아뜨기 뒤꿈치
이제 배색실1을 사용해서 2.25mm 바늘1만 가지고, 자신이 선택한 사이즈에 맞는 뒤꿈치 지시사항을 따라 뜰 것이다.

사이즈1(바늘1에 30코 있음):
1단(겉면): 1코걸러뜨기, [겉뜨기12, 왼코줄임]을 2회 반복, 안면이 보이도록 편물을 뒤집는다(1코는 뜨지 않고 둔다). 2코 줄어듦. 이제 뒤꿈치에 총 28코 있다.
2단(안면): 1코걸러뜨기, 안뜨기25(끝의 1코는 뜨지 않고 둔다), 겉면이 보이도록 편물을 뒤집는다.
3단: 1코걸러뜨기, 겉뜨기24(끝의 2코는 뜨지 않고 둔다). 편물을 뒤집는다.
4단: 1코걸러뜨기, 안뜨기23(구멍 1코 전까지). 편물을 뒤집는다.
5단: 1코걸러뜨기, 겉뜨기22(구멍 1코 전까지). 편물을 뒤집는다.
6단: 1코걸러뜨기, 안뜨기21 (구멍 1코 전까지). 편물을 뒤집는다.
7단: 1코걸러뜨기, 구멍 1코 전까지 겉뜨기. 편물을 뒤집는다.
8단: 1코걸러뜨기, 구멍 1코 전까지 안뜨기. 편물을 뒤집는다.
7~8단을 5회 더 반복한다.
19단: 1코걸러뜨기, 구멍 1코 전까지 겉뜨기. 편물을 뒤집는다.
20단: 1코걸러뜨기, 안뜨기7.
중심에 안뜨기 8코가 있고 그 양옆에 뜨지 않은 코가 10코씩 있다. 편물을 뒤집는다.

이제 편물을 뒤집어서 생긴 구멍을 막으면서 뒤꿈치를 평뜨기로 편물을 뒤집어가며 뜬다.
21단(겉면): 1코걸러뜨기, 겉뜨기6, (구멍 양쪽의 각 1코를 이용해서) 오른코줄임, 오른코줄임한 코 아래에서 주워올려(코를 꼬지 않는다) M1L코늘림. 편물을 뒤집는다.
22단(안면): 1코걸러뜨기, 안뜨기7, 안뜨기로 2코모아뜨기, 안뜨기로 2코모아뜨기한 코 아래에서 주워올려(코를 꼬지 않는다) M1Lp코늘림. 편물을 뒤집는다.
23단: 1코걸러뜨기, 겉뜨기8, 오른코줄임, M1L코늘림. 편물을 뒤집는다.
24단: 1코걸러뜨기, 안뜨기9, 안뜨기로 2코모아뜨기, M1Lp코늘림. 편물을 뒤집는다.
계속해서 이미 만들어진 규칙대로 14단 더 뜬다.
39단(겉면): 1코걸러뜨기, 겉뜨기24, 오른코줄임, M1L코늘림. 편물을 뒤집는다.
40단(안면): 1코걸러뜨기, 안뜨기25, 안뜨기로 2코모아뜨기, M1Lp코늘림. 편물을 뒤집는다.
41단(겉면): 1코걸러뜨기, [겉뜨기13, M1L코늘림]을 2회 반복, 겉뜨기1. 2코 늘어남.
이제 바늘1에 30코 있다.
계속해서 발 섹션을 진행한다(104쪽).

사이즈2(바늘1에 36코 있음):
1단(겉면): 1코걸러뜨기, [겉뜨기6, 왼코줄임]을 4회 반복한다. 겉뜨기2. 편물을 뒤집는다(1코는 뜨지 않고 둔다). 4코 줄어듦. 이제 뒤꿈치에 총 32코 있다.
2단(안면): 1코걸러뜨기, 안뜨기29(끝의 1코는 뜨지 않고 둔다). 겉면이 보이도록 편물을 뒤집는다.
3단: 1코걸러뜨기, 겉뜨기28(끝의 2코는 뜨지 않고 둔다). 편물을 뒤집는다.
4단: 1코걸러뜨기, 안뜨기27(구멍 1코 전까지). 편물을 뒤집는다.
5단: 1코걸러뜨기, 겉뜨기26(구멍 1코 전까지). 편물을 뒤집는다.
6단: 1코걸러뜨기, 안뜨기25(구멍 1코 전까지). 편물을 뒤집는다.
7단: 1코걸러뜨기, 구멍 1코 전까지 겉뜨기. 편물을 뒤집는다.
8단: 1코걸러뜨기, 구멍 1코 전까지 안뜨기. 편물을 뒤집는다.
7~8단을 5회 더 반복한다.
19단: 1코걸러뜨기, 구멍 1코 전까지 겉뜨기. 편물을 뒤집는다.
20단: 1코걸러뜨기, 안뜨기11.
중심에 안뜨기 12코가 있고 그 양옆에 뜨지 않은 코가 10코씩 있다. 편물을 뒤집는다.

이제 편물을 뒤집어서 생긴 구멍을 막으면서 뒤꿈치를 평뜨기

로 편물을 뒤집어가며 뜬다.
21단(겉면): 1코걸러뜨기, 겉뜨기10, (구멍 양쪽의 각 1코를 이용해서) 오른코줄임, 오른코줄임한 코 아래에서 주워올려(코를 꼬지 않는다) M1L코늘림. 편물을 뒤집는다.
22단(안면): 1코걸러뜨기, 안뜨기11, 안뜨기로 2코모아뜨기, 안뜨기로 2코모아뜨기한 코 아래에서 주워올려(코를 꼬지 않는다) M1Lp코늘림. 편물을 뒤집는다.
23단: 1코걸러뜨기, 겉뜨기12, 오른코줄임, M1L코늘림. 편물을 뒤집는다.
24단: 1코걸러뜨기, 안뜨기13, 안뜨기로 2코모아뜨기, M1Lp코늘림. 편물을 뒤집는다.
계속해서 이미 만들어진 규칙대로 14단 더 뜬다.
39단(겉면): 1코걸러뜨기, 겉뜨기28, 오른코줄임, M1L코늘림. 편물을 뒤집는다.
40단(안면): 1코걸러뜨기, 안뜨기29, 안뜨기로 2코모아뜨기, M1Lp코늘림. 편물을 뒤집는다.
41단(겉면): [겉뜨기8, M1L코늘림]을 4회 반복한다. 4코 늘어남.
이제 바늘1에 36코 있다.
계속해서 발 섹션을 진행한다(104쪽).

사이즈3(바늘1에 42코 있음):
1단(겉면): 1코걸러뜨기, [겉뜨기5, 왼코줄임]을 5회 반복한다. 겉뜨기3, 왼코줄임. 안면이 보이도록 편물을 뒤집는다(1코는 뜨지 않고 둔다). 6코 줄어듦. 이제 뒤꿈치에 총 36코 있다.
2단(안면): 1코걸러뜨기, 안뜨기33(끝의 1코는 뜨지 않고 둔다). 겉면이 보이도록 편물을 뒤집는다.
3단: 1코걸러뜨기, 겉뜨기32(끝의 2코는 뜨지 않고 둔다). 편물을 뒤집는다.
4단: 1코걸러뜨기, 안뜨기31(구멍 1코 전까지). 편물을 뒤집는다.
5단: 1코걸러뜨기, 겉뜨기30(구멍 1코 전까지). 편물을 뒤집는다.
6단: 1코걸러뜨기, 안뜨기29(구멍 1코 전까지). 편물을 뒤집는다.
7단: 1코걸러뜨기, 구멍 1코 전까지 겉뜨기. 편물을 뒤집는다.
8단: 1코걸러뜨기, 구멍 1코 전까지 안뜨기. 편물을 뒤집는다.
7~8단을 6회 더 반복한다.
21단: 1코걸러뜨기, 구멍 1코 전까지 겉뜨기. 편물을 뒤집는다.
22단: 1코걸러뜨기, 안뜨기13.
중심에 안뜨기 14코가 있고 그 양옆에 뜨지 않은 코가 11코씩 있다. 편물을 뒤집는다.

이제 편물을 뒤집어서 생긴 구멍을 막으면서 뒤꿈치를 평뜨기로 편물을 뒤집어가며 뜬다.

23단(겉면): 1코걸러뜨기, 겉뜨기12, (구멍 양쪽의 각 1코를 이용해서) 오른코줄임, 오른코줄임한 코 아래에서 주워올려(코를 꼬지 않는다) M1L코늘림. 편물을 뒤집는다.

24단(안면): 1코걸러뜨기, 안뜨기13, 안뜨기로 2코모아뜨기, 안뜨기로 2코모아뜨기한 코 아래에서 주워올려(코를 꼬지 않는다) M1Lp코늘림. 편물을 뒤집는다.

25단: 1코걸러뜨기, 겉뜨기14, 오른코줄임, M1L코늘림. 편물을 뒤집는다.

26단: 1코걸러뜨기, 안뜨기15, 안뜨기로 2코모아뜨기, M1Lp코늘림. 편물을 뒤집는다.

계속해서 이미 만들어진 규칙대로 16단 더 뜬다.

43단(겉면): 1코걸러뜨기, 겉뜨기32, 오른코줄임, M1L코늘림. 편물을 뒤집는다.

44단(안면): 1코걸러뜨기, 안뜨기33, 안뜨기로 2코모아뜨기, M1Lp코늘림. 편물을 뒤집는다.

45단(겉면): 1코걸러뜨기, [겉뜨기5, M1L코늘림]을 6회 반복, 겉뜨기5. 6코 늘어남.

이제 바늘1에 42코 있다.

발(모든 사이즈)

다시 원통으로 연결해서 바탕실과 2.5mm 바늘을 사용해 뜬다. 다시 바늘1과 바늘2를 둘 다 이용해서 진행한다.

단 시작을 다시 만날 때까지 바늘2의 30 (36, 42)코를 겉뜨기한다(이것은 배색뜨기 무늬 도안B의 11단으로 셀 것이다).

배색실2를 다시 연결해 배색뜨기 무늬 도안B를 다시 시작하는데, 12단에서 시작해 20단에서 끝낸다. 계속해서 양말이 자신이 원하는 완성품 길이에서 4cm 모자랄 때까지 배색뜨기 무늬 도안B를 반복하는데, 마지막으로 뜨는 단이 10단 또는 20단이 되도록 끝낸다.

배색실2를 자른다. 바탕실과 배색실1을 사용해서, 배색뜨기 무늬 도안A의 1~2단을 뜬다. 무늬 도안은 각 단마다 5 (6, 7)회 반복한다.

배색실1을 사용해서 겉뜨기로 1단 뜬다.

바탕실을 자른다.

발끝

배색실1을 사용해서 코줄임 단을 뜬다:

사이즈1: *겉뜨기13, 왼코줄임*, *~*을 단 끝까지 반복한다. 4코 줄어듦. 총 56코.

사이즈2: *겉뜨기7, 왼코줄임*, *~*을 단 끝까지 반복한다. 8코 줄어듦. 총 64코.

사이즈3: *겉뜨기5, 왼코줄임*, *~*을 단 끝까지 반복한다. 12코 줄어듦. 총 72코.

이제 바늘1과 바늘2에 동일한 콧수가 있어야 한다. 단 시작 표시링을 제거한다. 바늘1에는 발바닥 28 (32, 36)코가 있다. 바늘2에는 발등 28 (32, 36)코가 있다.

배색실1과 바늘1을 사용해서, 14 (16, 18)코 겉뜨기한다. 방금 뜬 코 다음에 단 시작 표시링을 건다. 이곳은 발바닥 부분인 바늘1의 가운데여야 한다.

세팅 단: 단 시작 표시링까지 겉뜨기한다.

1단(코줄임 단):

바늘1: 3코 남을 때까지 겉뜨기, 왼코줄임, 겉뜨기1.

바늘2: 겉뜨기1, 오른코줄임, 3코 남을 때까지 겉뜨기, 왼코줄임, 겉뜨기1.

바늘1: 겉뜨기1, 오른코줄임, 단 시작 표시링까지 겉뜨기한다. 4코 줄어듦.

2단: 모든 코 겉뜨기한다.

각 바늘에 20코 남을 때까지 1~2단을 반복한다(총 40코).

계속해서 각 바늘에 10코 남을 때까지 1단만 반복한다(매 단 코줄임한다)(총 20코).

단 시작 표시링을 제거한다. 양말의 옆선을 만날 때까지 5코 겉뜨기한다. 각 바늘에 남은 10코를 메리야스잇기로 연결한다.

마무리

실끝을 정리한다. 양말을 적셔서 블로킹한다. 동일한 과정을 반복해 양말 한 짝을 더 만든다.

배색뜨기 무늬 도안A

배색뜨기 무늬 도안B

바탕실: 마리나미스트

배색실1: 만다린

배색실2: 캐너리

위대한 자연
The Great Outdoors

이 파트는 이곳 스위스의 멋진 풍경에 바칩니다. 일 년 중 어느 때라도, 저는 밤에 산책을 하든 숲길을 걷든 눈 덮인 산을 오르든 정원에서 휴식을 취하든, 항상 자연에서 보내는 시간에 영감을 받습니다. 여러분이 어디에 있든, 여러분도 가장 좋아하는 야외 모험의 기억을 담아낼 양말을 찾을 수 있을 거예요. 적어도 그 양말은 여러분이 새로운 모험을 할 때 발을 따뜻하게 유지하는 데는 도움이 될 거예요!

여름의 초원
Summer Meadows

알프스의 꽃들로 가득한 향기로운 목초지는 이곳 스위스에서 아름답기만 한 것이 아니라 매우 중요합니다. 이 목초지 덕분에 치즈와 초콜릿이 그렇게 맛있다고 해요. 초원에는 알프스 소의 식단을 완벽하게 해주는 골드클로버, 밀크위드, 데이지가 가득합니다. 여름 하이킹을 할 때면 저는 종종 〈사운드 오브 뮤직〉에서처럼 초원을 달리곤 한답니다 (물론 소들을 피하면서요)! 저는 이 단순한 즐거움을 여러분과 공유하고, 여러분이 사는 곳 근처 초원에서 하이킹을 할 때 신을 양말을 만들고 싶었습니다. 이 양말의 가장 좋은 점은 일 년 내내 꽃이 활짝 핀 채 여러분이 신을 수 있도록 준비되어 있다는 것입니다. 양말을 뜨며 초원이 점점 자라는 것을 즐겨보세요.

양말 구조
2코고무뜨기 발목단으로 시작해서 전체에 뜨기 쉬운 무늬가 있는 이 양말은 위에서 아래로 내려 뜹니다. 두 가지 대조되는 색을 사용해서 뜹니다. 이 배색뜨기 무늬는 양말목과 발 전체에 있습니다. 뒤꿈치는 되돌아뜨기 구조입니다. 둥근 발끝 모양은 메리야스잇기로 완성됩니다.

사이즈
1 (2, 3)
발 둘레: 20.5~23 (23.5~25, 26~27.5)cm
완성치수: 18~20 (20.5~23, 23.5~25)cm
권장 여유분: 마이너스 2.5cm
양말목/발 길이는 쉽게 조정할 수 있다. 자세한 내용은 만드는 법을 참고할 것.
사진 속 작품은 사이즈2 US 8.5/EU 39/UK 6, 발 둘레 22.5cm로 떴다.

재료

실
핑거링 굵기, 슈베덴로트 얀의 하이트위스트 메리노(슈퍼워시 메리노울 100%), 1타래 365m 100g

사진 속 작품에서는 다음 색상을 사용
바탕실: 이파이Ipai (1타래)
배색실: 플루로밍고Fluromingo (1타래)
같은 게이지 치수를 얻을 수 있다면 핑거링 굵기의 실은 무엇이든 사용할 수 있다. 정크 얀 또는 네이버후드 파이버가 좋은 대안이 될 수 있다.

바늘
고무뜨기와 뒤꿈치 및 발끝에 사용: 2.25mm
매직루프 기법으로 뜰 경우 80cm 길이 줄바늘, 또는 장갑바늘, 또는 23cm 길이 줄바늘 2개 (선호하는 바늘 사용)
배색뜨기에 사용: 2.5mm
매직루프 기법으로 뜰 경우 80cm 길이 줄바늘, 또는 장갑바늘, 또는 23cm 길이 줄바늘 2개 (선호하는 바늘 사용)
주의사항: 잘 맞는 양말을 뜨기 위해 게이지를 체크할 것. 바늘 호수를 높이거나 낮춰서 추가 사이즈를 뜰 수 있다.

부자재
단코표시링, 가위, 돗바늘

게이지
36코×38단=10×10cm 배색뜨기
36코×44단=10×10cm 메리야스뜨기와 고무뜨기

스페셜 기법
배색 양말 뜨기(8쪽)
메리야스잇기(170쪽)
주요 기법 설명은 169쪽

만드는 법

발목단
배색실과 2.25mm 바늘을 사용해서 56 (64, 72)코 만든다. 각 바늘에 28 (32, 36)코씩 동일하게 콧수를 나눠 옮긴다. 장갑바

늘을 사용할 경우, 1개의 바늘에 콧수 절반을 옮기고 나머지 반은 2개의 바늘에 나눠 옮긴다. 단 시작에 표시링을 건다. 코가 꼬이지 않도록 조심하며 원통으로 잇는다.
고무뜨기 단: *겉뜨기2, 안뜨기2*, *~*를 단 끝까지 반복한다. 바탕실로 바꾸고 고무뜨기로 총 14단 뜬다(약 3cm).

양말목

바탕실을 사용해서 2.5mm 바늘(또는 배색뜨기 게이지 치수를 얻을 수 있는 호수의 바늘)로, 코늘림 단을 뜬다:
사이즈1: *겉뜨기14, M1L코늘림*, *~*을 단 끝까지 반복한다. 4코 늘어남. 총 60코.
사이즈2: *겉뜨기8, M1L코늘림*, *~*을 단 끝까지 반복한다. 8코 늘어남. 총 72코.
사이즈3: *겉뜨기6, M1L코늘림*, *~*을 단 끝까지 반복한다. 12코 늘어남. 총 84코.
도안이 지시하는 곳에서 배색실을 연결하며, 배색뜨기 무늬 도안(112쪽) 1~18단을 2회 (또는 자신이 원하는 양말목 길이까지) 반복한다. 무늬 도안은 각 단마다 5 (6, 7)회 반복한다. 어느 단에서 끝내도 좋지만, 뒤꿈치를 완성한 후 정확한 단에서 다시 시작할 수 있도록 마지막으로 뜬 단을 기록해둔다.

되돌아뜨기 뒤꿈치

이제 바탕실을 사용해서 2.25mm 바늘1만 가지고, 자신이 선택한 사이즈에 맞는 지시사항을 따라 뒤꿈치를 뜰 것이다.

사이즈1(바늘1에 30코 있음):
1단(겉면): 1코걸러뜨기, [겉뜨기12, 왼코줄임]을 2회 반복. 안면이 보이도록 편물을 뒤집는다(1코는 뜨지 않고 둔다). 2코 줄어듦. 이제 뒤꿈치에 총 28코 있다.
2단(안면): 1코걸러뜨기, 안뜨기25(끝의 1코는 뜨지 않고 둔다), 겉면이 보이도록 편물을 뒤집는다.
3단: 1코걸러뜨기, 겉뜨기24(끝의 2코는 뜨지 않고 둔다). 편물을 뒤집는다.
4단: 1코걸러뜨기, 안뜨기23(구멍 1코 전까지). 편물을 뒤집는다.
5단: 1코걸러뜨기, 겉뜨기22(구멍 1코 전까지). 편물을 뒤집는다.
6단: 1코걸러뜨기, 안뜨기21(구멍 1코 전까지). 편물을 뒤집는다.
7단: 1코걸러뜨기, 구멍 1코 전까지 겉뜨기. 편물을 뒤집는다.
8단: 1코걸러뜨기, 구멍 1코 전까지 안뜨기. 편물을 뒤집는다.
7~8단을 5회 더 반복한다.
19단: 1코걸러뜨기, 구멍 1코 전까지 겉뜨기. 편물을 뒤집는다.
20단: 1코걸러뜨기, 안뜨기7.
중심에는 안뜨기 8코가 있고 그 양옆에 뜨지 않은 코가 10코씩 있다. 편물을 뒤집는다.

이제 편물을 뒤집어서 생긴 구멍을 막으면서 뒤꿈치를 평뜨기로 편물을 뒤집어가며 뜬다.
21단(겉면): 1코걸러뜨기, 겉뜨기6, (구멍 양쪽의 각 1코를 이용해서) 오른코줄임, 오른코줄임한 코 아래에서 주워올려(코를 꼬지 않는다) M1L코늘림. 편물을 뒤집는다.
22단(안면): 1코걸러뜨기, 안뜨기7, 안뜨기로 2코모아뜨기, 안뜨기로 2코모아뜨기한 코 아래에서 주워올려(코를 꼬지 않는다) M1Lp코늘림. 편물을 뒤집는다.
23단: 1코걸러뜨기, 겉뜨기8, 오른코줄임, M1L코늘림. 편물을 뒤집는다.
24단: 1코걸러뜨기, 안뜨기9, 안뜨기로 2코모아뜨기, M1Lp코늘림. 편물을 뒤집는다.
계속해서 이미 만들어진 규칙대로 14단 더 뜬다.
39단(겉면): 1코걸러뜨기, 겉뜨기24, 오른코줄임, M1L코늘림. 편물을 뒤집는다.

40단(안면): 1코걸러뜨기, 안뜨기25, 안뜨기로 2코모아뜨기, M1Lp코늘림. 편물을 뒤집는다.
41단(겉면): 1코걸러뜨기, [겉뜨기13, M1L코늘림]을 2회 반복, 겉뜨기1. 2코 늘어남. 편물을 뒤집는다.
42단(안면): 1코걸러뜨기, 안뜨기29.
이제 바늘1에 30코 있다.
계속해서 발 섹션을 진행한다(112쪽).

사이즈2(바늘1에 36코 있음):
1단(겉면): 1코걸러뜨기, [겉뜨기6, 왼코줄임]을 4회 반복, 겉뜨기2. 안면이 보이도록 편물을 뒤집는다(1코는 뜨지 않고 둔다). 4코 줄어듦. 이제 뒤꿈치에 총 32코 있다.
2단(안면): 1코걸러뜨기, 안뜨기29(끝의 1코는 뜨지 않고 둔다). 겉면이 보이도록 편물을 뒤집는다.
3단: 1코걸러뜨기, 겉뜨기28(끝의 2코는 뜨지 않고 둔다). 편물을 뒤집는다.
4단: 1코걸러뜨기, 안뜨기27(구멍 1코 전까지). 편물을 뒤집는다.
5단: 1코걸러뜨기, 겉뜨기26(구멍 1코 전까지). 편물을 뒤집는다.
6단: 1코걸러뜨기, 안뜨기25(구멍 1코 전까지). 편물을 뒤집는다.
7단: 1코걸러뜨기, 구멍 1코 전까지 겉뜨기. 편물을 뒤집는다.
8단: 1코걸러뜨기, 구멍 1코 전까지 안뜨기. 편물을 뒤집는다.
7~8단을 5회 더 반복한다.
19단: 1코걸러뜨기, 구멍 1코 전까지 겉뜨기. 편물을 뒤집는다.
20단: 1코걸러뜨기, 안뜨기11.
중심에 안뜨기 12코가 있고 그 양옆에 뜨지 않은 코가 10코씩 있다. 편물을 뒤집는다.

이제 편물을 뒤집어서 생긴 구멍을 막으면서 뒤꿈치를 평뜨기로 편물을 뒤집어가며 뜬다.
21단(겉면): 1코걸러뜨기, 겉뜨기10, (구멍 양쪽의 각 1코를 이용해서) 오른코줄임, 오른코줄임한 코 아래에서 주워올려(코를 꼬지 않는다) M1L코늘림. 편물을 뒤집는다.
22단(안면): 1코걸러뜨기, 안뜨기11, 안뜨기로 2코모아뜨기, 안뜨기로 2코모아뜨기한 코 아래에서 주워올려(코를 꼬지 않는다) M1Lp코늘림. 편물을 뒤집는다.
23단: 1코걸러뜨기, 겉뜨기12, 오른코줄임, M1L코늘림. 편물을 뒤집는다.
24단: 1코걸러뜨기, 안뜨기13, 안뜨기로 2코모아뜨기, M1Lp코늘림. 편물을 뒤집는다.
계속해서 이미 만들어진 규칙대로 14단 더 뜬다.
39단(겉면): 1코걸러뜨기, 겉뜨기28, 오른코줄임, M1L코늘림. 편물을 뒤집는다.
40단(안면): 1코걸러뜨기, 안뜨기29, 안뜨기로 2코모아뜨기, M1Lp코늘림. 편물을 뒤집는다.
41단(겉면): [겉뜨기8, M1L코늘림]을 4회 반복한다. 4코 늘어남. 편물을 뒤집는다.
42단(안면): 1코걸러뜨기, 안뜨기35.
이제 바늘1에 36코 있다.
계속해서 발 섹션을 진행한다(112쪽).

사이즈3(바늘1에 42코 있음):
1단(겉면): 1코걸러뜨기, [겉뜨기5, 왼코줄임]을 5회 반복, 겉뜨기3, 왼코줄임. 안면이 보이도록 편물을 뒤집는다(1코는 뜨지 않고 둔다). 6코 줄어듦. 이제 뒤꿈치에 총 36코 있다.
2단(안면): 1코걸러뜨기, 안뜨기33(끝의 1코는 뜨지 않고 둔다). 겉면이 보이도록 편물을 뒤집는다.
3단: 1코걸러뜨기, 겉뜨기32(끝의 2코는 뜨지 않고 둔다). 편물을 뒤집는다.
4단: 1코걸러뜨기, 안뜨기31(구멍 1코 전까지). 편물을 뒤집는다.
5단: 1코걸러뜨기, 겉뜨기30(구멍 1코 전까지). 편물을 뒤집는다.
6단: 1코걸러뜨기, 안뜨기29(구멍 1코 전까지). 편물을 뒤집는다.
7단: 1코걸러뜨기, 구멍 1코 전까지 겉뜨기. 편물을 뒤집는다.
8단: 1코걸러뜨기, 구멍 1코 전까지 안뜨기. 편물을 뒤집는다.
7~8단을 6회 더 반복한다.
21단: 1코걸러뜨기, 구멍 1코 전까지 겉뜨기. 편물을 뒤집는다.
22단: 1코걸러뜨기, 안뜨기13.
중심에 안뜨기 14코가 있고 그 양옆에 뜨지 않은 코가 11코씩 있다. 편물을 뒤집는다.

이제 편물을 뒤집어서 생긴 구멍을 막으면서 뒤꿈치를 평뜨기로 편물을 뒤집어가며 뜬다.
23단(겉면): 1코걸러뜨기, 겉뜨기12, (구멍 양쪽의 각 1코를 이용해서) 오른코줄임, 오른코줄임한 코 아래에서 주워올려(코를 꼬지 않는다) M1L코늘림. 편물을 뒤집는다.
24단(안면): 1코걸러뜨기, 안뜨기13, 안뜨기로 2코모아뜨기, 안뜨기로 2코모아뜨기한 코 아래에서 주워올려(코를 꼬지 않는다) M1Lp코늘림. 편물을 뒤집는다.
25단: 1코걸러뜨기, 겉뜨기14, 오른코줄임, M1L코늘림. 편물을 뒤집는다.
26단: 1코걸러뜨기, 안뜨기15, 안뜨기로 2코모아뜨기, M1Lp코늘림. 편물을 뒤집는다.
계속해서 이미 만들어진 규칙대로 16단 더 뜬다.
43단(겉면): 1코걸러뜨기, 겉뜨기32, 오른코줄임, M1L코늘림. 편물을 뒤집는다.
44단(안면): 1코걸러뜨기, 안뜨기33, 안뜨기로 2코모아뜨기, M1Lp코늘림. 편물을 뒤집는다.
45단(겉면): 1코걸러뜨기, [겉뜨기5, M1L코늘림]을 6회 반복, 겉뜨기5. 6코 늘어남. 편물을 뒤집는다.
46단(안면): 1코걸러뜨기, 안뜨기41.
이제 바늘1에 42코 있다.

발(모든 사이즈)
다시 원통으로 연결해서 바탕실과 배색실 및 2.5mm 바늘(또는 배색뜨기 게이지 치수를 얻을 수 있는 호수의 바늘)을 사용해 뜬다. 바늘1에서 시작해, 뒤꿈치를 뜨기 전에 멈췄던 곳부터 배색뜨기 무늬 도안을 다시 뜬다. 양말이 자신이 원하는 완성품 길이에서 4cm 모자랄 때까지 배색뜨기 무늬 도안 1~18단을 반복한다.
배색실을 자른다.

발끝
바탕실을 사용해서 코줄임 단을 뜬다:
사이즈1: *겉뜨기13, 왼코줄임*, *~*을 단 끝까지 반복한다. 4코 줄어듦. 총 56코.
사이즈2: *겉뜨기7, 왼코줄임*, *~*을 단 끝까지 반복한다. 8코 줄어듦. 총 64코.
사이즈3: *겉뜨기5, 왼코줄임*, *~*을 단 끝까지 반복한다. 12코 줄어듦. 총 72코.

이제 바늘1과 바늘2에 동일한 콧수가 있어야 한다. 단 시작 표시링을 제거한다. 바늘1에는 발바닥 28 (32, 36)코가 있다. 바늘2에는 발등 28 (32, 36)코가 있다.
바탕실과 바늘1을 사용해서 14 (16, 18)코 겉뜨기한다. 방금 뜬 코 다음에 단 시작 표시링을 건다. 이곳은 발바닥 부분인 바늘1의 가운데여야 한다.
세팅 단: 바탕실을 사용해서 단 시작 표시링까지 겉뜨기로 1단 더 뜬다.

1단 (코줄임 단):
　바늘1: 3코 남을 때까지 겉뜨기, 왼코줄임, 겉뜨기1.
　바늘2: 겉뜨기1, 오른코줄임, 3코 남을 때까지 겉뜨기, 왼코줄임, 겉뜨기1.
　바늘1: 겉뜨기1, 오른코줄임, 단 시작 표시링까지 겉뜨기한다.
　4코 줄어듦.
2단: 모든 코 겉뜨기한다.
각 바늘에 20코 남을 때까지 1~2단을 반복한다(총 40코).
계속해서 각 바늘에 10코 남을 때까지 1단만 반복한다(매 단 코줄임한다)(총 20코).
단 시작 표시링을 제거한다. 양말의 옆선을 만날 때까지 5코 겉뜨기한다. 각 바늘에 남은 10코를 메리야스잇기로 연결한다.

마무리
실끝을 정리한다. 양말을 적셔서 블로킹한다. 동일한 과정을 반복해 양말 한 짝을 더 만든다.

배색뜨기 무늬 도안

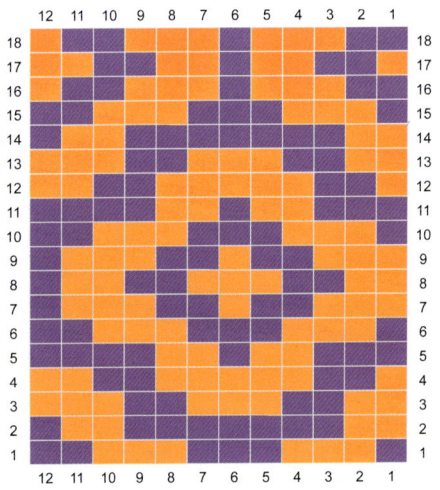

바탕실: 이파이
배색실: 플루로밍고

숲 산책
Forest Walk

동네의 숲에서 시간을 보내는 것은 제가 가장 좋아하는 활동 중 하나입니다. 마음이 진정되고 평화로워져 행복하다고 느끼게 되거든요. 일본에서는 이것을 '산림욕'이라고 부르며, 1980년 이래 예방의학의 일부로 활용해왔습니다. 저는 이곳 스위스에서 자주 걷는 숲길과 아름답고 멋진 녹색, 오렌지색, 갈색에서 영감을 받아, 산책할 때—또는 숲을 꿈꾸며 집에서 느긋하게 쉴 때—신을 두껍고 따뜻한 양말 한 켤레를 만들고 싶었습니다. 뭘 더 좋아하든 상관없어요!

양말 구조

이 양말은 조금 더 굵은 DK 양말실로 떠서 더 빨리 만들 수 있고 신으면 더 따뜻합니다. 아이코드 코잡기로 시작해서 예쁜 라트비안 브레이드로 이어지는데, 이는 장식적일 뿐만 아니라 양말이 흘러내리지 않고 배색 무늬가 잘 보이게 해주며 고무뜨기 단의 필요성을 대체합니다. 쉽고 재미있는 작은 배색뜨기 나무 섹션으로 시작하는 이 양말 도안은 금세 뜰 수 있어 경험이 적은 니터에게도 적합합니다. 전통적인 힐플랩과 거싯에 이어 일반적인 메리야스뜨기 발 섹션이 뒤따르고 발끝 코줄임 전에 작은 섹션의 배색뜨기가 있습니다. 숲을 사랑하는 사람이라면 누구나 포근하고 따뜻하게 느낄 양말 한 켤레가 만들어집니다.

사이즈
1 (2)
발 둘레: 21~23 (24~26)cm
완성치수: 18.5~20.5 (21~24)cm
권장 여유분: 마이너스 2.5cm.
양말목/발 길이는 쉽게 조정할 수 있다. 자세한 내용은 만드는 법을 참고할 것.
사진 속 작품은 사이즈2 US 8.5/EU 39/UK 6, 발 둘레 22.5cm로 떴다.

재료

실
라이트DK 굵기의 실, 로완의 펠티드 트위드(울 50%, 비스코스 25%, 알파카 25%), 1타래 175m 50g

사진 속 작품에서는 다음 색상을 사용
바탕실: 161 아보카도 Avocado 1(2)타래
배색실1: 154 진저 Ginger 1(1)타래
배색실2: 145 트리클 Treacle 1(1)타래
같은 게이지 치수를 얻을 수 있다면 DK 굵기의 실은 무엇이든 사용할 수 있다. 니트픽스의 시티 트위드DK도 좋은 대안이 될 수 있다.

바늘
메리야스뜨기에 사용: 3mm
매직루프 기법으로 뜰 경우 80cm 길이 줄바늘, 또는 장갑바늘, 또는 23cm 길이 줄바늘 2개 (선호하는 바늘 사용)
배색뜨기에 사용: 3.25mm
매직루프 기법으로 뜰 경우 80cm 길이 줄바늘, 또는 장갑바늘, 또는 23cm 길이 줄바늘 2개 (선호하는 바늘 사용)
주의사항: 잘 맞는 양말을 뜨기 위해 게이지를 체크할 것. 바늘 호수를 높이거나 낮춰서 추가 사이즈를 뜰 수 있다.

부자재
단코표시링, 가위, 돗바늘

게이지
24코×34단=10×10cm 3mm 바늘 메리야스뜨기
24코×32단=10×10cm 3.25mm 바늘 배색뜨기

스페셜 기법

아이코드 코잡기(다음 내용 참고)
라트비안 브레이드(다음 내용 참고)
배색 양말 뜨기(8쪽)
메리야스잇기(170쪽)
주요 기법 설명은 169쪽

만드는 법

발목단

아이코드 코잡기
모든 사이즈에서, 3mm 바늘과 바탕실을 사용해서:
스텝1: 3코 만든다.
스텝2: 스텝1에서 만든 3코를 왼손 바늘로 안뜨기하듯이 옮긴다. 진행 중인 실은 왼쪽에 있고 이제 코의 뒤쪽에서 나올 것이다.
스텝3: 진행 중인 실을 왼손 바늘의 모든 코 뒤에서 첫 번째 코까지 가져와서, 오른손 바늘을 사용해서: K1fb코늘림, 겉뜨기2. 1코 늘어남. 총 4코.
스텝4: 마지막 3코를 안뜨기하듯이 다시 왼손 바늘로 옮긴다(남은 코는 오른손 바늘에 그대로 둔다).
스텝5: 진행 중인 실을 왼손 바늘의 모든 코 뒤에서 첫 번째 코까지 가져와서, 오른손 바늘을 사용해서: K1fb코늘림, 겉뜨기2. 1코 늘어남. 총 5코.
스텝6: 마지막 3코를 안뜨기하듯이 다시 왼손 바늘로 옮긴다(남은 코는 오른손 바늘에 그대로 둔다).

계속해서 이 규칙대로, 총 48 (56)코 만들 때까지 오른손 바늘의 마지막 3코를 다시 왼손 바늘로 안뜨기하듯이 옮기고 첫 번째 코를 K1fb코늘림한다.
각 바늘에 24 (28)코씩 동일하게 콧수를 나눠 옮긴다. 장갑바늘을 사용할 경우, 1개의 바늘에 콧수 절반을 옮기고 나머지 반은 2개의 바늘에 나눠 옮긴다. 단 시작에 표시링을 건다. 코가 꼬이지 않도록 조심하며 원통으로 잇는다.
1단: 모든 코 안뜨기한다.
2단: 모든 코 겉뜨기한다.

라트비안 브레이드
바탕실과 배색실1을 사용해서:
1단: *바탕실을 사용해서 겉뜨기1, 배색실1을 사용해서 겉뜨기1*, *~*을 단 끝까지 반복한다.
두 가닥의 실 모두 편물 앞으로 가져온다.
2단: *바탕실을 사용해서 안뜨기1, 배색실1을 사용해서 안뜨기1*, *~*을 단 끝까지 반복한다. 배색실 아래로 바탕실을 가져오고 다음엔 바탕실 아래로 배색실을 가져온다. 매번 실가닥을 시계방향으로 꼬아주며 실가닥을 다른 실가닥 아래로 가져오는 과정을 반복한다.
이제 실가닥이 꼬일 것이다. 3단에서 저절로 풀린다.
3단: *바탕실을 사용해서 안뜨기1, 배색실1을 사용해서 안뜨기1*, *~*을 단 끝까지 반복한다. 배색실 위로 바탕실을 가져오고 다음엔 바탕실 위로 배색실을 가져온다. 매번 실가닥을 시계반대방향으로 꼬아주며 실가닥을 다른 실가닥 위로 가져오는 과정을 반복한다.
배색실1을 자른다.

양말목
바탕실을 사용해서 겉뜨기로 3단 뜬다.

코늘림 단을 뜬다:
사이즈1: *겉뜨기24, M1L코늘림*, *~*을 단 끝까지 반복한다. 2코 늘어남. 총 50코.
사이즈2: *겉뜨기14, M1L코늘림*, *~*을 단 끝까지 반복한다. 4코 늘어남. 총 60코.
3.25mm 바늘로 바꿔, 겉뜨기로 1단 더 뜬다. (이제 라트비안 브레이드 아래로 총 5단 떴다.)
계속해서 3.25mm 바늘을 사용해, 도안이 지시하는 곳에서 배색실1과 배색실2를 연결하며, 배색뜨기 무늬 도안(117쪽) 1~26단을 뜬다. 무늬 도안은 각 단마다 5 (6)회 반복한다.

바탕실을 사용해서, 자신이 선택한 사이즈에 맞춰 코줄임 단을 뜬다:
코줄임 단을 뜬다:
사이즈1: *겉뜨기23, 왼코줄임*, *~*을 단 끝까지 반복한다. 2코 줄어듦. 총 48코.
사이즈2: *겉뜨기13, 왼코줄임*, *~*을 단 끝까지 반복한다.

4코 줄어듦. 총 56코.
다시 3mm 바늘로 바꿔서 바탕실을 사용해, 8단(2.5cm) 더 또는 힐플랩까지 원하는 길이만큼 겉뜨기한다.

힐플랩
힐플랩은 바탕실을 사용해서 바늘1의 24 (28)코를 가지고 평뜨기로 편물을 뒤집어가며 뜬다. 바늘2에는 발등이 될 24 (28)코가 있다. 단 시작에 있는 단코표시링을 제거한다.
1단(겉면): 안뜨기하듯이 1코걸러뜨기, 단 끝까지 겉뜨기한다. 편물을 뒤집는다.
2단(안면): 안뜨기하듯이 1코걸러뜨기, 단 끝까지 안뜨기한다. 편물을 뒤집는다.
1~2단을 반복하며 총 24 (28)단을 뜨는데 마지막으로 뜨는 단이 안뜨기 단이 되도록 끝낸다. 힐턴을 완성한 후 주울 수 있는 가장자리 12 (14)코가 있을 것이다.

힐턴
계속해서 바탕실을 사용해, 이제 되돌아뜨기로 뒤꿈치 경사를 만들 것이다.
1단(겉면): 1코걸러뜨기, 겉뜨기13 (15), 오른코줄임, 겉뜨기1. 편물을 뒤집는다.
2단(안면): 1코걸러뜨기, 안뜨기5 (5), 안뜨기로 2코모아뜨기, 안뜨기1. 편물을 뒤집는다.
3단(겉면): 1코걸러뜨기, 겉뜨기6 (6), 오른코줄임, 겉뜨기1. 편물을 뒤집는다.
4단(안면): 1코걸러뜨기, 안뜨기7 (7), 안뜨기로 2코모아뜨기, 안뜨기1. 편물을 뒤집는다.
계속해서 이 규칙대로 뜬다: 1코걸러뜨기, 이전 단에서 편물을 뒤집어서 생긴 구멍 1코 전까지 겉뜨기 또는 안뜨기, 구멍을 막기 위해 오른코줄임 또는 안뜨기로 2코모아뜨기, 겉뜨기1 또는 안뜨기1. 편물을 뒤집는다. 계속해서 모든 코를 작업할 때까지 진행하고 마지막으로 뜨는 단이 안면에서 안뜨기 단이 되도록 끝낸다. 겉면이 보이도록 편물을 뒤집는다. 이제 바늘1에 총 14 (16)코 남아 있다.

거싯
바탕실을 사용해서, 이제 힐플랩의 양쪽 가장자리를 따라서 코를 주울 것이다.
뒤꿈치 코를 겉뜨기하는데, 7 (8)코(중간지점)를 뜬 후 단코표시링을 걸어 단 시작을 표시한다.
힐플랩의 가장자리를 따라 12 (14)코를 꼬아뜨기로 줍는다. 모서리에 구멍이 생기지 않게 힐플랩과 발등 사이 모서리에서 1코 더 줍는다. 다음 단의 어디서 코줄임할지 알아볼 수 있게 여기에 단코표시링을 건다. 또는 뒤꿈치/거싯 코와 발등 코를 각각 다른 바늘에 나눈다.
바늘2에 쉼코로 둔 발등 24 (28)코를 겉뜨기한다. 발등 코를 뜬 후 전과 동일한 방법으로 단코표시링을 또 건다. 모서리에서 1코 줍고 힐플랩의 가장자리를 따라 12 (14)코를 꼬아뜨기로 줍는다. 단 시작 표시링을 만날 때까지 뒤꿈치의 첫 번째 절반을 겉뜨기한다.
이제 뒤꿈치/거싯에 총 40 (46)코, 발등에 24 (28)코 있다. 이제 다시 모든 코를 사용해서 원통뜨기할 것이다. 총 64 (74)코.

거싯 코줄임
1단: 첫 번째 단코표시링 3코 전까지 겉뜨기, 왼코줄임, 겉뜨기1. 두 번째 단코표시링을 만날 때까지 발등 코를 겉뜨기, 겉뜨기1, 오른코줄임. 단 시작 표시링까지 겉뜨기한다. 2코 줄어듦.
2단: 모든 코 겉뜨기한다.
뒤꿈치/거싯 코가 24 (28)코로 줄어들 때까지 1~2단을 반복한다. 바늘2에 발등 24 (28)코 남아 있다. 이제 바늘에 총 48 (56)코 있다.

발(모든 사이즈)
바탕실과 3mm 바늘을 사용해서 발 길이가 자신이 원하는 길이에서 5cm 모자랄 때까지 겉뜨기한다.

코늘림 단을 뜨다:
사이즈1: *겉뜨기24, M1L코늘림*, *~*을 단 끝까지 반복한다. 2코 늘어남. 총 50코.
사이즈2: *겉뜨기14, M1L코늘림*, *~*을 단 끝까지 반복한다. 4코 늘어남. 총 60코.

배색실2를 다시 연결해서, 배색뜨기 무늬 도안 1~3단을 뜬다. 무늬 도안은 각 단마다 5 (6)회 반복한다. 배색실2를 자른다. 양말의 남은 부분은 바탕실을 사용해서 뜬다.

코줄임 단을 뜬다:
사이즈1: *겉뜨기23, 왼코줄임*, *~*을 단 끝까지 반복한다. 2코 줄어듦. 총 48코.
사이즈2: *겉뜨기13, 왼코줄임*, *~*을 단 끝까지 반복한다. 4코 줄어듦. 총 56코.

이제 양말은 자신이 원하는 길이에서 약 4cm 모자라야 한다.

발끝

이제 코는 바늘1과 바늘2에 동일하게 나뉘어 있다. 바늘1에는 발바닥 24 (28)코가 있고, 단 시작 표시링 양쪽에 각각 12 (14)코씩 있다. 바늘2에는 발등 24 (28)코가 있다.

세팅 단: 바탕실을 사용해서, 단 시작 표시링까지 1단 더 겉뜨기한다.

1단(코줄임 단):
바늘1: 3코 남을 때까지 겉뜨기, 왼코줄임, 겉뜨기1.
바늘2: 겉뜨기1, 오른코줄임, 3코 남을 때까지 겉뜨기, 왼코줄임, 겉뜨기1.
바늘1: 겉뜨기1, 오른코줄임, 단 시작 표시링까지 겉뜨기한다.
4코 줄어듦.

2단: 모든 코 겉뜨기한다.

1~2단을 각 바늘에 20코 남을 때까지 반복한다(총 40코).
계속해서 각 바늘에 10코 남을 때까지 1단만 반복한다(매 단 코줄임한다)(총 20코).
단 시작 표시링을 제거한다. 양말 옆선을 만날 때까지 5코를 겉뜨기한다. 각 바늘의 10코를 메리야스잇기로 연결한다.

마무리

실끝을 정리한다. 양말 한 짝을 더 뜬다. 찬물에 부드럽게 손빨래하고, 평평하게 뉘어서 말린다!

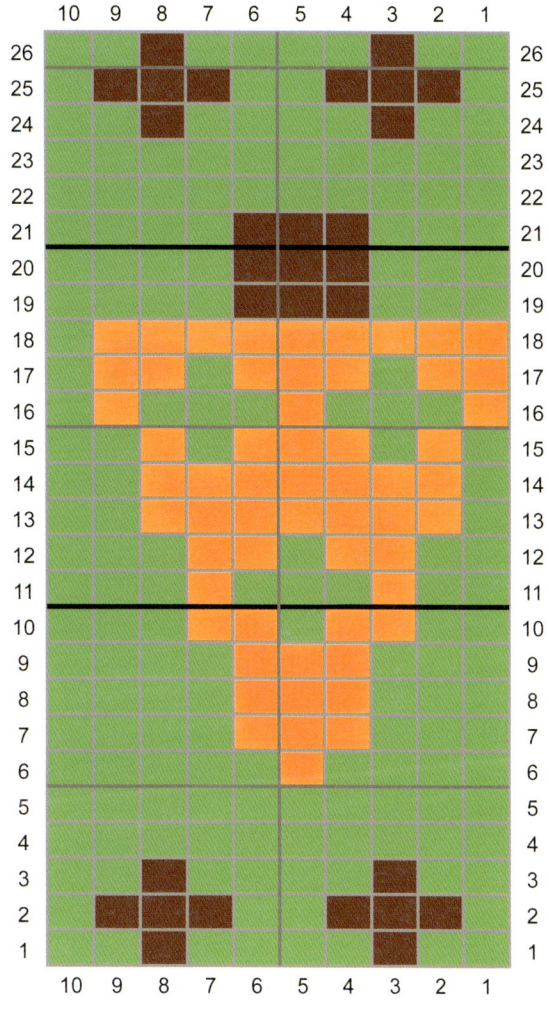

배색뜨기 무늬 도안

바탕실: 161 아보카도
배색실1: 154 진저
배색실2: 145 트리클

포도 수확
Grape Picking

포도 수확은 와인애호가들에게 매우 진지한 주제이며 육체적으로 힘든 일입니다. 포도덩굴을 언제 따야 하는지를 결정하는 기술이 있는데 (주로 맛에 의해 결정됩니다) 수확이 너무 이르거나 너무 늦으면 농작물이 완전히 망쳐질 수도 있습니다. 그러나 양말에 있는 포도는 훨씬 덜 복잡하고 일 년 중 언제든 뜨개질하고 신을 수 있습니다. 빠르고 재미있게 만들 수 있는 이 양말은 저녁에 여러분이 가장 좋아하는 유리잔에 담긴 와인을 홀짝이면서 신기에도 충분히 아늑합니다!

양말 구조
고무뜨기 발목단에서 시작해 위에서 아래로 내려 뜨는 이 양말은 양말목과 발 전체에 심플한 배색뜨기 포도 무늬를 포함하고 있습니다. 되돌아뜨기 뒤꿈치 구조입니다.

사이즈
1 (2, 3)
발 둘레: 17~19 (20.5~23, 23.5~25)cm
완성치수: 14.5~16.5 (18~20, 20.5~23)cm
권장 여유분: 마이너스 2.5cm
양말목/발 길이는 쉽게 조정할 수 있다. 자세한 내용은 만드는 법을 참고할 것.
사진 속 작품은 사이즈2 US 8.5/EU 39/UK 6, 발 둘레 22.5cm로 떴다.

재료

실
핑거링 굵기, 네이버후드 파이버의 오가닉 스튜디어 삭(오가닉 메리노울 100%), 1타래 365m 100g

사진 속 작품에서는 다음 색상을 사용
바탕실: 로즈몬트Rosemont(1타래)
배색실1: 레밍턴Remington(1타래)
배색실2: 애너코스티어Anacostia(1타래)

바늘
고무뜨기와 뒤꿈치 및 발끝에 사용: 2.25mm
매직루프 기법으로 뜰 경우 80cm 길이 줄바늘, 또는 장갑바늘, 또는 23cm 길이 줄바늘 2개 (선호하는 바늘 사용)
배색뜨기에 사용: 2.5mm
매직루프 기법으로 뜰 경우 80cm 길이 줄바늘, 또는 장갑바늘, 또는 23cm 길이 줄바늘 2개 (선호하는 바늘 사용)
주의사항: 잘 맞는 양말을 뜨기 위해 게이지를 체크할 것. 바늘 호수를 높이거나 낮춰서 추가 사이즈를 뜰 수 있다.

부자재
단코표시링, 가위, 돗바늘

게이지
34코×38단=10×10cm 배색뜨기
36코×44단=10×10cm 메리야스뜨기와 고무뜨기
주의사항: 이 양말에서는 배색실이 소량만 필요하다.

스페셜 기법
배색 양말 뜨기(8쪽)
메리야스잇기(170쪽)
주요 기법 설명은 169쪽

만드는 법

발목단
바탕실과 2.25mm 바늘을 사용해서 56 (64, 72)코 만든다. 2개의 바늘에 동일하게 콧수를 나눠 옮긴다. 장갑바늘을 사용할 경우, 1개의 바늘에 콧수 절반을 옮기고 나머지 반은 2개의 바늘에 나눠 옮긴다. 단 시작 표시링을 건다. 코가 꼬이지 않도록 조심하며 원통으로 잇는다.
고무뜨기 단: *겉뜨기1, 안뜨기1*, *~*을 단 끝까지 반복한다.
고무뜨기로 총 13단 뜬다(약 3cm).

양말목

바탕실을 사용해서 2.5mm 바늘(또는 배색뜨기 게이지 치수를 얻을 수 있는 호수의 바늘)로, 코늘림 단을 뜬다:

사이즈1: *겉뜨기14, M1L코늘림*, *~*을 단 끝까지 반복한다. 4코 늘어남. 총 60코.

사이즈2: *겉뜨기10, M1L코늘림*, *~*을 4코 남을 때까지 반복, 겉뜨기4. 6코 늘어남. 총 70코.

사이즈3: *겉뜨기9, M1L코늘림*, *~*을 단 끝까지 반복한다. 8코 늘어남. 총 80코.

도안이 지시하는 곳에서 배색실1과 배색실2를 연결하며, 배색뜨기 무늬 도안(122쪽)을 뜬다. 무늬 도안은 각 단마다 6 (7, 8)회 반복한다. 1~22단을 1회 뜨고, 1~12단을 뜬다.

계속해서 뒤꿈치 섹션을 진행한다.

되돌아뜨기 뒤꿈치

이제 바탕실을 사용해서 2.25mm 바늘1만 가지고, 자신이 선택한 사이즈에 맞는 지시사항을 따라 뒤꿈치를 뜰 것이다.

사이즈1(바늘1에 30코 있음):

1단(겉면): [1코걸러뜨기, 겉뜨기12, 왼코줄임]을 2회 반복, 안면이 보이도록 편물을 뒤집는다(1코는 뜨지 않고 둔다). 2코 줄어듦. 이제 뒤꿈치에 총 28코 있다.

2단(안면): 1코걸러뜨기, 안뜨기25(끝의 1코는 뜨지 않고 둔다), 겉면이 보이도록 편물을 뒤집는다.

3단: 1코걸러뜨기, 겉뜨기24(끝의 2코는 뜨지 않고 둔다). 편물을 뒤집는다.

4단: 1코걸러뜨기, 안뜨기23(구멍 1코 전까지). 편물을 뒤집는다.

5단: 1코걸러뜨기, 겉뜨기22(구멍 1코 전까지). 편물을 뒤집는다.

6단: 1코걸러뜨기, 안뜨기21(구멍 1코 전까지). 편물을 뒤집는다.

7단: 1코걸러뜨기, 구멍 1코 전까지 겉뜨기. 편물을 뒤집는다.

8단: 1코걸러뜨기, 구멍 1코 전까지 안뜨기. 편물을 뒤집는다.

7~8단을 5회 더 반복한다.

19단: 1코걸러뜨기, 구멍 1코 전까지 겉뜨기. 편물을 뒤집는다.

20단: 1코걸러뜨기, 안뜨기7.

중심에 안뜨기 8코가 있고 그 양옆에 뜨지 않은 코가 10코씩 있다. 편물을 뒤집는다.

이제 편물을 뒤집어서 생긴 구멍을 막으면서 뒤꿈치를 평뜨기로 편물을 뒤집어가며 뜬다.

21단(겉면): 1코걸러뜨기, 겉뜨기6, (구멍 양쪽의 각 1코를 이용해서) 오른코줄임, 오른코줄임한 코 아래에서 주워올려(코를 꼬지 않는다) M1L코늘림. 편물을 뒤집는다.

22단(안면): 1코걸러뜨기, 안뜨기7, 안뜨기로 2코모아뜨기, 안뜨기로 2코모아뜨기한 코 아래에서 주워올려(코를 꼬지 않는다) M1Lp코늘림. 편물을 뒤집는다.

23단: 1코걸러뜨기, 겉뜨기8, 오른코줄임, M1L코늘림. 편물을 뒤집는다.

24단: 1코걸러뜨기, 안뜨기9, 안뜨기로 2코모아뜨기, M1Lp코늘림. 편물을 뒤집는다.

계속해서 이미 만들어진 규칙대로 14단 더 뜬다.

39단(겉면): 1코걸러뜨기, 겉뜨기24, 오른코줄임, M1L코늘림. 편물을 뒤집는다.

40단(안면): 1코걸러뜨기, 안뜨기25, 안뜨기로 2코모아뜨기, M1Lp코늘림. 편물을 뒤집는다.

41단(겉면): 1코걸러뜨기, [겉뜨기13, M1L코늘림]을 2회 반복, 겉뜨기1. 2코 늘어남.

이제 바늘1에 30코 있다.

계속해서 발 섹션을 진행한다(121쪽).

사이즈2(바늘1에 35코 있음):

1단(겉면): 1코걸러뜨기, [겉뜨기9, 왼코줄임]을 3회 반복한다. 3코 줄어듦. 안면이 보이도록 편물을 뒤집는다(1코는 뜨지 않고 둔다). 이제 뒤꿈치에 총 32코 있다.

2단(안면): 1코걸러뜨기, 안뜨기29(끝의 1코는 뜨지 않고 둔다). 겉면이 보이도록 편물을 뒤집는다.

3단: 1코걸러뜨기, 겉뜨기28(끝의 2코는 뜨지 않고 둔다). 편물을 뒤집는다.

4단: 1코걸러뜨기, 안뜨기27(구멍 1코 전까지). 편물을 뒤집는다.

5단: 1코걸러뜨기, 겉뜨기26(구멍 1코 전까지). 편물을 뒤집는다.

6단: 1코걸러뜨기, 안뜨기25(구멍 1코 전까지). 편물을 뒤집는다.

7단: 1코걸러뜨기, 구멍 1코 전까지 겉뜨기. 편물을 뒤집는다.

8단: 1코걸러뜨기, 구멍 1코 전까지 안뜨기. 편물을 뒤집는다.

7~8단을 5회 더 반복한다.

19단: 1코걸러뜨기, 구멍 1코 전까지 겉뜨기. 편물을 뒤집는다.

20단: 1코걸러뜨기, 안뜨기11.

중심에 안뜨기 12코가 있고 그 양옆에 뜨지 않은 코가 10코씩

있다. 편물을 뒤집는다.

이제 편물을 뒤집어서 생긴 구멍을 막으면서 뒤꿈치를 평뜨기로 편물을 뒤집어가며 뜬다.

21단(겉면): 1코걸러뜨기, 겉뜨기10, (구멍 양쪽의 각 1코를 이용해서) 오른코줄임, 오른코줄임한 코 아래에서 주워올려(코를 꼬지 않는다) M1L코늘림. 편물을 뒤집는다.

22단(안면): 1코걸러뜨기, 안뜨기11, 안뜨기로 2코모아뜨기, 안뜨기로 2코모아뜨기한 코 아래에서 주워올려(코를 꼬지 않는다) M1Lp코늘림. 편물을 뒤집는다.

23단: 1코걸러뜨기, 겉뜨기12, 오른코줄임, M1L코늘림. 편물을 뒤집는다.

24단: 1코걸러뜨기, 안뜨기13, 안뜨기로 2코모아뜨기, M1Lp코늘림. 편물을 뒤집는다.

계속해서 이미 만들어진 규칙대로 14단 더 뜬다.

39단(겉면): 1코걸러뜨기, 겉뜨기28, 오른코줄임, M1L코늘림. 편물을 뒤집는다.

40단(안면): 1코걸러뜨기, 안뜨기29, 안뜨기로 2코모아뜨기, M1Lp코늘림. 편물을 뒤집는다.

41단(겉면): [겉뜨기8, M1L코늘림]을 4회 반복한다. 4코 늘어남.
이제 바늘1에 36코 있다.

계속해서 발 섹션을 진행한다.

사이즈3(바늘1에 40코 있음):

1단(겉면): 1코걸러뜨기, [겉뜨기7, 왼코줄임]을 4회 반복, 겉뜨기2, 안면이 보이도록 편물을 뒤집는다(1코는 뜨지 않고 둔다). 4코 줄어듦. 이제 뒤꿈치에 총 36코 있다.

2단(안면): 1코걸러뜨기, 안뜨기33(끝의 1코는 뜨지 않고 둔다), 겉면이 보이도록 편물을 뒤집는다.

3단: 1코걸러뜨기, 겉뜨기32(끝의 2코는 뜨지 않고 둔다). 편물을 뒤집는다.

4단: 1코걸러뜨기, 안뜨기31(구멍 1코 전까지). 편물을 뒤집는다.

5단: 1코걸러뜨기, 겉뜨기30(구멍 1코 전까지). 편물을 뒤집는다.

6단: 1코걸러뜨기, 안뜨기29(구멍 1코 전까지). 편물을 뒤집는다.

7단: 1코걸러뜨기, 구멍 1코 전까지 겉뜨기. 편물을 뒤집는다.

8단: 1코걸러뜨기, 구멍 1코 전까지 안뜨기. 편물을 뒤집는다.

7~8단을 6회 더 반복한다.

21단: 1코걸러뜨기, 구멍 1코 전까지 겉뜨기. 편물을 뒤집는다.

22단: 1코걸러뜨기, 안뜨기13.
중심에 안뜨기 14코가 있고 그 양옆에 뜨지 않은 코가 11코씩 있다. 편물을 뒤집는다.

이제 편물을 뒤집어서 생긴 구멍을 막으면서 뒤꿈치를 평뜨기로 편물을 뒤집어가며 뜬다.

23단(겉면): 1코걸러뜨기, 겉뜨기12, (구멍 양쪽의 각 1코를 이용해서) 오른코줄임, 오른코줄임한 코 아래에서 주워올려(코를 꼬지 않는다) M1L코늘림. 편물을 뒤집는다.

24단(안면): 1코걸러뜨기, 안뜨기13, 안뜨기로 2코모아뜨기, 안뜨기로 2코모아뜨기한 코 아래에서 주워올려(코를 꼬지 않는다) M1Lp코늘림. 편물을 뒤집는다.

25단(겉면): 1코걸러뜨기, 겉뜨기14, 오른코줄임, M1L코늘림. 편물을 뒤집는다.

26단: 1코걸러뜨기, 안뜨기15, 안뜨기로 2코모아뜨기, M1Lp코늘림. 편물을 뒤집는다.

계속해서 이미 만들어진 규칙대로 16단 더 뜬다.

43단(겉면): 1코걸러뜨기, 겉뜨기32, 오른코줄임, M1L코늘림. 편물을 뒤집는다.

44단(안면): 1코걸러뜨기, 안뜨기33, 안뜨기로 2코모아뜨기, M1Lp코늘림. 편물을 뒤집는다.

45단(겉면): 1코걸러뜨기, [겉뜨기8, M1L코늘림]을 4회 반복, 단 끝까지 겉뜨기한다. 4코 늘어남.
이제 바늘1에 40코 있다.

발(모든 사이즈)

다시 원통으로 연결해서 바탕실과 2.5mm 바늘을 사용해 뜬다. 다시 바늘1과 바늘2를 둘 다 이용해서 진행한다.

단 시작을 다시 만날 때까지 바늘2의 30 (35, 40)코를 겉뜨기한다. (이것은 배색뜨기 무늬 도안의 13단으로 셀 것이다).
계속해서 배색뜨기 무늬 도안을 뜨는데, 14단에서 시작해 22단에서 끝낸다. 양말이 자신이 원하는 완성품 길이에서 약 4cm 모자랄 때까지 1~22단을 뜨는데, 마지막으로 뜨는 단이 1단 또는 11단이 되도록 끝낸다. 배색실1과 배색실2를 자른다.

발끝
바탕실을 사용해서 코줄임 단을 뜬다:
사이즈1: *겉뜨기13, 왼코줄임*, *~*을 단 끝까지 반복한다.

4코 줄어듦. 총 56코.
사이즈2: *겉뜨기9, 왼코줄임*, *~*을 4코 남을 때까지 반복, 겉뜨기4. 6코 줄어듦. 총 64코.
사이즈3: *겉뜨기8, 왼코줄임*, *~*을 단 끝까지 반복한다. 8코 줄어듦. 총 72코.

이제 바늘1과 바늘2에 동일한 콧수가 있어야 한다. 단 시작 표시링을 제거한다. 바늘1에는 발바닥 28 (32, 36)코가 있다. 바늘2에는 발등 28 (32, 36)코가 있다.
바탕실과 바늘1을 사용해서 14 (16, 18)코를 겉뜨기한다. 이제 방금 뜬 코 다음에 단 시작 표시링을 건다. 이곳은 발바닥 부분인 바늘1의 가운데여야 한다.

단 시작 표시링에서 시작해서:
1단(코줄임 단):
  바늘1: 3코 남을 때까지 겉뜨기, 왼코줄임, 겉뜨기1.
  바늘2: 겉뜨기1, 오른코줄임, 3코 남을 때까지 겉뜨기, 왼코줄임, 겉뜨기1.
  바늘1: 겉뜨기1, 오른코줄임, 단 시작 표시링까지 겉뜨기한다. 4코 줄어듦.
2단: 모든 코 겉뜨기한다.
각 바늘에 20코 남을 때까지 1~2단을 반복한다(총 40코).
계속해서 각 바늘에 10코 남을 때까지 1단만 반복한다(매 단 코 줄임한다)(총 20코).
단 시작 표시링을 제거한다. 양말의 옆선을 만날 때까지 5코 겉뜨기한다. 각 바늘에 남은 10코를 메리야스잇기로 연결한다.

마무리
실끝을 정리한다. 양말을 적셔서 블로킹한다. 동일한 과정을 반복해 양말 한 짝을 더 만든다.

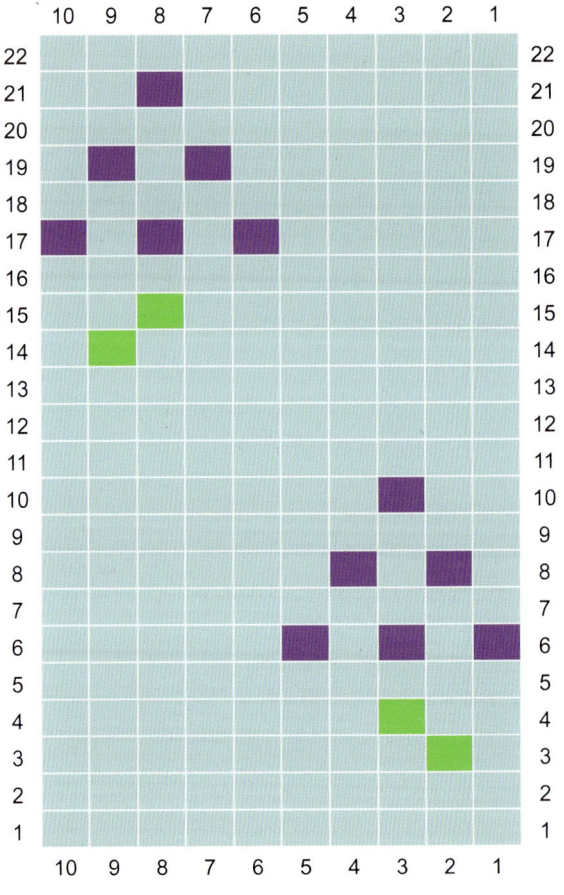

배색뜨기 무늬 도안

바탕실: 로즈몬트
배색실1: 레밍턴
배색실2: 애너코스티어

체르마트의 한밤
Midnight in Zermatt

이 양말은 산을 오르거나 스키를 타기에, 그리고 따뜻한 코코아 한 잔과 함께 아늑한 불 옆에서 휴식을 취하기에도 완벽합니다. 이 양말의 이름은 장엄한 마테호른산 아래에 있는 유명한 스위스 알프스의 마법 같은 마을 체르마트에서 땄습니다. 검푸른 밤하늘과 반짝이는 눈으로 뒤덮인 보라색 거리가 있는 겨울 마을의 색깔에서 영감을 받은 이 양말에는 산봉우리를 연상시키는 심플한 배색뜨기 모티프가 있습니다.

양말 구조
고무뜨기 발목단에서 시작해 위에서 아래로 내려 뜨는 이 양말은 양말목에 세 가지 색으로 뜨는 심플한 배색뜨기가 있고, 발끝을 뜨기 전에도 배색뜨기가 반복됩니다. 걸러뜨기 힐플랩과 거싯이 있습니다.

사이즈
1 (2, 3)

발 둘레: 20.5~23 (23.5~25, 26~27.5)cm
완성치수: 18~20 (20.5~23, 23.5~25)cm
권장 여유분: 마이너스 2.5cm
양말목/발 길이는 쉽게 조정할 수 있다. 자세한 내용은 만드는 법을 참고할 것.
사진 속 작품은 사이즈2 US 8.5/EU 39/UK 6, 발 둘레 22.5cm로 떴다.

재료

실
바탕실과 배색실2: 핑거링 굵기, 기글링게코의 삭란디아 삭스 (슈퍼워시 메리노울 100%, 나일론 20%), 1타래 365m 100g
배색실1: 핑거링 굵기, 필콜라나의 아르웨타 클래식(메리노울 80%, 나일론 20%), 1타래 210m 50g

사진 속 작품에서는 다음 색상을 사용
바탕실: 스노이즈폴링Snow is Falling (1타래)
배색실1: 라벤더프로스트Lavender Frost(267)(1타래)
배색실2: 미드나이트Midnight(1타래)

같은 게이지 치수를 얻을 수 있다면 핑거링 굵기의 실은 무엇이든 사용할 수 있다. 니트픽스의 스트롤, 롤디드잇의 에브리데이삭 또는 쿱 니트의 삭스예도 좋은 대안이 될 수 있다.

바늘
고무뜨기와 메리야스뜨기에 사용: 2.25mm
매직루프 기법으로 뜰 경우 80cm 길이 줄바늘, 또는 장갑바늘, 또는 23cm 길이 줄바늘 2개 (선호하는 바늘 사용)

배색뜨기에 사용: 2.5mm
매직루프 기법으로 뜰 경우 80cm 길이 줄바늘, 또는 장갑바늘, 또는 23cm 길이 줄바늘 2개 (선호하는 바늘 사용)

주의사항: 잘 맞는 양말을 뜨기 위해 게이지를 체크할 것. 바늘 호수를 높이거나 낮춰서 추가 사이즈를 뜰 수 있다.

부자재
단코표시링, 가위, 돗바늘

게이지
36코×38단=10×10cm 배색뜨기
36코×44단=10×10cm 메리야스뜨기와 고무뜨기

스페셜 기법
배색 양말 뜨기(8쪽)
메리야스잇기(170쪽)
주요 기법 설명은 169쪽

만드는 법

발목단
배색실1과 2.25mm 바늘을 사용해서 56 (64, 72)코 만든다. 2개의 바늘에 동일하게 콧수를 나눠 옮기고, 단 시작에 표시링을 건다. 장갑바늘을 사용할 경우, 1개의 바늘에 콧수 절반을 옮기고 나머지 반은 2개의 바늘에 나눠 옮긴다. 코가 꼬이지 않도록 조심하며 원통으로 잇는다.
고무뜨기 단: *꼬아뜨기1, 안뜨기1*, *~*을 단 끝까지 반복한다.
고무뜨기로 총 15단 뜬다(약 2.5cm).

양말목
배색실1을 사용해서 2.5mm 바늘로 코를 옮기면서, 코늘림 단을 뜬다:
사이즈1: *겉뜨기14, M1L코늘림*, *~*을 단 끝까지 반복한다. 4코 늘어남. 총 60코.
사이즈2: *겉뜨기8, M1L코늘림*, *~*을 단 끝까지 반복한다. 8코 늘어남. 총 72코.
사이즈3: *겉뜨기6, M1L코늘림*, *~*을 단 끝까지 반복한다. 12코 늘어남. 총 84코.
도안이 지시하는 곳에서 바탕실과 배색실2를 연결하면서, 배색뜨기 무늬 도안A(127쪽) 1~37단을 뜬다. 무늬 도안은 오른쪽에서 왼쪽으로, 아래에서 위로 진행한다. 무늬 도안은 각 단마다 5 (6, 7)회 반복한다.
배색실1과 배색실2를 자른다.
바탕실을 사용해서, 2.25mm 바늘로 코를 다시 옮기면서 겉뜨기로 1단 뜬다.

코줄임 단을 뜬다:
사이즈1: *겉뜨기13, 왼코줄임*, *~*을 단 끝까지 반복한다. 4코 줄어듦. 총 56코.
사이즈2: *겉뜨기7, 왼코줄임*, *~*을 단 끝까지 반복한다. 8코 줄어듦. 총 64코.
사이즈3: *겉뜨기5, 왼코줄임*, *~*을 단 끝까지 반복한다. 12코 줄어듦. 총 72코.
2.25mm 바늘과 바탕실을 사용해서, 힐플랩을 뜨기 전에 2.5cm 더 (또는 자신이 원하는 양말목 길이까지) 겉뜨기한다. 바탕실을 자른다.

걸러뜨기 힐플랩
뒤꿈치는 배색실1을 사용해서 바늘1의 28 (32, 36)코를 가지고 평뜨기로 편물을 뒤집어가며 뜬다. 바늘2에는 발등이 될 28 (32, 36)코가 있다. 단 시작에 있는 표시링을 제거한다.
1단(겉면): 안뜨기하듯이 1코걸러뜨기, *겉뜨기1, 안뜨기1*, *~*을 1코 남을 때까지 반복, 겉뜨기1. 편물을 뒤집는다.
2단(안면): 안뜨기하듯이 1코걸러뜨기, 단 끝까지 안뜨기한다. 편물을 뒤집는다.
1~2단을 반복하며 총 28 (32, 36)단을 뜨는데 마지막으로 뜨는 단이 안뜨기 단이 되도록 끝낸다. 힐턴을 완성한 후 주울 수 있는 가장자리 14 (16, 18)코가 있을 것이다.

힐턴
계속해서 배색실1을 사용해서, 이제 되돌아뜨기로 뒤꿈치 경사를 만들 것이다.
1단(겉면): 1코걸러뜨기, 겉뜨기15 (18, 20), 오른코줄임, 겉뜨기1. 편물을 뒤집는다.
2단(안면): 1코걸러뜨기, 안뜨기5 (7, 7), 안뜨기로 2코모아뜨기, 안뜨기1. 편물을 뒤집는다.
3단(겉면): 1코걸러뜨기, 겉뜨기6 (8, 8), 오른코줄임, 겉뜨기1. 편물을 뒤집는다.
4단(안면): 1코걸러뜨기, 안뜨기7 (9, 9), 안뜨기로 2코모아뜨기, 안뜨기1. 편물을 뒤집는다.
계속해서 이 규칙대로 뜬다: 1코걸러뜨기, 이전 단에서 편물을 뒤집어서 생긴 구멍 1코 전까지 겉뜨기 또는 안뜨기, 구멍을 막기 위해 오른코줄임 또는 안뜨기로 2코모아뜨기, 겉뜨기1 또는 안뜨기1. 편물을 뒤집는다.
(사이즈1만 해당: 마지막 2단은 오른코줄임 또는 안뜨기로 2코모아뜨기로 끝날 것이다. 겉뜨기1 또는 안뜨기1을 뜰 남은 코가 없을 것이다.) 계속해서 모든 코를 작업할 때까지 진행하고 마지막으로 뜨는 단이 안면에서 안뜨기 단이 되도록 끝낸다. 겉면이 보이도록 편물을 뒤집는다. 이제 바늘1에 16 (20, 22)코 남아 있다.
배색실1을 자른다.

거싯
바탕실을 사용해서, 이제 힐플랩의 양쪽 가장자리를 따라서 코를 주울 것이다.
뒤꿈치 코를 겉뜨기하는데, 8 (10, 11)코(중간 지점)를 뜬 후 단 코표시링을 걸어 단 시작을 표시하고 나머지 코를 겉뜨기한다. 힐플랩의 가장자리를 따라 14 (16, 18)코를 꼬아뜨기로 줍는다. 모서리에 구멍이 생기지 않게 힐플랩과 발등 사이 모서리에서 1코 더 줍는다. 다음 단의 어디서 코줄임할지 알아볼 수 있게

여기에 단코표시링을 건다. 또는 뒤꿈치/거싯 코와 발등 코를 각각 다른 바늘에 나눈다.

바늘2의 발등 28 (32, 36)코를 겉뜨기한다. 발등 코를 뜬 후 전과 동일한 방법으로 단코표시링을 또 건다.
모서리에서 1코 줍고 힐플랩의 가장자리를 따라 14 (16, 18)코를 꼬아뜨기로 줍는다. 단 시작 표시링을 만날 때까지 뒤꿈치의 첫 번째 절반을 겉뜨기한다.
이제 뒤꿈치/거싯에 총 46 (54, 60)코, 발등에 28 (32, 36)코 있다. 이제 다시 모든 코를 사용해서 원통뜨기할 것이다.

거싯 코줄임

1단: 첫 번째 단코표시링 3코 전까지 겉뜨기, 왼코줄임, 겉뜨기 1, 단코표시링 옮긴다. 두 번째 단코표시링을 만날 때까지 발등 코를 겉뜨기한다, 단코표시링 옮긴다, 겉뜨기1, 오른코줄임, 단 시작 표시링까지 겉뜨기한다.

2단: 모든 코 겉뜨기한다.
뒤꿈치/거싯 코가 28 (32, 36)코로 줄어들 때까지 1~2단을 반복한다.
바늘2에 발등 28 (32, 36)코 남아 있다. 이제 바늘에 총 56 (64, 72)코 있다.

발

계속해서 바탕실을 사용해 양말이 자신이 원하는 완성품 길이에서 약 10cm 모자랄 때까지 모든 코를 겉뜨기한다.
바탕실을 사용해서 2.5mm 바늘로 코를 옮기면서 코늘림 단을 뜬다:
사이즈1: *겉뜨기14, M1L코늘림*, *~*을 단 끝까지 반복한다. 4코 늘어남. 총 60코.
사이즈2: *겉뜨기8, M1L코늘림*, *~*을 단 끝까지 반복한다. 8코 늘어남. 총 72코.
사이즈3: *겉뜨기6, M1L코늘림*, *~*을 단 끝까지 반복한다. 12코 늘어남. 총 84코.
바탕실을 사용해서 겉뜨기로 1단 뜬다.
도안이 지시하는 곳에서 배색실1과 배색실2를 연결하며, 배색뜨기 무늬 도안B(127쪽) 1~19단을 뜬다. 무늬 도안은 오른쪽에서 왼쪽으로, 아래에서 위로 진행한다. 도안은 각 단마다 5 (6, 7)회 반복한다.

바탕실과 배색실2를 자른다.
배색실1을 사용해서 2.5mm 바늘로 코를 옮기면서 코줄임 단을 뜬다:
사이즈1: *겉뜨기13, 왼코줄임*, *~*을 단 끝까지 반복한다. 4코 줄어듦. 총 56코.
사이즈2: *겉뜨기7, 왼코줄임*, *~*을 단 끝까지 반복한다. 8코 줄어듦. 총 64코.
사이즈3: *겉뜨기5, 왼코줄임*, *~*을 단 끝까지 반복한다. 12코 줄어듦. 총 72코.
발끝을 뜨기 전에 2.25mm 바늘과 배색실1을 사용해서, 겉뜨기로 1단 더 뜬다.

발끝

이제 코는 바늘1과 바늘2에 동일하게 나뉘어 있다. 바늘1에는 발바닥 28 (32, 36)코가 있고, 단 시작 표시링 양쪽에 각각 14 (16, 18)코씩 있다. 바늘2에는 발등 28 (32, 36)코가 있다.

단 시작 표시링에서 시작해서:

1단(코줄임 단):
바늘1: 3코 남을 때까지 겉뜨기, 왼코줄임, 겉뜨기1.
바늘2: 겉뜨기1, 오른코줄임, 3코 남을 때까지 겉뜨기, 왼코줄임, 겉뜨기1.
바늘1: 겉뜨기1, 오른코줄임, 단 시작 표시링까지 겉뜨기한다. 4코 줄어듦.

2단: 모든 코 겉뜨기한다.
1~2단을 각 바늘에 20코 남을 때까지 반복한다(총 40코).
계속해서 각 바늘에 10코 남을 때까지 1단만 반복한다(매 단 코줄임한다)(총 20코).
단 시작 표시링을 제거한다. 양말 옆선을 만날 때까지 5코를 겉뜨기한다. 각 바늘의 10코를 메리야스잇기로 연결한다.

마무리

실끝을 정리한다. 양말을 적셔서 블로킹한다. 동일한 과정을 반복해 양말 한 짝을 더 만든다.

배색뜨기 무늬 도안A

배색뜨기 무늬 도안B

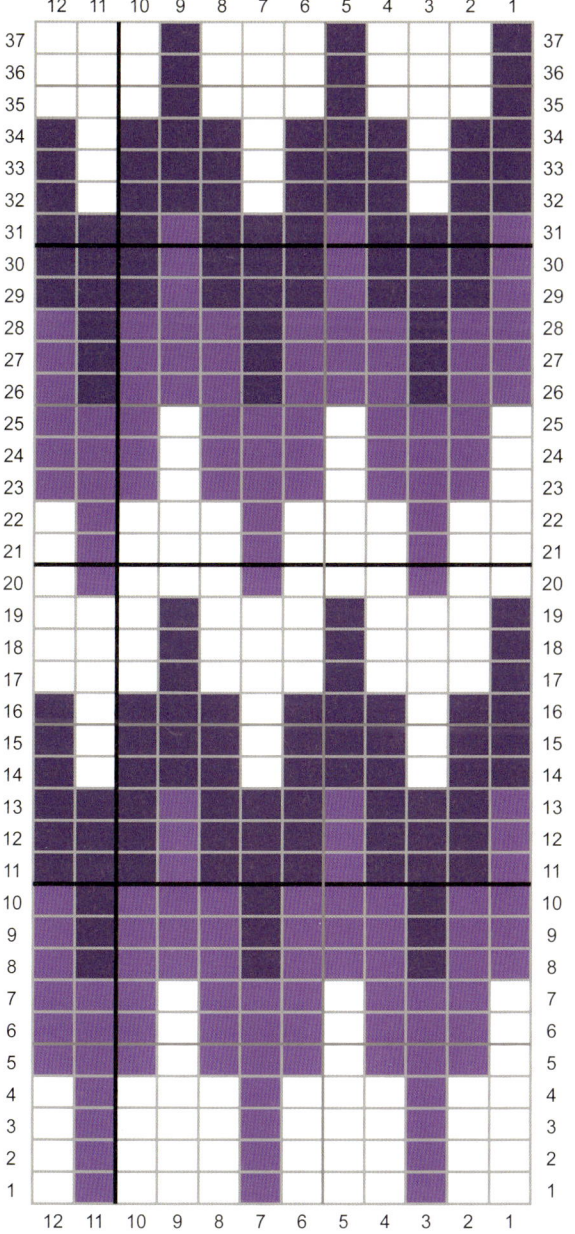
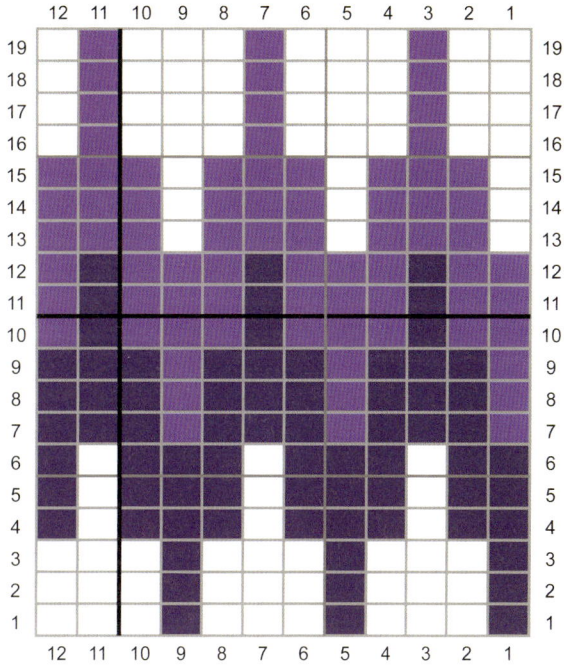

바탕실: 스노이즈폴링

배색실1: 라벤더프로스트(267)

배색실2: 미드나이트

별이 빛나는 밤
Starry Night

노르웨이의 전통적인 뜨개질 모티프에서 영감을 받은 이 긴 양말은 추운 겨울밤에 편안함과 따뜻함을 유지하게 해줍니다. 치마나 청바지와 함께 신기에 완벽하며, 스노부츠 너머로 배색뜨기 별들이 살짝 보일 거예요. 이 긴 양말을 뜨는 동안 뜨기 쉬운 배색 무늬와 종아리에서 발로 내려가는 줄무늬가 계속해서 여러분을 사로잡을 것입니다. '한 단만 더' 뜨개질하고 싶을 거예요!

양말 구조
이 무릎길이의 양말은 고무뜨기 무릎단에서 시작해 위에서 아래로 내려 뜨고, 전통적인 배색뜨기 별무늬, 양말목과 발 전체에 줄무늬가 있습니다. 배색뜨기의 작은 디테일은 발끝을 뜨기 전에 다시 반복됩니다. 이 양말은 고무뜨기 힐플랩과 거싯으로 뜹니다.

사이즈
1 (2, 3)
발 둘레: 17~19 (20.5~23, 24~26)cm
발 둘레 완성치수: 14.5~16.5 (18~20, 20.5~23.5)cm
종아리 둘레 완성치수: 24~26 (27~30, 33~36)cm
권장 여유분: 마이너스 2.5cm
양말목/발 길이는 쉽게 조정할 수 있다. 자세한 내용은 만드는 법을 참고할 것.
사진 속 작품은 사이즈2 US 8.5/EU 39/UK 6, 발 둘레 22.5cm로 떴다.

재료
실
핑거링 굵기, 존아번 텍스타일의 엑스무어삭 4합(엑스무어 블루페이스울 60%, 코리데일울 20%, 츠바르트블레스울 10%, 나일론 10%), 1타래 200m 50g

사진 속 작품에서는 다음 색상을 사용
바탕실: 블루스Blooth(2타래)
배색실1: 벨 헤더Bell Heather(2타래)
배색실2: 매크럴스카이Mackerel-Sky(1타래)

같은 게이지 치수를 얻을 수 있다면 핑거링 굵기의 실은 무엇이든 사용할 수 있다. 레트로사리아 로사 포마르의 몬딤 또는 스위트 조지아의 BFL+실크파인도 좋은 대안이 될 수 있다.

바늘
고무뜨기와 메리야스뜨기 및 발의 배색뜨기에 사용: 2.5mm
매직루프 기법으로 뜰 경우 80cm 길이 줄바늘, 또는 장갑바늘, 또는 23cm 길이 줄바늘 2개 (선호하는 바늘 사용)
양말목의 배색뜨기에 사용: 2.75mm
매직루프 기법으로 뜰 경우 80cm 길이 줄바늘, 또는 장갑바늘, 또는 23cm 길이 줄바늘 2개 (선호하는 바늘 사용)
주의사항: 잘 맞는 양말을 뜨기 위해 게이지를 체크할 것. 바늘 호수를 높이거나 낮춰서 추가 사이즈를 뜰 수 있다.

부자재
단코표시링, 가위, 돗바늘

게이지
30코×38단=10×10cm 고무뜨기와 메리야스뜨기 및 발의 배색뜨기
28코×36단=10×10cm 양말목의 배색뜨기

스페셜 기법
배색 양말 뜨기(8쪽)
단차가 생기지 않는 줄무늬 뜨기(171쪽)
메리야스잇기(170쪽)
주요 기법 설명은 169쪽

만드는 법

무릎단
바탕실과 2.5mm 바늘을 사용해서 64 (72, 84)코 만든다. 2개의 바늘에 동일하게 콧수를 나눠 옮기고 단 시작에 표시링을 건다. 장갑바늘을 사용할 경우, 1개의 바늘에 콧수 절반을 옮기고 나머지 반은 2개의 바늘에 나눠 옮긴다. 코가 꼬이지 않도록 조심하며 원통으로 잇는다.
고무뜨기 단: *겉뜨기2, 안뜨기2*, *~*를 단 끝까지 반복한다.
고무뜨기로 총 25단 뜬다(약 6cm).

다리
바탕실을 사용해서, 2.75mm 바늘(또는 배색뜨기 게이지 치수를 얻을 수 있는 호수의 바늘)로 코를 옮기면서 겉뜨기로 1단 뜬다.

코늘림한다:
사이즈1: *겉뜨기10, M1L코늘림*, *~*을 4코 남을 때까지 반복, 겉뜨기4. 6코 늘어남. 총 70코.
사이즈2: *겉뜨기6, M1L코늘림*, *~*을 단 끝까지 반복한다. 12코 늘어남. 총 84코.
사이즈3: *겉뜨기6, M1L코늘림*, *~*을 단 끝까지 반복한다. 14코 늘어남. 총 98코.

도안이 지시하는 곳에서 배색실1과 배색실2를 연결하면서, 배색뜨기 무늬 도안A(133쪽) 1~43단을 뜬다. 무늬 도안은 오른쪽에서 왼쪽으로, 아래에서 위로 진행한다. 무늬 도안은 각 단마다 5 (6, 7)회 반복한다.
배색실2를 자른다.
바탕실을 사용해서, 2.5mm 바늘로 다시 코를 옮기면서 겉뜨기로 1단 뜬다.

코줄임 단을 뜬다:
사이즈1: *겉뜨기9, 왼코줄임*, *~*을 4코 남을 때까지 반복, 겉뜨기4. 6코 줄어듦. 총 64코.
사이즈2: *겉뜨기5, 왼코줄임*, *~*을 단 끝까지 반복한다. 12코 줄어듦. 총 72코.
사이즈3: *겉뜨기5, 왼코줄임*, *~*을 단 끝까지 반복한다. 14코 줄어듦. 총 84코.
바탕실을 사용해서 겉뜨기로 2단 뜬다. 이제 배색뜨기 무늬 도안A를 완성한 후 바탕실로 뜬 단이 총 4단이 될 것이다.

다음과 같이 줄무늬를 뜨기 시작한다:
배색실1을 사용해서 겉뜨기로 4단 뜬다.
바탕실을 사용해서 겉뜨기로 4단 뜬다.
이 줄무늬를 1회 더 반복한다.
배색실1을 사용해서 겉뜨기로 1단 뜬다.

배색실1을 사용해서, 코줄임 단을 뜬다:
사이즈1: *겉뜨기6, 왼코줄임*, *~*을 단 끝까지 반복한다. 8코 줄어듦. 총 56코.
사이즈2: *겉뜨기7, 왼코줄임*, *~*을 단 끝까지 반복한다. 8코 줄어듦. 총 64코.
사이즈3: *겉뜨기5, 왼코줄임*, *~*을 단 끝까지 반복한다. 12코 줄어듦. 총 72코.
배색실1을 사용해서 겉뜨기로 2단 더 뜬다.
다음과 같이 줄무늬를 뜨기 시작한다:
바탕실을 사용해서 겉뜨기로 4단 뜬다.

배색실1을 사용해서 겉뜨기로 4단 뜬다.
이 줄무늬를 5회 더 반복한다.

양말은 이제 31cm가 될 것이다.
계속해서 지시사항을 따라 고무뜨기 힐플랩을 뜬다.

고무뜨기 힐플랩
고무뜨기 힐플랩은 바탕실을 사용해서 바늘1의 28 (32, 36)코를 가지고 평뜨기로 편물을 뒤집어가며 뜬다. 바늘2에는 발등이 될 28 (32, 36)코가 있다. 시작할 때 걸었던 단코표시링을 제거한다.
1단(겉면): *안뜨기하듯이 1코걸러뜨기, 겉뜨기1*, *~*을 단 끝까지 반복한다. 편물을 뒤집는다.
2단(안면): 안뜨기하듯이 1코걸러뜨기, 단 끝까지 안뜨기. 편물을 뒤집는다.
1~2단을 반복하며 총 28 (32, 36)단을 뜨는데, 마지막으로 뜨는 단이 안뜨기 단이 되도록 끝낸다. 힐턴을 완성한 후 주울 수 있는 가장자리 14 (16, 18)코가 있을 것이다.

힐턴
계속해서 바탕실을 사용해서, 이제 되돌아뜨기로 뒤꿈치 경사를 만들 것이다.
1단(겉면): 1코걸러뜨기, 겉뜨기15 (18, 20), 오른코줄임, 겉뜨기1. 편물을 뒤집는다.
2단(안면): 1코걸러뜨기, 안뜨기5 (7, 7), 안뜨기로 2코모아뜨기, 안뜨기1. 편물을 뒤집는다.
3단(겉면): 1코걸러뜨기, 겉뜨기6 (8, 8), 오른코줄임, 겉뜨기1. 편물을 뒤집는다.
4단(안면): 1코걸러뜨기, 안뜨기7 (9, 9), 안뜨기로 2코모아뜨기, 안뜨기1. 편물을 뒤집는다.
계속해서 이 규칙대로 뜬다: 1코걸러뜨기, 이전 단에서 편물을 뒤집어서 생긴 구멍 1코 전까지 겉뜨기 또는 안뜨기, 구멍을 막기 위해 오른코줄임 또는 안뜨기로 2코모아뜨기, 겉뜨기1 또는 안뜨기1. 편물을 뒤집는다.
(사이즈1만 해당: 마지막 2단은 오른코줄임 또는 안뜨기로 2코모아뜨기로 끝날 것이다. 겉뜨기1 또는 안뜨기1을 뜰 남은 코가 없을 것이다.) 계속해서 모든 코를 작업할 때까지 진행하는데, 마지막으로 뜨는 단이 안면에서 안뜨기 단이 되도록 끝낸다. 겉면이 보이도록 편물을 뒤집는다. 이제 바늘1에 16 (20, 22)코 남아 있다.

거싯
이제 힐플랩의 양쪽 가장자리를 따라서 코를 주울 것이다.
바탕실을 사용해서, 뒤꿈치 코를 겉뜨기하는데 8 (10, 11)코(중간 지점)를 뜬 후 단코표시링을 걸어 단 시작을 표시한다.
힐플랩의 가장자리를 따라 14 (16, 18)코를 꼬아뜨기로 줍는다.
모서리에 구멍이 생기지 않게 힐플랩과 발등 사이 모서리에서 1코 더 줍는다. 다음 단의 어디서 코줄임할지 알아볼 수 있게 여기에 단코표시링을 건다. 또는 뒤꿈치/거싯 코와 발등 코를 각각 다른 바늘에 나눈다.
쉼코로 둔 바늘2의 발등 28 (32, 36)코를 겉뜨기한다. 발등 코를 뜬 후 전과 동일한 방법으로 단코표시링을 또 건다.
모서리에서 1코 줍고 힐플랩의 가장자리를 따라 14 (16, 18)코를 꼬아뜨기로 줍는다. 단 시작 표시링을 만날 때까지 뒤꿈치의 첫 번째 절반을 겉뜨기한다.
이제 뒤꿈치/거싯에 총 46 (54, 60)코, 발등에 28 (32, 36)코 있다. 이제 다시 모든 코를 사용해서 원통뜨기할 것이다. 바늘에 총 74 (86, 96)코 있다.

거싯 코줄임
1단: 바탕실을 사용해서, 첫 번째 단코표시링 3코 전까지 겉뜨기, 왼코줄임, 겉뜨기1, 단코표시링 옮긴다. 두 번째 단코표시링을 만날 때까지 발등 코를 겉뜨기한다, 단코표시링 옮긴다, 겉뜨기1, 오른코줄임. 단 시작 표시링까지 겉뜨기한다. 2코 줄어듦.
2단: 바탕실을 사용해서, 모든 코 겉뜨기한다.
뒤꿈치/거싯 코가 28 (32, 36)코로 줄어들 때까지 1~2단을 반복한다(바탕실과 배색실1을 사용해서 8단 줄무늬를 유지하면서). 발등 28 (32, 36)코는 바늘2에 남아 있다. 이제 바늘에 총 56 (64, 72)코 있다.

발(모든 사이즈)
계속해서 양말이 자신이 원하는 완성품 길이에서 약 5cm 모자랄 때까지 8단 줄무늬를 뜨는데, 마지막으로 뜨는 줄무늬는 바탕실이 되도록 끝낸다.
배색실1을 사용해서 코늘림 단을 뜬다:
사이즈1: *겉뜨기8, M1L코늘림*, *~*을 단 끝까지 반복한다.

7코 늘어남. 총 63코.

사이즈2: *겉뜨기10, M1L코늘림*, *~*을 4코 남을 때까지 반복, 겉뜨기4. 6코 늘어남. 총 70코.

사이즈3: *겉뜨기14, M1L코늘림*, *~*을 2코 남을 때까지 반복, 겉뜨기2. 5코 늘어남. 총 77코.

배색실1을 사용하고 배색실2를 다시 연결해서, 배색뜨기 무늬 도안B(133쪽) 1~8단을 뜬다. 무늬 도안은 각 단마다 9 (10, 11)회 반복한다.

배색실1과 배색실2를 자른다.

바탕실을 사용해서 코줄임 단을 뜬다:

사이즈1: *겉뜨기7, 왼코줄임*, *~*을 단 끝까지 반복한다. 7코 줄어듦. 총 56코.

사이즈2: *겉뜨기9, 왼코줄임*, *~*을 4코 남을 때까지 반복, 겉뜨기4. 6코 줄어듦. 총 64코.

사이즈3: *겉뜨기13, 왼코줄임*, *~*을 2코 남을 때까지 반복, 겉뜨기2. 5코 줄어듦. 총 72코.

바탕실을 사용해서, 양말이 자신이 원하는 완성품 길이에서 4cm 모자랄 때까지 모든 단 겉뜨기한다. 이미 이 지점이 지났다면, 발끝 섹션을 진행한다.

발끝

이제 코는 바늘1과 바늘2에 동일하게 나누어 있다. 바늘1에는 발바닥 28 (32, 36)코가 있고, 단 시작 표시링 양쪽에 각각 14 (16, 18)코씩 있다. 바늘2에는 발등 28 (32, 36)코가 있다.

세팅 단: 모든 코 겉뜨기한다.

1단(코줄임 단):

　바늘1: 3코 남을 때까지 겉뜨기, 왼코줄임, 겉뜨기1.

　바늘2: 겉뜨기1, 오른코줄임, 3코 남을 때까지 겉뜨기, 왼코줄임, 겉뜨기1.

　바늘1: 겉뜨기1, 오른코줄임, 단 시작 표시링까지 겉뜨기한다. 4코 줄어듦.

2단: 모든 코 겉뜨기한다.

1~2단을 각 바늘에 20코 남을 때까지 반복한다(총 40코).

계속해서 각 바늘에 10코 남을 때까지 1단만 반복한다(매 단 코줄임한다)(총 20코).

단 시작 표시링을 제거한다. 양말 옆선을 만날 때까지 5코를 겉뜨기한다. 각 바늘의 10코를 메리야스잇기로 연결한다.

마무리

실끝을 정리한다. 양말을 적셔서 블로킹한다. 동일한 과정을 반복해 양말 한 짝을 더 만든다.

배색뜨기 무늬 도안A

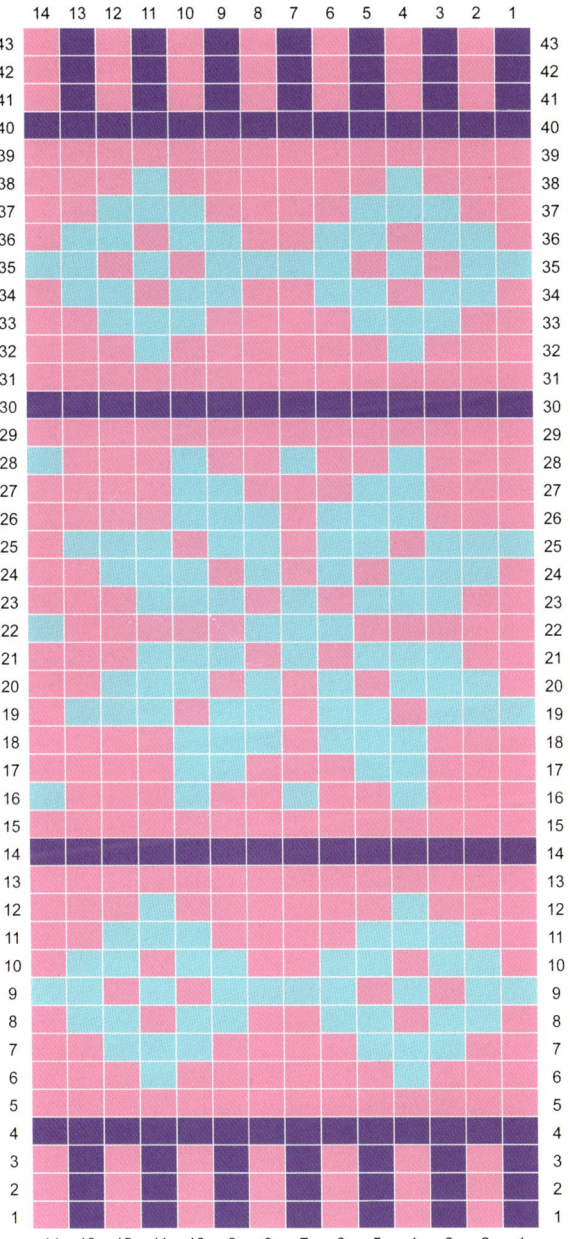

배색뜨기 무늬 도안B

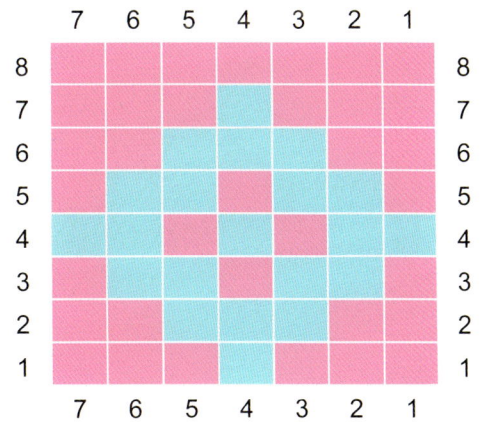

■ 바탕실: 블루스

■ 배색실1: 벨 헤더

■ 배색실2: 매크럴스카이

좋은 시간을 축하하기
Celebrate Good Times

저는 이유가 무엇이든 축하하는 것을 좋아합니다. 특히 명절을 준비하는 익숙함과 전통을 좋아해요. 그리고 저에게는 종종 그 계절이나 파티에 어울리는 양말을 뜨는 것도 명절 준비에 포함된답니다. 이 파트에서 소개하는 패턴들은 친구와 가족에게 선물하기에도 좋고, 여러분이 뜨는 즐거움, 뜨는 재미를 누리기에도 좋습니다. 밸런타인데이, 부활절, 핼러윈 또는 크리스마스 시즌을 축하하기 위해 양말을 뜨는 것만큼 기분 좋은 일은 없을 것입니다.

크리스마스이브의 하늘
Christmas Eve Skies

크리스마스이브에는 뭔가 마법 같은 것이 있습니다. 산타를 기다리는 기대감, 축하하는 설렘, 그리고 눈이 올 가능성이 있지요! 나이가 몇 살이든 우리는 여전히 산타가 썰매를 타고 오거나 크리스마스이브에 눈이 내릴지 살피며 하늘을 올려다봅니다. 이 양말은 기대했던 이 시간에 대한 경의의 표현이며, 크리스마스트리 앞에서 착용하거나 크리스마스이브 기념으로 뜨기에 완벽한 아이템입니다.

양말 구조
고무뜨기 발목단에서 시작해 위에서 아래로 내려 뜨는 이 양말은 양말목과 발 전체에 두 가지 색으로 뜬 배색 눈꽃 무늬(또는 별무늬—여러분이 이렇게 부르는 걸 더 좋아한다면!)가 있습니다. 이 양말은 되돌아뜨기 뒤꿈치로 뜹니다.

사이즈
1 (2, 3)
발 둘레: 17~19 (20.5~23, 23.5~25)cm
완성치수: 14.5~16.5 (18~20, 20.5~23)cm
권장 여유분: 마이너스 2.5cm
양말목/발 길이는 쉽게 조정할 수 있다. 자세한 내용은 만드는 법을 참고할 것.
사진 속 작품은 사이즈2 US 8.5/EU 39/UK 6, 발 둘레 22.5cm로 떴다.

재료

실
바탕실: 핑거링 굵기, 필콜라나의 아르웨타 클래식(메리노울 80%, 나일론 20%), 1타래 210m 50g
배색실: 핑거링 굵기, 기글링게코의 삭란디아 삭스(메리노울 80%, 나일론 20%), 1타래 365m 100g

사진 속 작품에서는 다음 색상을 사용
바탕실: 네이비Navy(1타래)
배색실: 스노이즈폴링Snow is Falling(1타래)

바늘
고무뜨기와 뒤꿈치 및 발끝에 사용: 2.25mm
매직루프 기법으로 뜰 경우 80cm 길이 줄바늘, 또는 장갑바늘, 또는 23cm 길이 줄바늘 2개 (선호하는 바늘 사용)
배색뜨기에 사용: 2.5mm
매직루프 기법으로 뜰 경우 80cm 길이 줄바늘, 또는 장갑바늘, 또는 23cm 길이 줄바늘 2개 (선호하는 바늘 사용)
주의사항: 잘 맞는 양말을 뜨기 위해 게이지를 체크할 것. 바늘 호수를 높이거나 낮춰서 추가 사이즈를 뜰 수 있다.

부자재
단코표시링, 가위, 돗바늘

게이지
34코×38단=10×10cm 배색뜨기
36코×44단=10×10cm 메리야스뜨기와 고무뜨기

스페셜 기법
배색 양말 뜨기(8쪽)
메리야스잇기(170쪽)
주요 기법 설명은 169쪽

만드는 법

발목단
바탕실과 2.25mm 바늘을 사용해서 56 (64, 72)코 만든다. 2개의 바늘에 동일하게 콧수를 나눠 옮긴다. 장갑바늘을 사용할 경우, 1개의 바늘에 콧수 절반을 옮기고 나머지 반은 2개의 바늘에 나눠 옮긴다. 단 시작 표시링을 건다. 코가 꼬이지 않도록 조심하며 원통으로 잇는다.

고무뜨기 단: *꼬아뜨기1, 안뜨기1*, *~*을 단 끝까지 반복한다. 고무뜨기로 총 13단 뜬다(약 3cm).

양말목
바탕실을 사용해서 2.5mm 바늘(또는 배색뜨기 게이지 치수를 얻을 수 있는 호수의 바늘)로, 코늘림 단을 뜬다:

사이즈1: 겉뜨기3, M1L코늘림, [겉뜨기5, M1L코늘림]을 10회 반복, 겉뜨기3, M1L코늘림. 12코 늘어남. 총 68코.

사이즈2: *겉뜨기8, M1L코늘림*, *~*을 단 끝까지 반복한다. 8코 늘어남. 총 72코.

사이즈3: *겉뜨기9, M1L코늘림*, *~*을 단 끝까지 반복한다. 8코 늘어남. 총 80코.

도안이 지시하는 곳에서 배색실을 연결하며, 자신이 선택한 사이즈에 맞는 배색뜨기 무늬 도안을 참고해서 뜬다(141~143쪽). 사이즈1은 141쪽, 사이즈2는 142쪽, 사이즈3은 143쪽에 있다. 무늬 도안은 각 단마다 2회 반복한다.
1~32단을 1회 뜨고, 1~16단을 뜬다.
배색실을 자른다. 계속해서 되돌아뜨기 뒤꿈치 지시사항을 따라 진행한다.

되돌아뜨기 뒤꿈치
이제 바탕실을 사용해서 2.25mm 바늘1만 가지고, 자신이 선택한 사이즈에 맞는 뒤꿈치 지시사항을 따라 뜰 것이다.

사이즈1(바늘1에 34코 있음):
1단(겉면): 1코걸러뜨기, 겉뜨기1, [겉뜨기3, 왼코줄임]을 6회 반복, 겉뜨기1, 안면이 보이도록 편물을 뒤집는다(1코는 뜨지 않고 둔다). 6코 줄어듦. 이제 뒤꿈치에 총 28코 있다.
2단(안면): 1코걸러뜨기, 안뜨기25(끝의 1코는 뜨지 않고 둔다), 겉면이 보이도록 편물을 뒤집는다.
3단: 1코걸러뜨기, 겉뜨기24(끝의 2코는 뜨지 않고 둔다). 편물을 뒤집는다.
4단: 1코걸러뜨기, 안뜨기23(구멍 1코 전까지). 편물을 뒤집는다.
5단: 1코걸러뜨기, 겉뜨기22(구멍 1코 전까지). 편물을 뒤집는다.
6단: 1코걸러뜨기, 안뜨기21(구멍 1코 전까지). 편물을 뒤집는다.
7단: 1코걸러뜨기, 구멍 1코 전까지 겉뜨기. 편물을 뒤집는다.
8단: 1코걸러뜨기, 구멍 1코 전까지 안뜨기. 편물을 뒤집는다.
7~8단을 5회 더 반복한다.
19단: 1코걸러뜨기, 구멍 1코 전까지 겉뜨기. 편물을 뒤집는다.
20단: 1코걸러뜨기, 안뜨기7.
중심에 안뜨기 8코가 있고 그 양옆에 뜨지 않은 코가 10코씩 있다. 편물을 뒤집는다.

이제 편물을 뒤집어서 생긴 구멍을 막으면서 뒤꿈치를 평뜨기로 편물을 뒤집어가며 뜬다.
21단(겉면): 1코걸러뜨기, 겉뜨기6, (구멍 양쪽의 각 1코를 이용해서) 오른코줄임, 오른코줄임한 코 아래에서 주워올려(코를 꼬지 않는다) M1L코늘림. 편물을 뒤집는다.
22단(안면): 1코걸러뜨기, 안뜨기7, 안뜨기로 2코모아뜨기, 안뜨기로 2코모아뜨기한 코 아래에서 주워올려(코를 꼬지 않는

다) M1Lp코늘림. 편물을 뒤집는다.
23단: 1코걸러뜨기, 겉뜨기8, 오른코줄임, M1L코늘림. 편물을 뒤집는다.
24단: 1코걸러뜨기, 안뜨기9, 안뜨기로 2코모아뜨기, M1Lp코늘림. 편물을 뒤집는다.
계속해서 이미 만들어진 규칙대로 14단 더 뜬다.
39단(겉면): 1코걸러뜨기, 겉뜨기24, 왼코줄임, M1L코늘림. 편물을 뒤집는다.
40단(안면): 1코걸러뜨기, 안뜨기25, 안뜨기로 2코모아뜨기, M1Lp코늘림. 편물을 뒤집는다.
41단(겉면): 1코걸러뜨기, 겉뜨기1, [뜨기4, M1L코늘림]을 6회 반복, 겉뜨기2. 6코 늘어남. 편물을 뒤집는다.
이제 바늘1에 34코 있다.
42단(안면): 1코걸러뜨기, 안뜨기33.
계속해서 발 섹션을 진행한다(140쪽).

사이즈2(바늘1에 36코 있음):
1단(겉면): 1코걸러뜨기, [겉뜨기6, 왼코줄임]을 4회 반복, 겉뜨기2, 안면이 보이도록 편물을 뒤집는다(1코는 뜨지 않고 둔다). 4코 줄어듦. 이제 뒤꿈치에 총 32코 있다.
2단(안면): 1코걸러뜨기, 안뜨기29(끝의 1코는 뜨지 않고 둔다), 겉면이 보이도록 편물을 뒤집는다.
3단: 1코걸러뜨기, 겉뜨기28(끝의 2코는 뜨지 않고 둔다). 편물을 뒤집는다.
4단: 1코걸러뜨기, 안뜨기27(구멍 1코 전까지). 편물을 뒤집는다.
5단: 1코걸러뜨기, 겉뜨기26(구멍 1코 전까지). 편물을 뒤집는다.
6단: 1코걸러뜨기, 안뜨기25(구멍 1코 전까지). 편물을 뒤집는다.
7단: 1코걸러뜨기, 구멍 1코 전까지 겉뜨기. 편물을 뒤집는다.
8단: 1코걸러뜨기, 구멍 1코 전까지 안뜨기. 편물을 뒤집는다.
7~8단을 5회 더 반복한다.
19단: 1코걸러뜨기, 구멍 1코 전까지 겉뜨기. 편물을 뒤집는다.
20단: 1코걸러뜨기, 안뜨기11.
중심에 안뜨기 12코가 있고 그 양옆에 뜨지 않은 코가 10코씩 있다. 편물을 뒤집는다.

이제 편물을 뒤집어서 생긴 구멍을 막으면서 뒤꿈치를 평뜨기로 편물을 뒤집어가며 뜬다.
21단(겉면): 1코걸러뜨기, 겉뜨기10, (구멍 양쪽의 각 1코를 이용해서) 오른코줄임, 오른코줄임한 코 아래에서 주워올려(코를 꼬지 않는다) M1L코늘림. 편물을 뒤집는다.
22단(안면): 1코걸러뜨기, 안뜨기11, 안뜨기로 2코모아뜨기, 안뜨기로 2코모아뜨기한 코 아래에서 주워올려(코를 꼬지 않는다) M1Lp코늘림. 편물을 뒤집는다.
23단: 1코걸러뜨기, 겉뜨기12, 오른코줄임, M1L코늘림. 편물을 뒤집는다.
24단: 1코걸러뜨기, 안뜨기13, 안뜨기로 2코모아뜨기, M1Lp코늘림. 편물을 뒤집는다.
계속해서 이미 만들어진 규칙대로 14단 더 뜬다.
39단(겉면): 1코걸러뜨기, 겉뜨기28, 오른코줄임, M1L코늘림. 편물을 뒤집는다.
40단(안면): 1코걸러뜨기, 안뜨기29, 안뜨기로 2코모아뜨기, M1Lp코늘림. 편물을 뒤집는다.
41단(겉면): [겉뜨기8, M1L코늘림]을 4회 반복한다. 4코 늘어남. 편물을 뒤집는다.
이제 바늘1에 36코 있다.
42단(안면): 1코걸러뜨기, 안뜨기35.
계속해서 발 섹션을 진행한다(140쪽).

사이즈3(바늘1에 40코 있음):
1단(겉면): 1코걸러뜨기, [겉뜨기8, 왼코줄임]을 3회 반복, 겉뜨기6, 왼코줄임. 안면이 보이도록 편물을 뒤집는다(1코는 뜨지 않고 둔다). 4코 줄어듦. 이제 뒤꿈치에 총 36코 있다.
2단(안면): 1코걸러뜨기, 안뜨기33(끝의 1코는 뜨지 않고 둔다). 겉면이 보이도록 편물을 뒤집는다.
3단: 1코걸러뜨기, 겉뜨기32(끝의 2코는 뜨지 않고 둔다). 편물을 뒤집는다.
4단: 1코걸러뜨기, 안뜨기31(구멍 1코 전까지). 편물을 뒤집는다.
5단: 1코걸러뜨기, 겉뜨기30(구멍 1코 전까지). 편물을 뒤집는다.
6단: 1코걸러뜨기, 안뜨기29(구멍 1코 전까지). 편물을 뒤집는다.
7단: 1코걸러뜨기, 구멍 1코 전까지 겉뜨기. 편물을 뒤집는다.
8단: 1코걸러뜨기, 구멍 1코 전까지 안뜨기. 편물을 뒤집는다.
7~8단을 6회 더 반복한다.
21단: 1코걸러뜨기, 구멍 1코 전까지 겉뜨기. 편물을 뒤집는다.
22단: 1코걸러뜨기, 안뜨기13.
중심에 안뜨기 14코가 있고 그 양옆에 뜨지 않은 코가 11코씩 있다. 편물을 뒤집는다.

이제 편물을 뒤집어서 생긴 구멍을 막으면서 뒤꿈치를 평뜨기로 편물을 뒤집어가며 뜬다.

23단(겉면): 1코걸러뜨기, 겉뜨기12, (구멍 양쪽의 각 1코를 이용해서) 오른코줄임, 오른코줄임한 코 아래에서 주워올려(코를 꼬지 않는다) M1L코늘림. 편물을 뒤집는다.

24단(안면): 1코걸러뜨기, 안뜨기13, 안뜨기로 2코모아뜨기, 안뜨기로 2코모아뜨기한 코 아래에서 주워올려(코를 꼬지 않는다) M1Lp코늘림. 편물을 뒤집는다.

25단: 1코걸러뜨기, 겉뜨기14, 오른코줄임, M1L코늘림. 편물을 뒤집는다.

26단: 1코걸러뜨기, 안뜨기15, 안뜨기로 2코모아뜨기, M1Lp코늘림. 편물을 뒤집는다.

계속해서 이미 만들어진 규칙대로 16단 더 뜬다.

43단(겉면): 1코걸러뜨기, 겉뜨기32, 오른코줄임, M1L코늘림. 편물을 뒤집는다.

44단(안면): 1코걸러뜨기, 안뜨기33, 안뜨기로 2코모아뜨기, M1Lp코늘림. 편물을 뒤집는다.

45단(겉면): 1코걸러뜨기, [겉뜨기9, M1L코늘림]을 3회 반복, 겉뜨기7, M1L코늘림, 겉뜨기1. 4코 늘어남. 편물을 뒤집는다. 이제 바늘1에 40코 있다.

46단(안면): 1코걸러뜨기, 안뜨기39.

발(모든 사이즈)

다시 원통으로 연결해서 바탕실과 배색실 및 2.5mm 바늘(또는 배색뜨기 게이지 치수를 얻을 수 있는 호수의 바늘)을 사용해 뜬다. 바늘1에서 시작해, 자신이 선택한 사이즈에 맞는 무늬 도안을 17단에서 다시 시작한다. 계속해서 양말이 자신이 원하는 길이에서 2.5cm 모자랄 때까지 무늬 도안을 반복한다. 무늬 도안을 완전히 반복하기 전에 끝내도 된다.

무늬 도안을 완전히 끝냈는데도 길이가 모자란다면, 바탕실을 사용해서 다음의 코줄임 단을 뜬다. 코줄임 단을 뜬 후, 발끝 섹션 지시사항을 뜨기 전 원하는 길이가 될 때까지 바탕실을 사용해서 메리야스뜨기로 몇 단 뜬다.

배색실을 자른다.

발끝

바탕실을 사용해 2.25mm 바늘로 코를 옮기면서, 코줄임 단을 뜬다:

사이즈1: 겉뜨기2, 왼코줄임, [겉뜨기4, 왼코줄임]을 10회 반복, 겉뜨기2, 왼코줄임. 12코 줄어듦. 총 56코.

사이즈2: *겉뜨기7, 왼코줄임*, *~*을 단 끝까지 반복한다. 8코 줄어듦. 총 64코.

사이즈3: *겉뜨기8, 왼코줄임*, *~*을 단 끝까지 반복한다. 8코 줄어듦. 총 72코.

이제 바늘1과 바늘2에 동일한 콧수가 있어야 한다. 단 시작 표시링을 제거한다. 바늘1에는 발바닥 28 (32, 36)코가 있다. 바늘2에는 발등 28 (32, 36)코가 있다.

바탕실과 바늘1을 사용해서 14 (16, 18)코 겉뜨기한다. 방금 뜬 코 다음에 단 시작 표시링을 건다. 이곳은 발바닥 부분인 바늘1의 가운데여야 한다.

세팅 단: 바탕실을 사용해서 단 시작 표시링까지 겉뜨기로 1단 더 뜬다.

1단(코줄임 단):
  바늘1: 3코 남을 때까지 겉뜨기, 왼코줄임, 겉뜨기1.
  바늘2: 겉뜨기1, 오른코줄임, 3코 남을 때까지 겉뜨기, 왼코줄임, 겉뜨기1.
  바늘1: 겉뜨기1, 오른코줄임, 단 시작 표시링까지 겉뜨기한다. 4코 줄어듦.

2단: 모든 코 겉뜨기한다.

각 바늘에 20코 남을 때까지 1~2단을 반복한다(총 40코).
계속해서 각 바늘에 10코 남을 때까지 1단만 반복한다(매 단 코줄임한다)(총 20코).

단 시작 표시링을 제거한다. 양말의 옆선을 만날 때까지 5코 겉뜨기한다. 각 바늘에 남은 10코를 메리야스잇기로 연결한다.

마무리

실끝을 정리한다. 양말을 적셔서 블로킹한다. 동일한 과정을 반복해 양말 한 짝을 더 만든다.

배색뜨기 무늬 도안—사이즈1

■ 바탕실: 네이비
□ 배색실: 스노이즈폴링

배색뜨기 무늬 도안—사이즈2

바탕실: 네이비

배색실: 스노이즈폴링

배색뜨기 무늬 도안—사이즈3

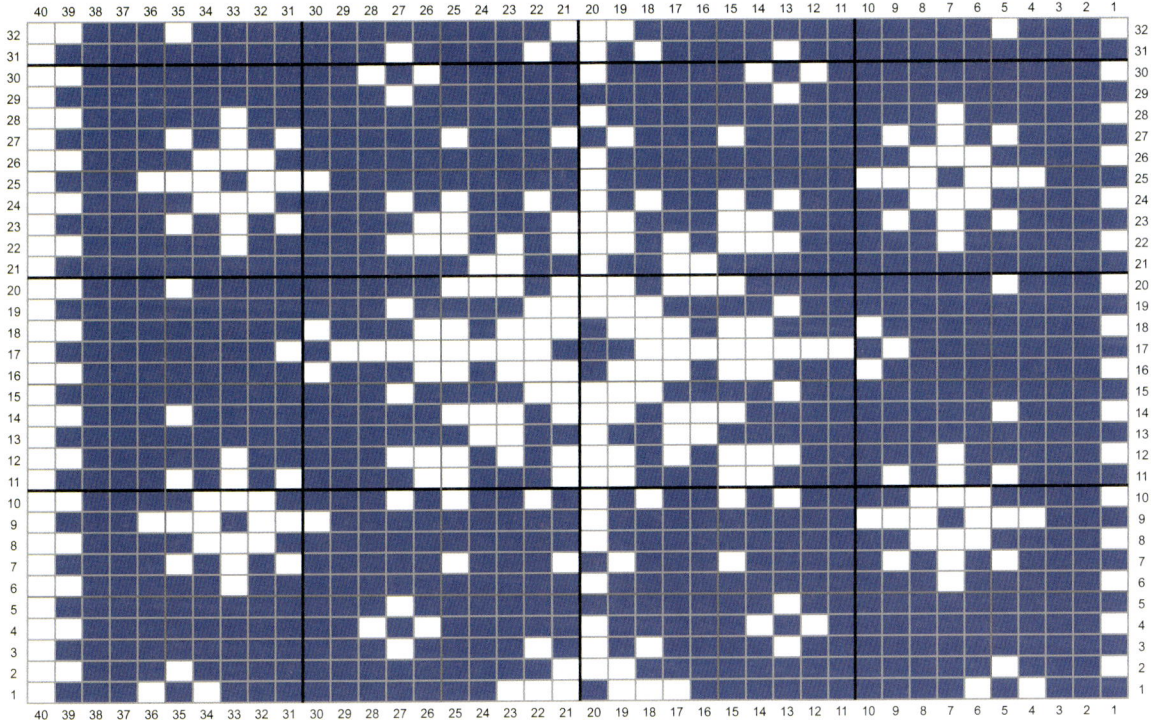

■ 바탕실: 네이비

□ 배색실: 스노이즈폴링

부활절 달걀
Eggs for Easter

진짜 삶은 달걀이든 달걀 모양 초콜릿이든 달걀은 부활절 축하의 중요한 부분입니다. 저는 달걀과 그것을 낳는 닭들을 위한 재미있는 짧은 양말을 만들지 않을 수 없었습니다. 또한 이것은 닭을 기르는 사람들에게도 완벽한 양말입니다. 제 여동생은 파트너의 털 알레르기 때문에 고양이나 개를 기를 수 없어서 대신 닭을 구조합니다. 그 집에서 기르는 닭은 이제 종종 저녁에 가족과 함께 앉아서 TV를 보기 위해 실내로 들어온답니다. (권장하지 않습니다. 닭은 꽤 지저분하거든요!) 그래서, 이 도안은 제 여동생과 그녀의 사랑하는 암탉들에게 바칩니다.

양말 구조
이 짧은 양말(더 긴 양말로 만들 수도 있습니다)은 짧은 꼬아고무뜨기 발목단에서 시작해서 위에서 아래로 내려 뜹니다. 배색뜨기 닭 섹션이 있는데, 닭의 부리와 목 부분에 늘어진 붉은 피부인 육수肉垂에는 덧수를 놓습니다. 양말목과 발은 기억하기 쉬운 텍스처 무늬로 뜨고 걸러뜨기 힐플랩과 거싯이 있습니다. 이 양말은 '달걀 발 끝'으로 완성되는데, 이것은 작은 배색뜨기 섹션을 사용해서 만듭니다.

사이즈
1 (2, 3)
발 둘레: 19.5~21 (21.5~23, 24~26)cm
완성치수: 17~19 (19.5~21, 21.5~23)cm
권장 여유분: 마이너스 2.5cm
양말목/발 길이는 쉽게 조정할 수 있다. 자세한 내용은 만드는 법을 참고할 것.
사진 속 작품은 사이즈2 US 8.5/EU 39/UK 6, 발 둘레 22.5cm로 떴다.

재료
실
핑거링 굵기 3합 실, 레트로사리아 로사 포마르의 몬딤 삭약 (논슈퍼워시 포르투갈울 100%), 1타래 385m 100g

사진 속 작품에서는 다음 색상을 사용
바탕실: 105 네이비Navy(1타래)
배색실1: 100 내추럴Natural(1타래)
배색실2: 115 옐로Yellow(1타래)
배색실 3: 111 모랑고Morango(자투리실 소량)
같은 게이지 치수를 얻을 수 있다면 핑거링 굵기의 실은 무엇이든 사용할 수 있다. 니트픽스의 스트롤 또는 필콜라나의 아르웨타 클래식도 좋은 대안이 될 수 있다.

바늘
고무뜨기와 메리야스뜨기에 사용: 2.25mm
매직루프 기법으로 뜰 경우 80cm 길이 줄바늘, 또는 장갑바늘, 또는 23cm 길이 줄바늘 2개 (선호하는 바늘 사용)
배색뜨기에 사용: 2.5mm
매직루프 기법으로 뜰 경우 80cm 길이 줄바늘, 또는 장갑바늘, 또는 23cm 길이 줄바늘 2개 (선호하는 바늘 사용)
주의사항: 잘 맞는 양말을 뜨기 위해 게이지를 체크할 것. 바늘 호수를 높이거나 낮춰서 추가 사이즈를 뜰 수 있다.

부자재
단코표시링, 가위, 돗바늘

게이지
34코×38단=10×10cm 배색뜨기
36코×42단=10×10cm 메리야스뜨기와 고무뜨기

스페셜 기법
배색 양말 뜨기(8쪽)
메리야스잇기(170쪽)
덧수(170쪽)
주요 기법 설명은 169쪽

만드는 법

발목단

바탕실과 2.25mm 바늘을 사용해서 56 (64, 72)코 만든다. 2개의 바늘에 동일하게 콧수를 나눠 옮긴다. 장갑바늘을 사용할 경우, 1개의 바늘에 콧수 절반을 옮기고 나머지 반은 2개의 바늘에 나눠 옮긴다. 단 시작에 표시링을 건다. 코가 꼬이지 않도록 조심하며 원통으로 잇는다.

고무뜨기 단: *꼬아뜨기1, 안뜨기1*, *~*을 단 끝까지 반복한다. 고무뜨기로 총 9단 뜬다(약 1.5cm).

양말목

바탕실을 사용해서 2.5mm 바늘(또는 배색뜨기 게이지 치수를 얻을 수 있는 호수의 바늘)로 코를 옮기면서 겉뜨기로 1단 뜬다.

코늘림 단을 뜬다:

사이즈1: *겉뜨기14, M1L코늘림*, *~*을 단 끝까지 반복한다. 4코 늘어남. 총 60코.

사이즈2: *겉뜨기8, M1L코늘림*, *~*을 단 끝까지 반복한다. 8코 늘어남. 총 72코.

사이즈3: *겉뜨기6, M1L코늘림*, *~*을 단 끝까지 반복한다. 12코 늘어남. 총 84코.

도안이 지시하는 곳에서 배색실1과 배색실2를 연결하며, 배색뜨기 무늬 도안A(149쪽) 1~13단을 뜬다. 무늬 도안은 각 단마다 5 (6, 7)회 반복한다. 양말을 완성하고 블로킹한 후 암탉의 부리와 육수에 덧수를 놓는 방법은 스페셜 기법(170쪽)을 참고한다.

바탕실을 사용해서, 2.25mm 바늘로 다시 코를 옮기면서 겉뜨기로 1단 뜬다.

코줄임 단을 뜬다:

사이즈1: *겉뜨기13, 왼코줄임*, *~*을 단 끝까지 반복한다. 4코 줄어듦. 총 56코.

사이즈2: *겉뜨기7, 왼코줄임*, *~*을 단 끝까지 반복한다. 8코 줄어듦. 총 64코.

사이즈3: *겉뜨기5, 왼코줄임*, *~*을 단 끝까지 반복한다. 12코 줄어듦. 총 72코.

계속해서 걸러뜨기 힐플랩 지시사항을 진행한다.
(더 긴 양말을 뜨려면, 계속해서 바탕실을 사용해 메리야스뜨기 단을 원하는 만큼 뜬다. 다른 짝을 똑같이 뜰 수 있도록 몇 단을 떴는지 적어둬야 한다!)

걸러뜨기 힐플랩

뒤꿈치는 바탕실을 사용해서 바늘1의 28 (32, 36)코를 가지고 평뜨기로 편물을 뒤집어가며 뜬다. 바늘2에는 발등 28 (32, 36)코가 있다. 단 시작에 있는 단코표시링을 제거한다.

1단(겉면): 안뜨기하듯이 1코걸러뜨기, *겉뜨기1, 안뜨기1*, *~*을 1코 남을 때까지 반복, 겉뜨기1. 편물을 뒤집는다.

2단(안면): 안뜨기하듯이 1코걸러뜨기, 단 끝까지 안뜨기한다. 편물을 뒤집는다.

1~2단을 반복하며 총 28 (32, 36)단을 뜨는데, 마지막으로 뜨는 단이 안면에서 안뜨기 단이 되도록 끝낸다. 힐턴을 완성한 후 주울 수 있는 가장자리 14 (16, 18)코가 있을 것이다.

힐턴

계속해서 바탕실을 사용해서, 이제 되돌아뜨기로 뒤꿈치 경사를 만들 것이다.

1단(겉면): 1코걸러뜨기, 겉뜨기15 (18, 20), 오른코줄임, 겉뜨기1. 편물을 뒤집는다.
2단(안면): 1코걸러뜨기, 안뜨기5 (7, 7), 안뜨기로 2코모아뜨기, 안뜨기1. 편물을 뒤집는다.
3단(겉면): 1코걸러뜨기, 겉뜨기6 (8, 8), 오른코줄임, 겉뜨기1. 편물을 뒤집는다.
4단(안면): 1코걸러뜨기, 안뜨기7 (9, 9), 안뜨기로 2코모아뜨기, 안뜨기1. 편물을 뒤집는다.
계속해서 이 규칙대로 뜬다: 1코걸러뜨기, 이전 단에서 편물을 뒤집어서 생긴 구멍 1코 전까지 겉뜨기 또는 안뜨기, 구멍을 막기 위해 오른코줄임 또는 안뜨기로 2코모아뜨기, 겉뜨기1 또는 안뜨기1. 편물을 뒤집는다.
(사이즈1만 해당: 마지막 2단은 오른코줄임 또는 안뜨기로 2코모아뜨기로 끝날 것이다. 겉뜨기1 또는 안뜨기1을 뜰 남은 코가 없을 것이다.) 계속해서 모든 코를 작업할 때까지 진행하고 마지막으로 뜨는 단이 안면에서 안뜨기 단이 되도록 끝낸다. 겉면이 보이도록 편물을 뒤집는다. 이제 바늘1에 16 (20, 22)코 남아 있다.

거싯

바탕실을 사용해서, 이제 힐플랩의 양쪽 가장자리를 따라서 코를 주울 것이다.

뒤꿈치 코를 겉뜨기하는데 8 (10, 11)코(중간 지점)를 뜬 후 단코표시링을 걸어 단 시작을 표시하고 나머지 코를 겉뜨기한다. 힐플랩의 가장자리를 따라 14 (16, 18)코를 꼬아뜨기로 줍는다. 모서리에 구멍이 생기지 않게 힐플랩과 발등 사이 모서리에서 1코 더 줍는다. 다음 단의 어디서 코줄임할지 알아볼 수 있게 여기에 단코표시링을 건다. 또는 뒤꿈치/거싯 코와 발등 코를 각각 다른 바늘에 나눈다.

텍스처 무늬 섹션(147쪽 하단~148쪽)에서 자신이 선택한 사이즈의 1단으로 시작해서, 쉼코로 둔 바늘2의 발등 28 (32, 36)코를 뜬다.

발등 코를 뜬 후 전과 동일한 방법으로 단코표시링을 또 건다. 모서리에서 1코 줍고 힐플랩의 가장자리를 따라 14 (16, 18)코를 꼬아뜨기로 줍는다. 단 시작 표시링을 만날 때까지 뒤꿈치의 첫 번째 절반을 겉뜨기한다.

이제 뒤꿈치/거싯에 총 46 (54, 60)코, 발등에 28 (32, 36)코 있다. 이제 다시 모든 코를 사용해서 원통뜨기할 것이다.

거싯 코줄임

1단: 첫 번째 단코표시링 3코 전까지 겉뜨기, 왼코줄임, 겉뜨기1, 단코표시링 옮긴다. 두 번째 단코표시링을 만날 때까지, 텍스처 무늬 섹션에서 자신이 선택한 사이즈를 참고해서 거싯에서 무늬가 이어지게 발등 코를 뜬다, 단코표시링 옮긴다, 겉뜨기1, 오른코줄임. 단 시작 표시링까지 겉뜨기한다. 2코 줄어듦.
2단: 계속해서 텍스처 무늬 섹션에서 자신이 선택한 사이즈를 참고해서, 바늘2의 모든 코를 뜬다.

뒤꿈치/거싯 코가 28 (32, 36)코로 줄어들 때까지 1~2단을 반복한다. 발등 28 (32, 36)코는 바늘2에 남아 있다. 이제 바늘에 총 56 (64, 72)코 있다.

텍스처 무늬

사이즈1
1단:
　바늘2(발등 코): 겉뜨기4, 안뜨기1, *겉뜨기5, 안뜨기1*, *~*을 3회 반복, 겉뜨기5.
　바늘1(발바닥 코): 겉뜨기28.
2단:
　바늘2와 바늘1: 모든 코 겉뜨기한다.
1~2단을 반복한다.

사이즈2
1단:
　바늘2(발등 코): 겉뜨기3, 안뜨기1, *겉뜨기5, 안뜨기1*, *~*을 4회 반복, 겉뜨기4.
　바늘1(발바닥 코): 겉뜨기32.
2단:
　바늘2와 바늘1: 모든 코 겉뜨기한다.
1~2단을 반복한다.

사이즈3
1단:
　바늘2(발등 코): *겉뜨기5, 안뜨기1*, *~*을 5회 반복, 겉뜨기6.
　바늘1(발바닥 코): 겉뜨기36.

2단:
　바늘2와 바늘1: 모든 코 겉뜨기한다.
1~2단을 반복한다.

발

계속해서 바탕실을 사용해서, 양말이 자신이 원하는 완성품 길이에서 약 5.5cm 모자랄 때까지 텍스처 무늬 1~2단을 반복한다.

바탕실을 사용해 2.5mm 바늘로 코를 옮기면서, 코늘림 단을 뜬다:
　사이즈1: *겉뜨기14, M1L코늘림*, *~*을 단 끝까지 반복한다. 4코 늘어남. 총 60코.
　사이즈2: *겉뜨기8, M1L코늘림*, *~*을 단 끝까지 반복한다. 8코 늘어남. 총 72코.
　사이즈3: *겉뜨기6, M1L코늘림*, *~*을 단 끝까지 반복한다. 12코 늘어남. 총 84코.
도안이 지시하는 곳에서 배색실1을 연결하면서, 배색뜨기 무늬 도안B(149쪽) 1~6단을 뜬다. 무늬 도안은 각 단마다 5 (6, 7)회 반복한다.
바탕실을 자른다.

배색실1을 사용해 2.25mm 바늘로 코를 옮기면서, 코줄임 단을 뜬다:
　사이즈1: *겉뜨기13, 왼코줄임*, *~*을 단 끝까지 반복한다. 4코 줄어듦. 총 56코.
　사이즈2: *겉뜨기7, 왼코줄임*, *~*을 단 끝까지 반복한다. 8코 줄어듦. 총 64코.
　사이즈3: *겉뜨기5, 왼코줄임*, *~*을 단 끝까지 반복한다. 12코 줄어듦. 총 72코.
2.25mm 바늘과 배색실1을 사용해서, 발끝 섹션을 시작하기 전에 겉뜨기로 1단 더 뜬다.

발끝

이제 코는 바늘1과 바늘2에 동일하게 나뉘어 있다. 바늘1에는 발바닥 28 (32, 36)코가 있고, 단 시작 표시링 양쪽에 각각 14 (16, 18)코씩 있다. 바늘2에는 발등 28 (32, 36)코가 있다.

단 시작 표시링에서 시작해서:

1단(코줄임 단):
　바늘1: 3코 남을 때까지 겉뜨기, 왼코줄임, 겉뜨기1.
　바늘2: 겉뜨기1, 오른코줄임, 3코 남을 때까지 겉뜨기, 왼코줄임, 겉뜨기1.
　바늘1: 겉뜨기1, 오른코줄임, 단 시작 표시링까지 겉뜨기한다.
4코 줄어듦.
2단: 모든 코 겉뜨기한다.

배색실1을 사용해서 1~2단을 총 2 (3, 5)회 반복한다. 총 48 (52, 52)코. 배색실1을 자른다.
이제 배색실2를 사용해서, 1~2단을 각 바늘에 20코 남을 때까지 반복한다(총 40코).
계속해서 각 바늘에 10코 남을 때까지 1단만 반복한다(매 단 코 줄임한다)(총 20코).
단 시작 표시링을 제거한다. 양말 옆선을 만날 때까지 5코를 겉뜨기한다. 각 바늘의 10코를 메리야스잇기로 연결한다.

마무리

실끝을 정리한다. 양말을 적셔서 블로킹한다. 부리와 육수에 덧수를 놓을 것! 동일한 과정을 반복해 양말 한 짝을 더 만든다.

배색뜨기 무늬 도안A

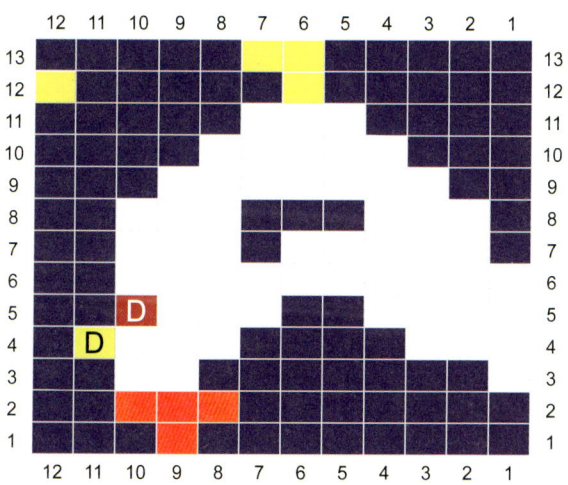

- 바탕실: 105 네이비
- 배색실1: 100 내추럴
- 배색실2: 115 옐로
- 배색실 3: 111 모랑고
- D 빨간색 덧수
- D 노란색 덧수

배색뜨기 무늬 도안B

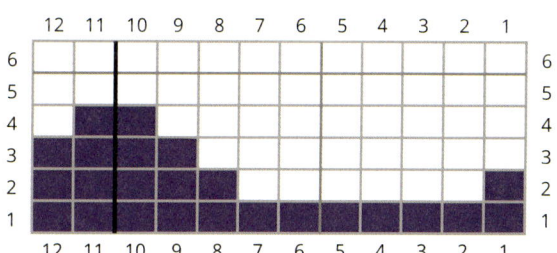

아이 하트 삭스
I Heart Socks

저는 발랄하고 화사한 하트 양말을 만들어서 밸런타인데이를 축하하고 싶었습니다. 선물, 로맨틱한 저녁식사, 달콤한 제스처에 대한 기대감이 높으면, 이날 사람들은 때때로 실망감과 소외감을 느낄 수 있지요. 저는 일 년 내내 사랑하는 사람들에게 사랑을 보여줘야 한다고 생각합니다! 친절한 메시지든 맛있는 집밥이든 따뜻한 손뜨개 양말이든 다 좋지요. 그리고 자기애를 표현하며 스스로를 위해 멋진 양말을 만들어보는 것은 어떨까요? 이 재미있는 하트 디자인에 '아이 하트 삭스'라는 이름을 붙이지 않을 수는 없었습니다. 솔직히 말해서, 저는 정말로 양말을 사랑하거든요!

양말 구조
고무뜨기 발목단으로 시작해서 위에서 아래로 내려 뜨는 이 양말은 양말목과 발 전체에 심플한 배색 하트 무늬가 있습니다. 이 양말은 되돌아뜨기 뒤꿈치로 뜹니다.

사이즈
1 (2, 3)
발 둘레: 17~19 (20.5~23, 23.5~25)cm
완성치수: 14.5~16.5 (18~20, 20.5~23)cm
권장 여유분: 마이너스 2.5cm
양말목/발 길이는 쉽게 조정할 수 있다. 자세한 내용은 만드는 법을 참고할 것.
사진 속 작품은 사이즈2 US 8.5/EU 39/UK 6, 발 둘레 22.5cm로 떴다.

재료

실
바탕실: 핑거링 굵기, 라나 그로사의 마일렌바이트 100 트위드(울 80%, 나일론 20%), 1타래 420m 100g
배색실: 핑거링 굵기, 필콜라나의 아르웨타 클래식(메리노울 80%, 나일론 20%), 1타래 230m 50g

사진 속 작품에서는 다음 색상을 사용
바탕실: 로사Rosa(1타래)
배색실: 카옌Cayenne(1타래)

바늘
고무뜨기와 뒤꿈치 및 발끝에 사용: 2.25mm
매직루프 기법으로 뜰 경우 80cm 길이 줄바늘, 또는 장갑바늘, 또는 23cm 길이 줄바늘 2개 (선호하는 바늘 사용)
배색뜨기에 사용: 2.5mm
매직루프 기법으로 뜰 경우 80cm 길이 줄바늘, 또는 장갑바늘, 또는 23cm 길이 줄바늘 2개 (선호하는 바늘 사용)
주의사항: 잘 맞는 양말을 뜨기 위해 게이지를 체크할 것. 바늘 호수를 높이거나 낮춰서 추가 사이즈를 뜰 수 있다.

부자재
단코표시링, 가위, 돗바늘

게이지
34코×38단=10×10cm 배색뜨기
36코×44단=10×10cm 메리야스뜨기와 고무뜨기

스페셜 기법
배색 양말 뜨기(8쪽)
메리야스잇기(170쪽)
주요 기법 설명은 169쪽

만드는 법

발목단
바탕실과 2.25mm 바늘을 사용해서 56 (64, 72)코 만든다. 2개의 바늘에 동일하게 콧수를 나눠 옮긴다. 단 시작에 표시링을 건다. 장갑바늘을 사용할 경우, 1개의 바늘에 콧수 절반을 옮기고 나머지 반은 2개의 바늘에 나눠 옮긴다. 코가 꼬이지 않도록 조심하며 원통으로 잇는다.

고무뜨기 단: *꼬아뜨기2, 안뜨기2*, *~*를 단 끝까지 반복한다. 고무뜨기로 총 13단 뜬다(약 2.5cm).

양말목

바탕실을 사용해서 2.5mm 바늘(또는 배색뜨기 게이지 치수를 얻을 수 있는 호수의 바늘)로, 다음 단을 뜬다:
사이즈1: 모든 코 겉뜨기한다.
사이즈2: 겉뜨기7, M1L코늘림, *겉뜨기10, M1L코늘림*, *~*을 7코 남을 때까지 반복, 겉뜨기7. 6코 늘어남. 총 70코.
사이즈3: *겉뜨기6, M1L코늘림*, *~*을 단 끝까지 반복한다. 12코 늘어남. 총 84코.

도안이 지시하는 곳에서 배색실을 연결하며, 배색뜨기 무늬 도안(154쪽)을 뜬다, 무늬 도안은 각 단마다 4 (5, 6)회 반복한다. 1~18단을 2회 반복하고, 1~16단을 뜬다. 계속해서 되돌아뜨기 뒤꿈치 섹션을 진행한다.

되돌아뜨기 뒤꿈치

바탕실을 사용해서 2.25mm 바늘1만 가지고, 이제 자신이 선택한 사이즈에 맞는 뒤꿈치 지시사항을 따라 뜰 것이다.

사이즈1(바늘1에 28코 있음):
1단(겉면): 1코걸러뜨기, 겉뜨기26. 안면이 보이도록 편물을 뒤집는다(1코는 뜨지 않고 둔다).
2단(안면): 1코걸러뜨기, 안뜨기25(끝의 1코는 뜨지 않고 둔다). 겉면이 보이도록 편물을 뒤집는다.
3단: 1코걸러뜨기, 겉뜨기24(끝의 2코는 뜨지 않고 둔다). 편물을 뒤집는다.
4단: 1코걸러뜨기, 안뜨기23(구멍 1코 전까지). 편물을 뒤집는다.
5단: 1코걸러뜨기, 겉뜨기22(구멍 1코 전까지). 편물을 뒤집는다.
6단: 1코걸러뜨기, 안뜨기21(구멍 1코 전까지). 편물을 뒤집는다.
7단: 1코걸러뜨기, 구멍 1코 전까지 겉뜨기. 편물을 뒤집는다.
8단: 1코걸러뜨기, 구멍 1코 전까지 안뜨기. 편물을 뒤집는다.
7~8단을 5회 더 반복한다.
19단: 1코걸러뜨기, 구멍 1코 전까지 겉뜨기. 편물을 뒤집는다.
20단: 1코걸러뜨기, 안뜨기7.
중심에는 안뜨기 8코가 있고 그 양옆에 뜨지 않은 코가 10코씩 있다. 편물을 뒤집는다.

이제 편물을 뒤집어서 생긴 구멍을 막으면서 뒤꿈치를 평뜨기로 편물을 뒤집어가며 뜬다.
21단(겉면): 1코걸러뜨기, 겉뜨기6, (구멍 양쪽의 각 1코를 이용해서) 오른코줄임, 오른코줄임한 코 아래에서 주워올려(코를 꼬지 않는다) M1L코늘림. 편물을 뒤집는다.
22단(안면): 1코걸러뜨기, 안뜨기7, 안뜨기로 2코모아뜨기, 안뜨기로 2코모아뜨기한 코 아래에서 주워올려(코를 꼬지 않는다) M1Lp코늘림. 편물을 뒤집는다.
23단: 1코걸러뜨기, 겉뜨기8, 오른코줄임, M1L코늘림. 편물을 뒤집는다.
24단: 1코걸러뜨기, 안뜨기9, 안뜨기로 2코모아뜨기, M1Lp코늘림. 편물을 뒤집는다.
계속해서 이미 만들어진 규칙대로 14단 더 뜬다.
39단(겉면): 1코걸러뜨기, 겉뜨기24, 오른코줄임, M1L코늘림. 편물을 뒤집는다.
40단(안면): 1코걸러뜨기, 안뜨기25, 안뜨기로 2코모아뜨기, M1Lp코늘림. 편물을 뒤집는다.
41단(겉면): 1코걸러뜨기, 겉뜨기27.
42단(안면): 1코걸러뜨기, 단 끝까지 안뜨기. 편물을 뒤집는다.
이제 바늘1에 28코 있다.
계속해서 발 섹션을 진행한다(154쪽).

사이즈2(바늘1에 35코 있음):
1단(겉면): 1코걸러뜨기, [겉뜨기9, 왼코줄임]을 3회 반복. 안면이 보이도록 편물을 뒤집는다(1코는 뜨지 않고 둔다). 3코 줄어듦. 이제 뒤꿈치에 총 32코 있다.
2단(안면): 1코걸러뜨기, 안뜨기29(끝의 1코는 뜨지 않고 둔다). 겉면이 보이도록 편물을 뒤집는다.
3단: 1코걸러뜨기, 겉뜨기28(끝의 2코는 뜨지 않고 둔다). 편물을 뒤집는다.
4단: 1코걸러뜨기, 안뜨기27(구멍 1코 전까지). 편물을 뒤집는다.
5단: 1코걸러뜨기, 겉뜨기26(구멍 1코 전까지). 편물을 뒤집는다.
6단: 1코걸러뜨기, 안뜨기25(구멍 1코 전까지). 편물을 뒤집는다.
7단: 1코걸러뜨기, 구멍 1코 전까지 겉뜨기. 편물을 뒤집는다.
8단: 1코걸러뜨기, 구멍 1코 전까지 안뜨기. 편물을 뒤집는다.
7~8단을 5회 더 반복한다.
19단: 1코걸러뜨기, 구멍 1코 전까지 겉뜨기. 편물을 뒤집는다.
20단: 1코걸러뜨기, 안뜨기11.

중심에 안뜨기 12코가 있고 그 양옆에 뜨지 않은 코가 10코씩 있다. 편물을 뒤집는다.

이제 편물을 뒤집어서 생긴 구멍을 막으면서 뒤꿈치를 평뜨기로 편물을 뒤집어가며 뜬다.

21단(겉면): 1코걸러뜨기, 겉뜨기10, (구멍 양쪽의 각 1코를 이용해서) 오른코줄임, 오른코줄임한 코 아래에서 주워올려(코를 꼬지 않는다) M1L코늘림. 편물을 뒤집는다.

22단(안면): 1코걸러뜨기, 안뜨기11, 안뜨기로 2코모아뜨기, 안뜨기로 2코모아뜨기한 코 아래에서 주워올려(코를 꼬지 않는다) M1Lp코늘림. 편물을 뒤집는다.

23단: 1코걸러뜨기, 겉뜨기12, 오른코줄임, M1L코늘림. 편물을 뒤집는다.

24단: 1코걸러뜨기, 안뜨기13, 안뜨기로 2코모아뜨기, M1Lp코늘림. 편물을 뒤집는다.

계속해서 이미 만들어진 규칙대로 14단 더 뜬다.

39단(겉면): 1코걸러뜨기, 겉뜨기28, 오른코줄임, M1L코늘림. 편물을 뒤집는다.

40단(안면): 1코걸러뜨기, 안뜨기29, 안뜨기로 2코모아뜨기, M1Lp코늘림. 편물을 뒤집는다.

41단(겉면): 1코걸러뜨기, [겉뜨기10, M1L코늘림]을 3회 반복, 겉뜨기1. 3코 늘어남. 편물을 뒤집는다.

42단(안면): 1코걸러뜨기, 단 끝까지 안뜨기. 편물을 뒤집는다. 이제 바늘1에 35코 있다.

계속해서 발 섹션을 진행한다(154쪽).

사이즈3(바늘1에 42코 있음):

1단(겉면): 1코걸러뜨기, [겉뜨기5, 왼코줄임]을 5회 반복, 겉뜨기3, 왼코줄임. 안면이 보이도록 편물을 뒤집는다(1코는 뜨지 않고 둔다). 6코 줄어듦. 이제 뒤꿈치에 총 36코 있다.

2단(안면): 1코걸러뜨기, 안뜨기33(끝의 1코는 뜨지 않고 둔다). 겉면이 보이도록 편물을 뒤집는다.

3단: 1코걸러뜨기, 겉뜨기32(끝의 2코는 뜨지 않고 둔다). 편물을 뒤집는다.

4단: 1코걸러뜨기, 안뜨기31(구멍 1코 전까지). 편물을 뒤집는다.

5단: 1코걸러뜨기, 겉뜨기30(구멍 1코 전까지). 편물을 뒤집는다.

6단: 1코걸러뜨기, 안뜨기29(구멍 1코 전까지). 편물을 뒤집는다.

7단: 1코걸러뜨기, 구멍 1코 전까지 겉뜨기. 편물을 뒤집는다.

8단: 1코걸러뜨기, 구멍 1코 전까지 안뜨기. 편물을 뒤집는다.

7~8단을 6회 더 반복한다.

21단: 1코걸러뜨기, 구멍 1코 전까지 겉뜨기. 편물을 뒤집는다.

22단: 1코걸러뜨기, 안뜨기13.

중심에 안뜨기 14코가 있고 그 양옆에 뜨지 않은 코가 11코씩 있다. 편물을 뒤집는다.

이제 편물을 뒤집어서 생긴 구멍을 막으면서 뒤꿈치를 평뜨기로 편물을 뒤집어가며 뜬다.

23단(겉면): 1코걸러뜨기, 겉뜨기12, (구멍 양쪽의 각 1코를 이용해서) 오른코줄임, 오른코줄임한 코 아래에서 주워올려(코를 꼬지 않는다) M1L코늘림. 편물을 뒤집는다.

24단(안면): 1코걸러뜨기, 안뜨기13, 안뜨기로 2코모아뜨기, 안뜨기로 2코모아뜨기한 코 아래에서 주워올려(코를 꼬지 않는다) M1Lp코늘림. 편물을 뒤집는다.

25단: 1코걸러뜨기, 겉뜨기14, 오른코줄임, M1L코늘림. 편물을 뒤집는다.

26단: 1코걸러뜨기, 안뜨기15, 안뜨기로 2코모아뜨기, M1Lp코늘림. 편물을 뒤집는다.

계속해서 이미 만들어진 규칙대로 16단 더 뜬다.

43단(겉면): 1코걸러뜨기, 겉뜨기32, 오른코줄임, M1L코늘림. 편물을 뒤집는다.
44단(안면): 1코걸러뜨기, 안뜨기33, 안뜨기로 2코모아뜨기, M1Lp코늘림. 편물을 뒤집는다.
45단(겉면): 1코걸러뜨기, [겉뜨기6, M1L코늘림]을 5회 반복, 겉뜨기4, M1L코늘림, 겉뜨기1. 6코 늘어남. 편물을 뒤집는다.
46단(안면): 1코걸러뜨기, 단 끝까지 안뜨기한다. 편물을 뒤집는다.
이제 바늘1에 42코 있다.

발(모든 사이즈)
다시 원통으로 연결해서 바탕실과 배색실 및 2.5mm 바늘(또는 배색뜨기 게이지 치수를 얻을 수 있는 호수의 바늘)을 사용해 뜬다. 바늘1에서 시작해, 배색뜨기 무늬 도안 17단에서 무늬 도안을 다시 시작한다. 계속해서 양말이 자신이 원하는 완성품 길이에서 약 4cm 모자랄 때까지 무늬 도안을 반복한다. 어느 단에서 끝내도 좋다.
배색실을 자른다.

발끝
바탕실을 사용해서, 2.25mm 바늘로 코를 옮기면서 이번 단을 뜬다.
사이즈1: 모든 코 겉뜨기한다.
사이즈2: 겉뜨기6, 왼코줄임, *겉뜨기9, 왼코줄임*, *~*을 7코 남을 때까지 반복, 겉뜨기7. 6코 줄어듦. 총 64코.
사이즈3: *겉뜨기5, 왼코줄임*, *~*을 단 끝까지 반복한다. 12코 줄어듦. 총 72코.

이제 바늘1과 바늘2에 동일한 콧수가 있어야 한다. 단 시작 표시링을 제거한다. 바늘1에는 발바닥 28 (32, 36)코가 있다. 바늘2에는 발등 28 (32, 36)코가 있다.
바탕실과 바늘1을 사용해서 14 (16, 18)코 겉뜨기한다. 방금 뜬 코 다음에 단 시작 표시링을 건다. 이곳은 발바닥 부분인 바늘1의 가운데여야 한다.

단 시작 표시링에서 시작해서:
1단(코줄임 단):
바늘1: 3코 남을 때까지 겉뜨기, 왼코줄임, 겉뜨기1.
바늘2: 겉뜨기1, 오른코줄임, 3코 남을 때까지 겉뜨기, 왼코줄임, 겉뜨기1.
바늘1: 겉뜨기1, 오른코줄임, 단 시작 표시링까지 겉뜨기한다. 4코 줄어듦.
2단: 모든 코 겉뜨기한다.
각 바늘에 20코 남을 때까지 1~2단을 반복한다(총 40코).
계속해서 각 바늘에 10코 남을 때까지 1단만 반복한다(매 단 코 줄임한다)(총 20코).
단 시작 표시링을 제거한다. 그런 다음 양말의 옆선을 만날 때까지 5코 겉뜨기한다. 각 바늘에 남은 10코를 메리야스잇기 기법으로 연결한다.

마무리
실끝을 정리한다. 양말을 적셔서 블로킹한다. 동일한 과정을 반복해 양말 한 짝을 더 만든다.

배색뜨기 무늬 도안

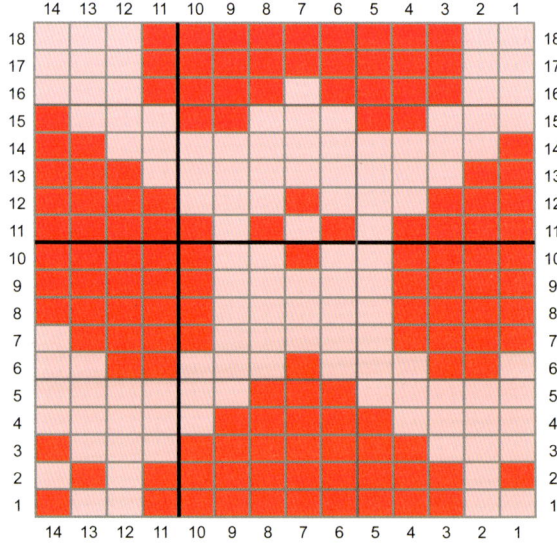

바탕실: 로사
배색실: 카옌

핼러윈 박쥐
I'm Batty for Halloween

저는 전갈자리이고 어린 시절 핼러윈이 영국에서 막 인기를 끌기 시작했을 때부터 항상 핼러윈의 모든 것에 약간 집착했습니다. 핼러윈과 관련된 가장 무서운 기억 중 하나는 한밤중에 깨어나 침실로 날아든 박쥐를 발견한 것이었습니다. 추가 조사에서, 저는 그것이 집에 유령이 있거나(확신할 수는 없음), 불운이 오고 있거나, 행운이 오고 있거나, 쥐가 있어서 배고픈 박쥐가 그것을 노렸다는 의미임을 발견했습니다. 어쨌든 아버지가 그 박쥐를 잡아서 내보냈지만, 그 기억은 이후로 계속 남아 있습니다. 박쥐에 대한 인상은 점점 강렬해져서, 핼러윈을 기념해 박쥐 모양이 특징인 재미있는 양말을 디자인하게 되었습니다.

양말 구조
고무뜨기 발목단에서 시작해 위에서 아래로 내려 뜨는 이 양말은 양말목과 발 전체에 심플한 배색뜨기 박쥐 무늬가 있습니다. 바탕실과 대비되는 색상의 배색실로 되돌아뜨기 뒤꿈치와 발끝을 뜹니다.

사이즈
1 (2, 3)
발 둘레: 19.5~21 (24~26, 27~30)cm
완성치수: 17~19 (21.5~23, 24~26)cm
권장 여유분: 마이너스 2.5cm
양말목/발 길이는 쉽게 조정할 수 있다. 자세한 내용은 만드는 법을 참고할 것.
사진 속 작품은 사이즈2 US 8.5/EU 39/UK 6, 발 둘레 22.5cm로 떴다.

재료

실
핑거링 굵기, 말라브리고 얀 삭(슈퍼워시 메리노울 100%), 1타래 402m 100g

사진 속 작품에서는 다음 색상을 사용
바탕실: 테라코타Terracotta(1타래)
배색실: 블랙Black(1타래)

바늘
2.25mm
매직루프 기법으로 뜰 경우 80cm 길이 줄바늘, 또는 장갑바늘, 또는 23cm 길이 줄바늘 2개 (선호하는 바늘 사용)
주의사항: 잘 맞는 양말을 뜨기 위해 게이지를 체크할 것. 바늘 호수를 높이거나 낮춰서 추가 사이즈를 뜰 수 있다.

부자재
단코표시링, 가위, 돗바늘

게이지
36코×44단=10×10cm

스페셜 기법
배색 양말 뜨기(8쪽)
메리야스잇기(170쪽)
주요 기법 설명은 169쪽

만드는 법

발목단
바탕실과 2.25mm 바늘을 사용해서 56 (64, 72)코 만든다. 2개의 바늘에 동일하게 콧수를 나눠 옮긴다. 장갑바늘을 사용할 경우, 1개의 바늘에 콧수 절반을 옮기고 나머지 반은 2개의 바늘에 나눠 옮긴다. 단 시작 표시링을 건다. 코가 꼬이지 않도록 조심하며 원통으로 잇는다.
고무뜨기 단: *겉뜨기1, 안뜨기1*, *~*을 단 끝까지 반복한다.
고무뜨기로 총 13단 뜬다(약 2.5cm).

양말목

코늘림 단을 뜬다:
사이즈1: *겉뜨기7, M1L코늘림*, *~*을 단 끝까지 반복한다. 8코 늘어남. 총 64코.
사이즈2: *겉뜨기4, M1L코늘림*, *~*을 단 끝까지 반복한다. 16코 늘어남. 총 80코.
사이즈3: *겉뜨기3, M1L코늘림*, *~*을 단 끝까지 반복한다. 24코 늘어남. 총 96코.
도안이 지시하는 곳에서 배색실을 연결하며 배색뜨기 무늬 도안 1~22단(159쪽)을 뜬다. 무늬 도안은 각 단마다 4 (5, 6)회 반복한다. 1~22단을 2회(또는 원하는 양말목 길이까지) 반복하는데, 11단 또는 22단을 뜬 후 끝낸다.
바탕실을 자른다.

되돌아뜨기 뒤꿈치

배색실을 사용해서 바늘1만 가지고, 자신이 선택한 사이즈에 맞는 지시사항을 따라 뜰 것이다.

사이즈1(바늘1에 32코 있음):

1단(겉면): 1코걸러뜨기, [겉뜨기5, 왼코줄임]을 3코 남을 때까지 4회 반복, 겉뜨기2. 안면이 보이도록 편물을 뒤집는다(1코는 뜨지 않고 둔다). 4코 줄어듦. 이제 뒤꿈치에 총 28코 있다.
2단(안면): 1코걸러뜨기, 안뜨기25(끝의 1코는 뜨지 않고 둔다). 겉면이 보이도록 편물을 뒤집는다.
3단: 1코걸러뜨기, 겉뜨기24(끝의 2코는 뜨지 않고 둔다). 편물을 뒤집는다.
4단: 1코걸러뜨기, 안뜨기23(구멍 1코 전까지). 편물을 뒤집는다.
5단: 1코걸러뜨기, 겉뜨기22(구멍 1코 전까지). 편물을 뒤집는다.
6단: 1코걸러뜨기, 안뜨기21(구멍 1코 전까지). 편물을 뒤집는다.
7단: 1코걸러뜨기, 구멍 1코 전까지 겉뜨기. 편물을 뒤집는다.
8단: 1코걸러뜨기, 구멍 1코 전까지 안뜨기. 편물을 뒤집는다.
7~8단을 5회 더 반복한다.
19단: 1코걸러뜨기, 구멍 1코 전까지 겉뜨기. 편물을 뒤집는다.
20단: 1코걸러뜨기, 안뜨기7.
중심에 안뜨기 8코가 있고 그 양옆에 뜨지 않은 코가 10코씩 있다. 편물을 뒤집는다.

이제 편물을 뒤집어서 생긴 구멍을 막으면서 뒤꿈치를 평뜨기로 편물을 뒤집어가며 뜬다.

21단(겉면): 1코걸러뜨기, 겉뜨기6, (구멍 양쪽의 각 1코를 이용해서) 오른코줄임, 오른코줄임한 코 아래에서 주워올려(코를 꼬지 않는다) M1L코늘림. 편물을 뒤집는다.
22단(안면): 1코걸러뜨기, 안뜨기7, 안뜨기로 2코모아뜨기, 안뜨기로 2코모아뜨기한 코 아래에서 주워올려(코를 꼬지 않는다) M1Lp코늘림. 편물을 뒤집는다.
23단: 1코걸러뜨기, 겉뜨기8, 오른코줄임, M1L코늘림. 편물을 뒤집는다.
24단: 1코걸러뜨기, 안뜨기9, 안뜨기로 2코모아뜨기, M1Lp코늘림. 편물을 뒤집는다.
계속해서 이미 만들어진 규칙대로 14단 더 뜬다.
39단(겉면): 1코걸러뜨기, 겉뜨기24, 오른코줄임, M1L코늘림. 편물을 뒤집는다.
40단(안면): 1코걸러뜨기, 안뜨기25, 안뜨기로 2코모아뜨기, M1Lp코늘림. 편물을 뒤집는다.
41단(겉면): 1코걸러뜨기, [겉뜨기6, M1L코늘림]을 4회 반복, 겉뜨기3. 4코 늘어남.
이제 바늘1에 총 32코 있다.
계속해서 발 섹션을 진행한다.

사이즈2(바늘1에 40코 있음):
1단(겉면): 1코걸러뜨기, 겉뜨기2, 왼코줄임, [겉뜨기3, 왼코줄임]을 6회 반복, 겉뜨기2, 왼코줄임. 편물을 뒤집는다(1코는 뜨지 않고 둔다). 8코 줄어듦. 이제 뒤꿈치에 총 32코 있다.
2단(안면): 1코걸러뜨기, 안뜨기29(끝의 1코는 뜨지 않고 둔다). 겉면이 보이도록 편물을 뒤집는다.
3단: 1코걸러뜨기, 겉뜨기28(끝의 2코는 뜨지 않고 둔다). 편물을 뒤집는다.
4단: 1코걸러뜨기, 안뜨기27(구멍 1코 전까지). 편물을 뒤집는다.
5단: 1코걸러뜨기, 겉뜨기26(구멍 1코 전까지). 편물을 뒤집는다.
6단: 1코걸러뜨기, 안뜨기25(구멍 1코 전까지). 편물을 뒤집는다.
7단: 1코걸러뜨기, 구멍 1코 전까지 겉뜨기. 편물을 뒤집는다.
8단: 1코걸러뜨기, 구멍 1코 전까지 안뜨기. 편물을 뒤집는다.
7~8단을 5회 더 반복한다.
19단: 1코걸러뜨기, 구멍 1코 전까지 겉뜨기. 편물을 뒤집는다.
20단: 1코걸러뜨기, 안뜨기11.
중심에 안뜨기 12코가 있고 그 양옆에 뜨지 않은 코가 10코씩 있다. 편물을 뒤집는다.

이제 편물을 뒤집어서 생긴 구멍을 막으면서 뒤꿈치를 평뜨기로 편물을 뒤집어가며 뜬다.
21단(겉면): 1코걸러뜨기, 겉뜨기10, (구멍 양쪽의 각 1코를 이용해서) 오른코줄임, 오른코줄임한 코 아래에서 주워올려(코를 꼬지 않는다) M1L코늘림. 편물을 뒤집는다.
22단(안면): 1코걸러뜨기, 안뜨기11, 안뜨기로 2코모아뜨기, 안뜨기로 2코모아뜨기한 코 아래에서 주워올려(코를 꼬지 않는다) M1Lp코늘림. 편물을 뒤집는다.
23단: 1코걸러뜨기, 겉뜨기12, 오른코줄임, M1L코늘림. 편물을 뒤집는다.
24단: 1코걸러뜨기, 안뜨기13, 안뜨기로 2코모아뜨기, M1Lp코늘림. 편물을 뒤집는다.
계속해서 이미 만들어진 규칙대로 14단 더 뜬다.
39단(겉면): 1코걸러뜨기, 겉뜨기28, 오른코줄임, M1L코늘림. 편물을 뒤집는다.
40단(안면): 1코걸러뜨기, 안뜨기29, 안뜨기로 2코모아뜨기, M1Lp코늘림. 편물을 뒤집는다.
41단(겉면): 1코걸러뜨기, 겉뜨기3, M1L코늘림, [겉뜨기4, M1L코늘림]을 7회 반복한다. 8코 늘어남.

이제 바늘1에 40코 있다.
계속해서 발 섹션을 진행한다.

사이즈3(바늘1에 48코 있음):
1단(겉면): 1코걸러뜨기, *겉뜨기2, 왼코줄임*, *~*을 11회 반복, 왼코줄임. 안면이 보이도록 편물을 뒤집는다(1코는 뜨지 않고 둔다). 12코 줄어듦. 이제 뒤꿈치에 총 36코 있다.
2단(안면): 1코걸러뜨기, 안뜨기33(끝의 1코는 뜨지 않고 둔다), 겉면이 보이도록 편물을 뒤집는다.
3단: 1코걸러뜨기, 겉뜨기32(끝의 2코는 뜨지 않고 둔다). 편물을 뒤집는다.
4단: 1코걸러뜨기, 안뜨기31(구멍 1코 전까지). 편물을 뒤집는다.
5단: 1코걸러뜨기, 겉뜨기30(구멍 1코 전까지). 편물을 뒤집는다.
6단: 1코걸러뜨기, 안뜨기29(구멍 1코 전까지). 편물을 뒤집는다.
7단: 1코걸러뜨기, 구멍 1코 전까지 겉뜨기. 편물을 뒤집는다.
8단: 1코걸러뜨기, 구멍 1코 전까지 안뜨기. 편물을 뒤집는다.
7~8단을 6회 더 반복한다.
21단: 1코걸러뜨기, 구멍 1코 전까지 겉뜨기. 편물을 뒤집는다.
22단: 1코걸러뜨기, 안뜨기13.
중심에 안뜨기 14코가 있고 그 양옆에 뜨지 않은 코가 11코씩 있다. 편물을 뒤집는다.

이제 편물을 뒤집어서 생긴 구멍을 막으면서 뒤꿈치를 평뜨기로 편물을 뒤집어가며 뜬다.
23단(겉면): 1코걸러뜨기, 겉뜨기12, (구멍 양쪽의 각 1코를 이용해서) 오른코줄임, 오른코줄임한 코 아래에서 주워올려(코를 꼬지 않는다) M1L코늘림. 편물을 뒤집는다.
24단(안면): 1코걸러뜨기, 안뜨기13, 안뜨기로 2코모아뜨기, 안뜨기로 2코모아뜨기한 코 아래에서 주워올려(코를 꼬지 않는다) M1Lp코늘림. 편물을 뒤집는다.
25단: 1코걸러뜨기, 겉뜨기14, 오른코줄임, M1L코늘림. 편물을 뒤집는다.
26단: 1코걸러뜨기, 안뜨기15, 안뜨기로 2코모아뜨기, M1Lp코늘림. 편물을 뒤집는다.
계속해서 이미 만들어진 규칙대로 16단 더 뜬다.
43단(겉면): 1코걸러뜨기, 겉뜨기32, 오른코줄임, M1L코늘림. 편물을 뒤집는다.
44단(안면): 1코걸러뜨기, 안뜨기33, 안뜨기로 2코모아뜨기,

M1Lp코늘림. 편물을 뒤집는다.
45단(겉면): 1코걸러뜨기, *겉뜨기3, M1L코늘림*을 11회 반복, 겉뜨기2, M1L코늘림. 12코 늘어남.
이제 바늘1에 48코 있다.

발(모든 사이즈)

다시 원통으로 연결해서 바탕실로 뜬다. 다시 바늘1과 바늘2를 둘 다 사용해서 진행한다.
단 시작을 다시 만날 때까지 바늘2의 32 (40, 48)코를 겉뜨기한다. (이것은 뒤꿈치를 뜨기 전에 끝냈던 곳에 따라, 배색뜨기 무늬 도안의 12단 또는 1단으로 셀 것이다.)
계속해서 바탕실과 배색실을 사용해 양말이 자신이 원하는 완성품 길이에서 4cm 모자랄 때까지 배색뜨기 무늬 도안을 반복해 뜬다. 되도록 10단 또는 21단을 뜨고 끝낸다.

발끝

코줄임 단을 뜨다:
사이즈1: *겉뜨기6, 왼코줄임*, *~*을 단 끝까지 반복한다. 8코 줄어듦. 총 56코.
사이즈2: *겉뜨기3, 왼코줄임*, *~*을 단 끝까지 반복한다. 16코 줄어듦. 총 64코.
사이즈3: *겉뜨기2, 왼코줄임*, *~*을 단 끝까지 반복한다. 24코 줄어듦. 총 72코.

이제 바늘1과 바늘2에 동일한 콧수가 있어야 한다. 단 시작 표시링을 제거한다. 바늘1에는 발바닥 28 (32, 36)코가 있다. 바늘2에는 발등 28 (32, 36)코가 있다.
배색실과 바늘1을 사용해서, 14 (16, 18)코 겉뜨기한다. 방금 뜬 코 다음에 단 시작 표시링을 건다. 이곳은 발바닥 부분인 바늘1의 가운데여야 한다.
세팅 단: 배색실을 사용해서 단 시작 표시링까지 겉뜨기로 1단 뜬다.

1단(코줄임 단):
  바늘1: 3코 남을 때까지 겉뜨기, 왼코줄임, 겉뜨기1.
  바늘2: 겉뜨기1, 오른코줄임, 3코 남을 때까지 겉뜨기, 왼코줄임, 겉뜨기1.
  바늘1: 겉뜨기1, 오른코줄임, 단 시작 표시링까지 겉뜨기한다.

4코 줄어듦.
2단: 모든 코 겉뜨기한다.
각 바늘에 20코 남을 때까지 1~2단을 반복한다(총 40코).
계속해서 각 바늘에 10코 남을 때까지 1단만 반복한다(매 단 코 줄임한다)(총 20코).
단 시작 표시링을 제거한다. 양말의 옆선을 만날 때까지 5코 겉뜨기한다. 각 바늘에 남은 10코를 메리야스잇기로 연결한다.

마무리

실끝을 정리한다. 양말을 적셔서 블로킹한다. 동일한 과정을 반복해 양말 한 짝을 더 만든다.

배색뜨기 무늬 도안

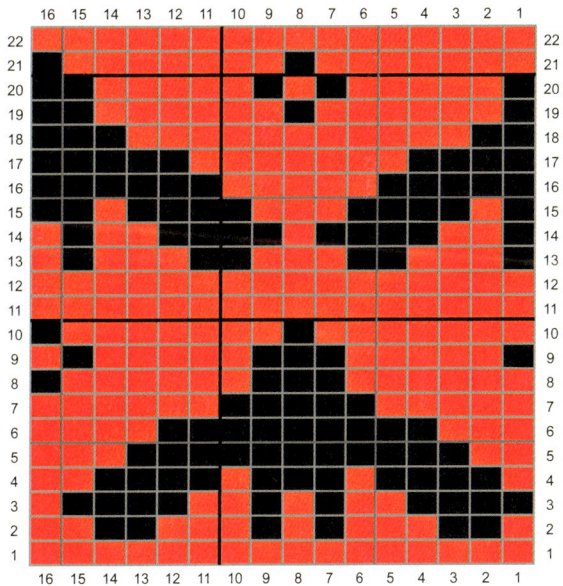

 바탕실: 테라코타

배색실: 블랙

호랑가시나무와 담쟁이
The Holly and the Ivy

저는 항상 크리스마스를 기다리는 설렘을 좋아했고, 이 사랑은 우리가 스위스로 이사하면서 커졌습니다. 이곳에서는 크리스마스 며칠 전부터 모든 마을이 거리를 장식하고 반짝이는 조명을 답니다. 크리스마스 시장이 열려서 멀드와인(글뤼바인), 핫초콜릿(하이세쇼기), 그리고 많은 맛있는 달콤한 간식을 제공하지요. 저는 소나무, 호랑가시나무, 담쟁이 덩굴로 만든 화환과 숲에서 온 자연의 식물로 장식된 집들을 보는 것을 좋아합니다. 그러고 나면 영국에서 보낸 어린 시절에 듣던 캐럴 '더 홀리 앤드 디 아이비The Holly and the Ivy'를 떠올리게 되고, 이 마법 같은 시간 동안 신을 양말이 필요하다고 느낍니다.

양말 구조

고무뜨기 발목단으로 시작해 위에서 아래로 내려 뜨는 이 양말은 양말목과 발 전체에 심플한 장식적인 배색뜨기 무늬가 있습니다. 이것은 호랑가시나무 열매를 단 크리스마스 가랜드 장식을 표현한 것입니다. 호랑가시나무 열매 방울뜨기는 편안함을 위해 발바닥에서는 심플한 배색뜨기 모티프로 대체했습니다(호랑가시나무 열매를 밟지 않도록 하세요!). 이 양말은 되돌아뜨기 뒤꿈치로 뜹니다.

사이즈
1 (2, 3)
발 둘레: 17~19 (20.5~23, 23.5~25)cm
완성치수: 14.5~16.5 (18~20, 20.5~23)cm
권장 여유분: 마이너스 2.5cm
양말목/발 길이는 쉽게 조정할 수 있다. 자세한 내용은 만드는 법을 참고할 것.
사진 속 작품은 사이즈2 US 8.5/EU 39/UK 6, 발 둘레 22.5cm로 떴다.

재료

실
핑거링 굵기, 얀 러브의 신데렐라 핑거링(슈퍼워시 블루페이스 레스터울 80%, 나일론 20%), 1타래 170m 50g

사진 속 작품에서는 다음 색상을 사용
바탕실: 샴페인Champagne(2타래)
배색실1: 세이 카베르네Say Cabernet (1타래)
배색실2: 코니퍼Conifer(1타래)

바늘
고무뜨기와 뒤꿈치 및 발끝에 사용: 2.25mm
매직루프 기법으로 뜰 경우 80cm 길이 줄바늘, 또는 장갑바늘, 또는 23cm 길이 줄바늘 2개 (선호하는 바늘 사용)
배색뜨기에 사용: 2.5mm
매직루프 기법으로 뜰 경우 80cm 길이 줄바늘, 또는 장갑바늘, 또는 23cm 길이 줄바늘 2개 (선호하는 바늘 사용)
주의사항: 잘 맞는 양말을 뜨기 위해 게이지를 체크할 것. 바늘 호수를 높이거나 낮춰서 추가 사이즈를 뜰 수 있다.

부자재
단코표시링, 가위, 돗바늘

게이지
34코×38단=10×10cm 배색뜨기
36코×44단=10×10cm 메리야스뜨기와 고무뜨기

스페셜 기법
배색 양말 뜨기(8쪽)
방울뜨기(큰 버전)(171쪽)
메리야스잇기(170쪽)
주요 기법 설명은 169쪽

만드는 법

발목단
배색실1과 2.25mm 바늘을 사용해서 56 (64, 72)코 만든다. 2개의 바늘에 동일하게 콧수를 나눠 옮긴다. 단 시작에 표시링을 건다. 장갑바늘을 사용할 경우, 1개의 바늘에 콧수 절반을 옮기고 나머지 반은 2개의 바늘에 나눠 옮긴다. 코가 꼬이지 않도록 조심하며 원통으로 잇는다.
고무뜨기 단: *겉뜨기2, 안뜨기2*, *~*를 단 끝까지 반복한다.
고무뜨기로 총 13단 뜬다(약 2.5cm).

양말목
배색실1을 사용해서 2.5mm 바늘(또는 배색뜨기 게이지 치수를 얻을 수 있는 호수의 바늘)로, 코늘림 단을 뜬다:
사이즈1: *겉뜨기14, M1L코늘림*, *~*을 단 끝까지 반복한다. 4코 늘어남. 총 60코.
사이즈2: *겉뜨기8, M1L코늘림*, *~*을 단 끝까지 반복한다. 8코 늘어남. 총 72코.
사이즈3: *겉뜨기6, M1L코늘림*, *~*을 단 끝까지 반복한다. 12코 늘어남. 총 84코.
도안이 지시하는 곳에서 바탕실을 연결하며 배색뜨기 무늬 도안A(165쪽) 1~6단을 뜬다. 무늬 도안은 각 단마다 5 (6, 7)회 반복한다.
바탕실을 사용해 2.25mm 바늘로 코를 옮기면서 코줄임 단을 뜬다:
사이즈1: *겉뜨기13, 왼코줄임*, *~*을 단 끝까지 반복한다. 4코 줄어듦. 총 56코.
사이즈2: *겉뜨기7, 왼코줄임*, *~*을 단 끝까지 반복한다. 8코 줄어듦. 총 64코.
사이즈3: *겉뜨기5, 왼코줄임*, *~*을 단 끝까지 반복한다. 12코 줄어듦. 총 72코.
바탕실을 사용해서 겉뜨기로 4단 뜬다.

가랜드 섹션
바탕실을 사용해서 2.5mm 바늘(또는 배색뜨기 게이지 치수를 얻을 수 있는 호수의 바늘)로, 코늘림 단을 뜬다:
사이즈1: *겉뜨기14, M1L코늘림*, *~*을 단 끝까지 반복한다. 4코 늘어남. 총 60코.
사이즈2: *겉뜨기8, M1L코늘림*, *~*을 단 끝까지 반복한다. 8코 늘어남. 총 72코.
사이즈3: *겉뜨기6, M1L코늘림*, *~*을 단 끝까지 반복한다. 12코 늘어남. 총 84코.
도안이 지시하는 곳에서 배색실1과 배색실2를 연결하며, 배색뜨기 무늬 도안B(165쪽) 1~12단을 뜬다. 무늬 도안은 각 단마다 5 (6, 7)회 반복한다.
바탕실을 사용해 2.25mm 바늘로 코를 옮기면서. 코줄임 단을 뜬다:
사이즈1: *겉뜨기13, 왼코줄임*, *~*을 단 끝까지 반복한다. 4코 줄어듦. 총 56코.
사이즈2: *겉뜨기7, 왼코줄임*, *~*을 단 끝까지 반복한다. 8코 줄어듦. 총 64코.
사이즈3: *겉뜨기5, 왼코줄임*, *~*을 단 끝까지 반복한다. 12코 줄어듦. 총 72코.
바탕실을 사용해서 겉뜨기로 4단 뜬다.
코늘림 단으로 시작해서, 가랜드 섹션을 1회 더 반복한다.

되돌아뜨기 뒤꿈치
이제 배색실1을 사용해서 2.25mm 바늘1만 가지고, 자신이 선택한 사이즈에 맞는 뒤꿈치 지시사항을 따라 뜰 것이다.

사이즈1(바늘1에 28코 있음):
1단(겉면): 1코걸러뜨기, 겉뜨기26. 안면이 보이도록 편물을 뒤집는다(1코는 뜨지 않고 둔다).
2단(안면): 1코걸러뜨기, 안뜨기25(끝의 1코는 뜨지 않고 둔다). 겉면이 보이도록 편물을 뒤집는다.
3단: 1코걸러뜨기, 겉뜨기24(끝의 2코는 뜨지 않고 둔다). 편물을 뒤집는다.
4단: 1코걸러뜨기, 안뜨기23(구멍 1코 전까지). 편물을 뒤집는다.
5단: 1코걸러뜨기, 겉뜨기22(구멍 1코 전까지). 편물을 뒤집는다.
6단: 1코걸러뜨기, 안뜨기21(구멍 1코 전까지). 편물을 뒤집는다.
7단: 1코걸러뜨기, 구멍 1코 전까지 겉뜨기. 편물을 뒤집는다.
8단: 1코걸러뜨기, 구멍 1코 전까지 안뜨기. 편물을 뒤집는다.
7~8단을 5회 더 반복한다.
19단: 1코걸러뜨기, 구멍 1코 전까지 겉뜨기. 편물을 뒤집는다.
20단: 1코걸러뜨기, 안뜨기7.
중심에 안뜨기 8코가 있고 그 양옆에 뜨지 않은 코가 10코씩

있다. 편물을 뒤집는다.

이제 편물을 뒤집어서 생긴 구멍을 막으면서 뒤꿈치를 평뜨기로 편물을 뒤집어가며 뜬다.

21단(겉면): 1코걸러뜨기, 겉뜨기6, (구멍 양쪽의 각 1코를 이용해서) 오른코줄임, 오른코줄임한 코 아래에서 주워올려(코를 꼬지 않는다) M1L코늘림. 편물을 뒤집는다.

22단(안면): 1코걸러뜨기, 안뜨기7, 안뜨기로 2코모아뜨기, 안뜨기로 2코모아뜨기한 코 아래에서 주워올려(코를 꼬지 않는다) M1Lp코늘림. 편물을 뒤집는다.

23단: 1코걸러뜨기, 겉뜨기8, 오른코줄임, M1L코늘림. 편물을 뒤집는다.

24단: 1코걸러뜨기, 안뜨기9, 안뜨기로 2코모아뜨기, M1Lp코늘림. 편물을 뒤집는다.

계속해서 이미 만들어진 규칙대로 14단 더 뜬다.

39단(겉면): 1코걸러뜨기, 겉뜨기24, 오른코줄임, M1L코늘림. 편물을 뒤집는다.

40단(안면): 1코걸러뜨기, 안뜨기25, 안뜨기로 2코모아뜨기, M1Lp코늘림. 편물을 뒤집는다.

이제 바늘1에 28코 있다.

계속해서 발 섹션을 진행한다(164쪽).

사이즈2(바늘1에 32코 있음):

1단(겉면): 1코걸러뜨기, 겉뜨기30. 안면이 보이도록 편물을 뒤집는다(1코는 뜨지 않고 둔다).

2단(안면): 1코걸러뜨기, 안뜨기29(끝의 1코는 뜨지 않고 둔다). 겉면이 보이도록 편물을 뒤집는다.

3단: 1코걸러뜨기, 겉뜨기28(끝의 2코는 뜨지 않고 둔다). 편물을 뒤집는다.

4단: 1코걸러뜨기, 안뜨기27(구멍 1코 전까지). 편물을 뒤집는다.

5단: 1코걸러뜨기, 겉뜨기26(구멍 1코 전까지). 편물을 뒤집는다.

6단: 1코걸러뜨기, 안뜨기25(구멍 1코 전까지). 편물을 뒤집는다.

7단: 1코걸러뜨기, 구멍 1코 전까지 겉뜨기. 편물을 뒤집는다.

8단: 1코걸러뜨기, 구멍 1코 전까지 안뜨기. 편물을 뒤집는다.

7~8단을 5회 더 반복한다.

19단: 1코걸러뜨기, 구멍 1코 전까지 겉뜨기. 편물을 뒤집는다.

20단: 1코걸러뜨기, 안뜨기11.

중심에 안뜨기 12코가 있고 그 양옆에 뜨지 않은 코가 10코씩 있다. 편물을 뒤집는다.

이제 편물을 뒤집어서 생긴 구멍을 막으면서 뒤꿈치를 평뜨기로 편물을 뒤집어가며 뜬다.

21단(겉면): 1코걸러뜨기, 겉뜨기10, (구멍 양쪽의 각 1코를 이용해서) 오른코줄임, 오른코줄임한 코 아래에서 주워올려(코를 꼬지 않는다) M1L코늘림. 편물을 뒤집는다.

22단(안면): 1코걸러뜨기, 안뜨기11, 안뜨기로 2코모아뜨기, 안뜨기로 2코모아뜨기한 코 아래에서 주워올려(코를 꼬지 않는다) M1Lp코늘림. 편물을 뒤집는다.

23단: 1코걸러뜨기, 겉뜨기12, 오른코줄임, M1L코늘림. 편물을 뒤집는다.

24단: 1코걸러뜨기, 안뜨기13, 안뜨기로 2코모아뜨기, M1Lp코늘림. 편물을 뒤집는다.

계속해서 이미 만들어진 규칙대로 14단 더 뜬다.

39단(겉면): 1코걸러뜨기, 겉뜨기28, 오른코줄임, M1L 코늘림. 편물을 뒤집는다.

40단(안면): 1코걸러뜨기, 안뜨기29, 안뜨기로 2코모아뜨기, M1Lp코늘림.

이제 바늘1에 32코 있다.

계속해서 발 섹션을 진행한다(164쪽).

사이즈3(바늘1에 36코 있음):

1단(겉면): 1코걸러뜨기, 겉뜨기34. 안면이 보이도록 편물을 뒤집는다(1코는 뜨지 않고 둔다).

2단(안면): 1코걸러뜨기, 안뜨기33(끝의 1코는 뜨지 않고 둔다). 겉면이 보이도록 편물을 뒤집는다.

3단: 1코걸러뜨기, 겉뜨기32(끝의 2코는 뜨지 않고 둔다). 편물을 뒤집는다.

4단: 1코걸러뜨기, 안뜨기31(구멍 1코 전까지). 편물을 뒤집는다.

5단: 1코걸러뜨기, 겉뜨기30(구멍 1코 전까지). 편물을 뒤집는다.

6단: 1코걸러뜨기, 안뜨기29(구멍 1코 전까지). 편물을 뒤집는다.

7단: 1코걸러뜨기, 구멍 1코 전까지 겉뜨기. 편물을 뒤집는다.

8단: 1코걸러뜨기, 구멍 1코 전까지 안뜨기. 편물을 뒤집는다.

7~8단을 6회 더 반복한다.

21단: 1코걸러뜨기, 구멍 1코 전까지 겉뜨기. 편물을 뒤집는다.

22단: 1코걸러뜨기, 안뜨기13.

중심에 안뜨기 14코가 있고 그 양옆에 뜨지 않은 코가 11코씩 있다. 편물을 뒤집는다.

이제 편물을 뒤집어서 생긴 구멍을 막으면서 뒤꿈치를 평뜨기로 편물을 뒤집어가며 뜬다.

23단(겉면): 1코걸러뜨기, 겉뜨기12, (구멍 양쪽의 각 1코를 이용해서) 오른코줄임, 오른코줄임한 코 아래에서 주워올려(코를 꼬지 않는다) M1L코늘림. 편물을 뒤집는다.

24단(안면): 1코걸러뜨기, 안뜨기13, 안뜨기로 2코모아뜨기, 안뜨기로 2코모아뜨기한 코 아래에서 주워올려(코를 꼬지 않는다) M1Lp코늘림. 편물을 뒤집는다.

25단: 1코걸러뜨기, 겉뜨기14, 오른코줄임, M1L코늘림. 편물을 뒤집는다.

26단: 1코걸러뜨기, 안뜨기15, 안뜨기로 2코모아뜨기, M1Lp코늘림. 편물을 뒤집는다.

계속해서 이미 만들어진 규칙대로 16단 더 뜬다.

43단(겉면): 1코걸러뜨기, 겉뜨기32, 오른코줄임, M1L코늘림. 편물을 뒤집는다.

44단(안면): 1코걸러뜨기, 안뜨기33, 안뜨기로 2코모아뜨기, M1Lp코늘림. 편물을 뒤집는다.

이제 바늘1에 36코 있다.

발(모든 사이즈)

다시 원통으로 연결해 바탕실을 사용해서 겉뜨기로 1단 뜬다. 가랜드 섹션을 2회 더 반복하는데, 이제 배색뜨기 무늬 도안B 대신 발 배색뜨기 무늬 도안(166쪽)을 따라 뜬다. 이 도안은 발등에서만 방울을 뜨도록 지시할 것이다. 두 번째 반복에서는, 코줄임 단을 뜬 후 배색실2를 자른다.

바탕실을 사용해서 자신이 원하는 양말 길이에서 5cm 모자랄 때까지 매 단 겉뜨기한다.

바탕실과 2.5mm 바늘(또는 배색뜨기 게이지 치수를 얻을 수 있는 호수의 바늘)을 사용해서, 코늘림 단을 뜬다.

사이즈1: *겉뜨기14, M1L코늘림*, *~*을 단 끝까지 반복한다. 4코 늘어남. 총 60코.

사이즈2: *겉뜨기8, M1L코늘림*, *~*을 단 끝까지 반복한다. 8코 늘어남. 총 72코.

사이즈3: *겉뜨기6, M1L코늘림*, *~*을 단 끝까지 반복한다. 12코 늘어남. 총 84코.

도안이 지시하는 곳에서 배색실1을 연결하면서, 배색뜨기 무늬 도안C(165쪽) 1~5단을 뜬다. 무늬 도안은 각 단마다 5 (6, 7)회 반복한다.

바탕실을 자른다.

발끝

배색실1과 2.25mm 바늘을 사용해서 코줄임 단을 뜬다:
사이즈1: *겉뜨기13, 왼코줄임*, *~*을 단 끝까지 반복한다. 4코 줄어듦. 총 56코.
사이즈2: *겉뜨기7, 왼코줄임*, *~*을 단 끝까지 반복한다. 8코 줄어듦. 총 64코.
사이즈3: *겉뜨기5, 왼코줄임*, *~*을 단 끝까지 반복한다. 12코 줄어듦. 총 72코.

이제 바늘1과 바늘2에 동일한 콧수가 있어야 한다. 단 시작 표시링을 제거한다. 바늘1에는 발바닥 28 (32, 36)코가 있다. 바늘2에는 발등 28 (32, 36)코가 있다.

배색실1과 바늘1을 사용해서, 14 (16, 18)코 겉뜨기한다. 방금 뜬 코 다음에 단 시작 표시링을 건다. 이곳은 발바닥 부분인 바늘1의 가운데여야 한다.
세팅 단: 배색실1을 사용해서 단 시작 표시링까지 겉뜨기로 1단 더 뜬다.

1단(코줄임 단):
  바늘1: 3코 남을 때까지 겉뜨기, 왼코줄임, 겉뜨기1.
  바늘2: 겉뜨기1, 오른코줄임, 3코 남을 때까지 겉뜨기, 왼코줄임, 겉뜨기1.
  바늘1: 겉뜨기1, 오른코줄임, 단 시작 표시링까지 겉뜨기한다. 4코 줄어듦.
2단: 모든 코 겉뜨기한다.

각 바늘에 20코 남을 때까지 1~2단을 반복한다(총 40코). 계속해서 각 바늘에 10코 남을 때까지 1단만 반복한다(매 단 코줄임한다)(총 20코).
단 시작 표시링을 제거한다. 양말의 옆선을 만날 때까지 5코 겉뜨기한다. 각 바늘에 남은 10코를 메리야스잇기로 연결한다.

마무리

실끝을 정리한다. 양말을 적셔서 블로킹한다. 동일한 과정을 반복해 양말 한 짝을 더 만든다.

배색뜨기 무늬 도안A

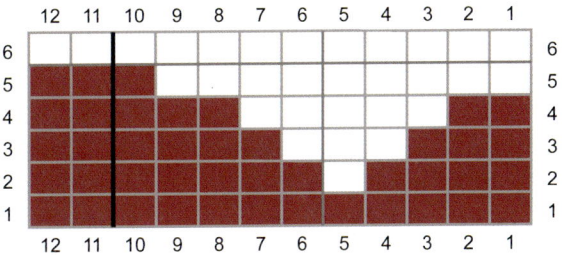

배색뜨기 무늬 도안B(양말목의 가랜드 섹션)

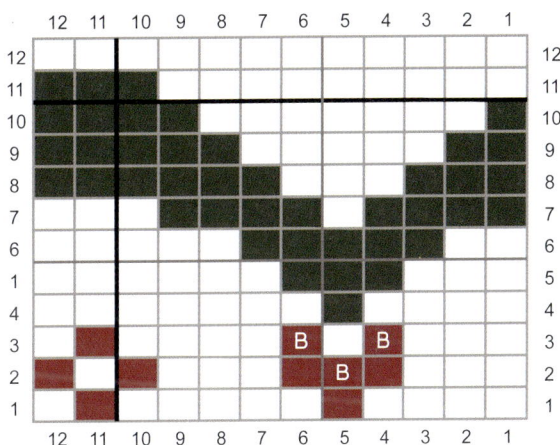

배색뜨기 무늬 도안C

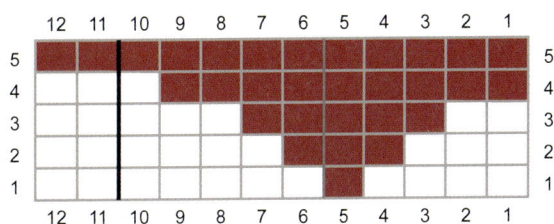

바탕실: 샴페인
배색실1: 세이 카베르네
배색실2: 코니퍼
B 방울뜨기: 세이 카베르네

발 뼈색뜨기 무늬 도안

사이즈1

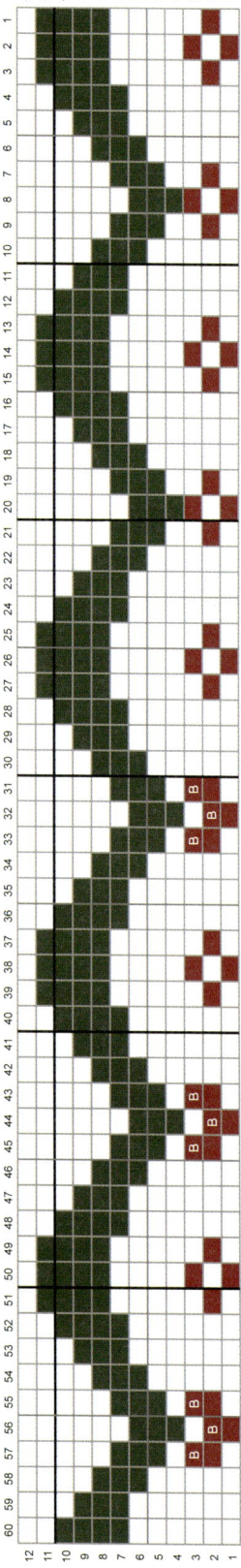

사이즈2

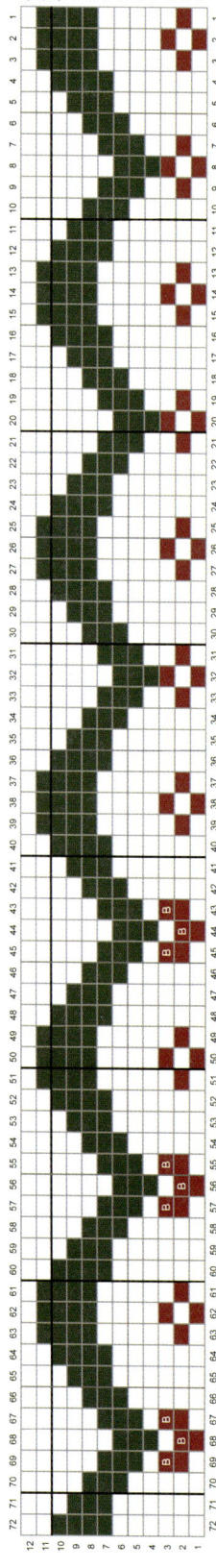

사이즈3

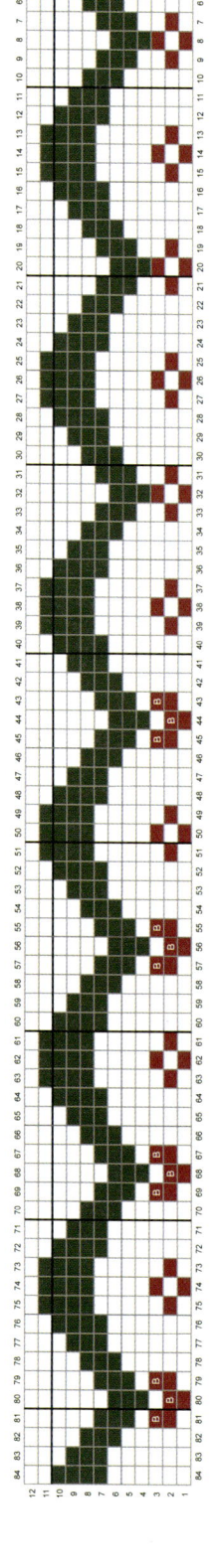

바탕실: 샴페인
배색실1: 세이 카메리노
배색실2: 코니퍼
방울뜨기: 세이 카메리노

실에 대하여

저는 배색 양말을 뜨면서 자투리 실을 남김없이 사용하는 것을 좋아합니다. 이 책에 있는 많은 도안의 경우, 배색실은 20그램 정도만 있으면 될 것입니다.

배색 양말은 면부터 아크릴, 울(제가 가장 좋아하는)까지 어떤 소재로도 뜰 수 있습니다. 울이 더 많이 함유된 실은 배색뜨기에 더 잘 어울리겠지만, 나일론이 들어간 실을 사용하면 종종 더 자주, 더 오래 신을 수 있습니다. 모헤어, 실크, 심지어 쐐기풀이 섞인 실도 양말로 만들기에 충분히 튼튼하고 내구성이 좋습니다.

여러분이 있는 곳에서 이 책에 소개된 특정 브랜드를 구할 수 없거나 색상을 사용할 수 없는 경우, 동일한 굵기 양말 실이라면 어떤 것으로든 대체할 수 있습니다. 또한 세부에 쓰이는 배색실용으로 쓸 만한 양말 실이 여러분의 실바구니에 남아 있는지 확인하는 것이 좋습니다. 만약 도안에서 요구하는 것과 같은 게이지 치수를 얻을 수 있다면, 그 실로 완벽한 양말을 뜰 수 있습니다.

다음은 이 책에 사용된 실을 구매할 수 있는 실 제조사와 그들의 웹사이트 목록입니다.

기글링게코 얀 GigglingGecko Yarns
www.gigglinggeckoyarns.com
— 삭란디아 삭스 Socklandia Soxs
  가을 쥐(15쪽)
  커피 브레이크(84쪽)
  크리스마스이브의 하늘(137쪽)
  강아지 산책(19쪽)
  체르마트의 한밤(123쪽)
  스파이시 삭스(94쪽)
  백조의 호수(39쪽)
  비타민C 삭스(101쪽)

네이버후드 파이버 Neighborhood Fiber Co.
www.neighborhoodfiberco.com
— 오가닉 스튜디오 삭 Organic Studio Sock
  포도 수확(119쪽)

랑 얀 Lang Yarns
www.langyarns.com
— 야볼 Jawoll
  젤라토 삭스(89쪽)

레트로사리아 로사 포마르 Retrosaria Rosa Pomar
www.retrosaria.rosapomar.com
— 몬딤 Mondim
  부활절 달걀(144쪽)

로완 Rowan
www.knitrowan.com
— 펠티드 트위드 Felted Tweed
  숲 산책(113쪽)

말라브리고 얀 Malabrigo Yarn
www.malabrigoyarn.com
— 삭 Sock
  핼러윈 박쥐(155쪽)

샤헨마이어 레기아 Schachenmayr Regia
www.schachenmayr.com
— 프리미엄 4합 메리노 야크 Premium 4ply Merino Yak
  꼭대기의 체리(79쪽)
  아이 하트 삭스(151쪽)

슈베덴로트 얀Schwedenrot Yarns
www.schwedenrot-yarns.de
　―하이트위스트 메리노High Twist Merino
　　여름의 초원(109쪽)

얀 러브Yarn Love
www.yarnloveyarn.com
　―갈라드리엘 삭Galadriel Sock/신데렐라 핑거링Cinderella Fingering
　　블루밍 라벤더(47쪽)
　　플러터바이 버터플라이(30쪽)
　　호랑가시나무와 담쟁이(161쪽)
　　튤립 사이로 살금살금(71쪽)

우시티타Uschitita
www.uschitita.com
　―삭얀Sock yarn
　　강아지 산책(19쪽)

웨스트 요크셔 스피너스West Yorkshire Spinners
www.wyspinners.com
　―시그니처Signature 4ply
　　양 세기(25쪽)

존 아번 텍스타일John Arbon Textiles
www.jarbon.com
　―엑스무어삭 4합Exmoor Sock 4ply
　　물망초(51쪽)
　　별이 빛나는 밤(129쪽)

줄리 아슬린Julie Asselin
www.julie-asselin.com
　―노마드Nomade
　　행복한 양귀비(57쪽)

칭 파이버Qing Fibre
www.qingfibre.com
　―슈퍼소프트 삭Super Soft Sock/하이트위스트BFLHigh Twist BFL
　　젤라토 삭스(89쪽)
　　장미꽃잎의 빗방울(64쪽)

카운티스 어블레이즈Countess Ablaze
　―레이디 페르세포네 삭Lady Persephone Sock
주의사항: 이 책을 처음 쓴 이후로, 카운티스 어블레이즈는 실 생산을 중단했습니다. 대체실 정보는 64쪽을 참고하세요.
　　장미꽃잎의 빗방울(64쪽)

필콜라나Filcolana
www.filcolana.dk
　―아르웨타 클래식Arwetta Classic
　　아이 하트 삭스(151쪽)
　　체르마트의 한밤(123쪽)
　　크리스마스이브의 하늘(137쪽)

그 밖에 이 책에서 언급된 실 제조사와 제품명은 다음과 같습니다.

니트픽스KnitPicks 스트롤Stroll/시티 트위드DKCity Tweed DK
라나 그로사Lana Grossa 마일렌바이트 100 트위드Meilenweit 100 Tweed
라비앵 에메La Bien Aimée 메리노 슈퍼 삭Merino Super Sock
롤디드잇Lol Did It 에브리데이삭Everyday Sock
롤라빈LolaBean Yarn Co. 휴 로코Hue Loco
매들린토시Madelinetosh
브루클린 트위드Brooklyn Tweed 피어리 얀Peerie Yarn
스위트 조지아Sweet Georgia BFL+실크파인BFL+Silk Fine
정크 얀Junkyarn
쿱 니트Coop Knits 삭스예!Socks Yeah!

주요 기법

1코걸러뜨기slip 1 stitch
한 코를 안뜨기하듯이 왼손 바늘에서 오른손 바늘로 옮깁니다.

꼬아뜨기knit through the back loop
코의 뒷가닥에 바늘을 넣어 겉뜨기합니다.

바늘비우기yarn over
바늘 사이의 실을 편물 앞으로 가져와 오른손 바늘 위로 감고, 다음 코를 뜰 준비를 합니다.

안뜨기로 2코모아뜨기purl 2 stitches together
두 코를 함께 안뜨기합니다.

오른코줄임slip, slip, knit
한 코를 겉뜨기하듯이 걸러뜨기하고, 다음 코도 겉뜨기하듯이 걸러뜨기, 걸러뜨기한 두 코를 뒷가닥에 넣어 함께 겉뜨기합니다.

왼코줄임knit 2 stitches together
두 코를 함께 겉뜨기합니다.

K1fb코늘림knit into the front and back of the stitch
한 코의 앞가닥과 뒷가닥에 넣어 겉뜨기합니다. 1코가 늘어납니다.

M1L(p)코늘림 Make 1 left
왼쪽으로 기울어지는 1코 코늘림. 방금 뜬 코와 앞으로 뜰 코 사이의 가로줄을 들어 올려, 바늘을 앞에서 뒤로 넣어, 뒷가닥에 겉뜨기(안뜨기)합니다. 새로운 코가 만들어집니다.

※참고: 양말의 부분 명칭

거싯gusset
양말목에 추가된 삼각형 모양의 조각이나 삽입물입니다. 착용 시 편안함을 주고 움직임을 자유롭게 합니다.

힐턴heel turn
양말을 만들 때 수직 방향에서 수평 방향으로 바뀌는 뒤꿈치 부분입니다.

힐플랩heelfalp
양말 뒤꿈치 부분에 있는 추가적인 패널이나 부분을 가리킵니다. 발뒤꿈치의 편안함과 내구성을 강화하고 디자인에도 특징을 부여합니다.

스페셜 기법

이 섹션에서는 양말을 완성하는 데 도움이 되는, 도안에서 사용되는 보다 전문적인 기법에 대한 자세한 내용을 제공합니다. 스페셜 기법을 보아도 아직 확실하지 않다면, 뜨개질 튜토리얼을 유튜브에서 검색해서 보는 것을 추천합니다! 저는 몇 년 동안 새로운 뜨개질 기법을 배울 때 종종 그렇게 해왔습니다.

무늬 도안 읽기
(모든 도안에 사용됨)
배색뜨기 무늬 도안은 오른쪽에서 왼쪽으로, 아래에서 위로 읽습니다. 각각의 만드는 법에는 각 사이즈마다 무늬 도안을 몇 회 반복하는지 안내되어 있습니다.

덧수
[강아지 산책(19쪽), 백조의 호수(39쪽), 부활절 달걀(144쪽)에 사용됨]
덧수는 뜨개코를 모방해 배색뜨기 무늬에 디테일을 추가하는 데 사용됩니다. 이것은 뜨개질에 자수를 추가하는 것과 비슷하며, 뜨개코 위에 어울리는 스티치를 만듭니다. 덧수를 놓으면 각 단에서 두세 가지 색상을 더 뜨지 않아도 디테일을 추가할 수 있다는 점이 유용합니다.

먼저 덧수 디테일 없이 양말을 떠야 합니다. 그러고 나서, 편물의 안면 여러분이 코를 추가하고 싶은 곳 근처에서, 돗바늘에 필요한 색 실을 꿰입니다. 실끝을 고정하기 위해 뒤쪽에서 여러 번 매듭짓습니다.

편물은 일련의 작은 V로 이루어져 있습니다. 덧수를 작업할 V 스티치 하단을 편물을 통과해 올라옵니다. 무늬 도안은 스티치를 배치할 위치를 보여줍니다. 덮으려고 하는 작은 V 스티치의 양쪽 사선 위에 실이 걸쳐지게 위에 있는 V 뒤로 바늘을 넣습니다. 바늘이 처음 올라온 V의 아래쪽으로 다시 내려가세요. 실의 장력을 팽팽하게 유지하되 스티치가 보이지 않을 정도로 팽팽해지지 않도록 하세요. 이 스티치는 아래에 있는 스티치를 덮어야 합니다.

덧수를 사용해본 적이 없다면 모티프 하나에 덧수를 놓고 나서 실을 자르는 것을 추천합니다. 정리해야 할 실끝이 더 많아지긴 하지만 신기에 편합니다. 이어진 실로 여러 모티프에 덧수를 놓으면 종종 양말의 장력을 변화시켜 양말을 신기 어렵게 만들 수 있습니다.

메리야스잇기
(모든 도안에 사용됨)
양말을 뜨는 마지막 단계에서 메리야스잇기 기법을 사용할 준비가 되면, 작업하던 실을 나머지 발끝 코를 연결할 수 있을 만큼 길게 남기고 자릅니다. (만드는 법에 설명된 것처럼) 양쪽 바늘에 똑같이 코가 남은 상태에서 남은 긴 실을 돗바늘에 꿰세요.

돗바늘을 앞쪽 바늘의 첫 번째 코에 겉뜨기하듯이 넣고 코를 바늘에서 빼냅니다. 이제 돗바늘을 앞쪽 바늘의 다음 코에 안뜨기하듯이 넣고 코를 그대로 둡니다. 뒤쪽 바늘의 첫 번째 코에 안뜨기하듯이 실을 통과시키고 코를 바늘에서 빼냅니다. 이제 돗바늘을 뒤쪽 바늘의 다음 코에 겉뜨기하듯이 넣어 실을 통과시키고 코를 바늘에 그대로 둡니다.

단 끝에 도달하고 모든 코를 연결할 때까지 이 4단계를 반복합니다. 그런 다음 실을 양말의 안면으로 넣어 실끝을 정리합니다. 메리야스잇기 작업할 때 실을 너무 세게 당기지 마세요.. 그것들은 편물의 뜨개코와 비슷해야 하고 이음매가 보이지 않아야 합니다.

방울뜨기(작은 버전)
[가을 쥐(15쪽)에 사용됨]
한 코의 앞가닥에 겉뜨기하고, 뒷가닥에 겉뜨기하고, 다시 앞가닥에 겉뜨기해서 3코를 만듭니다. 그런 다음 왼손 바늘로 오른손 바늘의 두 번째 코를 세 번째 코 위로 덮어씌우고 첫 번째 코를 세 번째 코 위로 덮어씌웁니다. 이제 한 코가 남았습니다. 그 코를 (꼬지 않고) 왼손 바늘에 옮기고 겉뜨기합니다. 그런 다음 다시 그 코를 왼손 바늘에 옮기고 다시 겉뜨기합니다. 이제 편물 앞에 멋진 모양의 방울이 생겼을 것입니다.

방울뜨기(큰 버전)
[호랑가시나무와 담쟁이(161쪽)에 사용됨]
한 코의 앞가닥에 겉뜨기하고, 뒷가닥에 겉뜨기하고, 다시 앞가닥, 뒷가닥, 앞가닥에 겉뜨기해서 5코를 만듭니다. 그런 다음 왼손 바늘로 오른손 바늘의 네 번째 코를 다섯 번째 코 위로 덮어씌우고 세 번째 코를 다섯 번째 코 위로, 두 번째 코를 다섯 번째 코 위로, 첫 번째 코를 다섯 번째 코 위로 덮어씌웁니다. 이제 한 코가 남았습니다. 그 코를 (꼬지 않고) 왼손 바늘에 옮기고 겉뜨기합니다. 그런 다음 다시 그 코를 왼손 바늘에 옮기고 다시 겉뜨기합니다. 이제 편물 앞에 멋진 모양의 방울이 생겼을 것입니다.

단차가 생기지 않는 줄무늬 뜨기
[별이 빛나는 밤(129쪽), 플러터바이 버터플라이(30쪽), 꼭대기의 체리(79쪽)에 사용됨]
줄무늬를 뜰 때 색상 변경 시 실을 자르지 마세요. 사용하지 않는 색은 편물의 안면으로 가져가세요. 줄무늬 두 번째 단의 시작에서 첫 번째 코를 다음과 같이 작업합니다: 바늘에 있는 코의 아랫단에 있는 코 V 모양의 오른쪽 가닥을 집어서 왼손 바늘에 끼우고 바늘의 첫 번째 코와 함께 뜹니다. 그러면 단의 첫 번째 코를 두 번 작업하게 되지만, 두 번째는 바늘 아래의 코에 작업하기 때문에, 한 단에만 작업한 것처럼 보일 겁니다. 이렇게 하면 줄무늬의 두 색상 사이 단차가 사라지고 색상 변경 시 단 시작이 왼쪽으로 한 코 이동합니다.

감침질
[물망초(51쪽)에 사용됨]
감침질은 두 개의 편물 또는 편물의 서로 다른 부분을 함께 꿰매는 바느질 기법입니다. 양말의 경우 발목단에 쓰입니다.

일단 양말을 블로킹하세요(이렇게 하면 발목단을 꿰매기가 더 쉬울 것입니다).

1단계: 피콧 발목단에 사용한 것과 동일한 실을 돗바늘에 꿰세요.

2단계: 양말 상단에 피콧 가장자리가 있도록 편물을 고르게 접어 발목단을 정돈합니다.

3단계: 편물의 안면에서 바늘을 코를 잡은 가장자리를 통과해 아래 편물의 코 뒤에 넣습니다(양말 겉면에서 보이지 않게 편물을 제대로 통과하지 않도록 주의하세요).

4단계: 실을 편물의 맨 윗부분으로 다시 당깁니다. 약 1.5cm 간격을 두고 3단계와 4단계를 반복한 후 겹쳐진 편물 양쪽을 왔다갔다하면서 함께 꿰매는데, 발목단 전체를 돌면서 코잡은 가장자리를 돌아가며 뜹니다.

양말 전체를 한 바퀴 돌면, 편물의 두 부분이 함께 고정됩니다. 실을 자르고 실끝을 정리하세요.

감사의 말

먼저 이 책에 도움을 준 놀라운 니터 팀에게 정말 감사드립니다. 멋진 샘플 니터 루이스 링@louling20에게, 그녀의 끊임없는 동기부여, 디테일에 대한 관심, 초고속 뜨개질에 감사합니다. 그리고 이 양말들을 몇 달 동안 비밀리에 뜨고 완성한 양말이 발에 잘 맞는지, 도안이 제대로 되었는지 확인해준, 훌륭하고 헌신적인 테스트 니터 팀에게 감사합니다. 우선 저를 위해 모든 도안을 주의 깊게 읽고 확인해준 에밀리 윌리엄스@emily dawnlove에게 특별한 감사를 드립니다. 그리고 에이미 터커@amysknottedknits, 데버러 게러티@debgar58, 에미@emmie.makes, 헬레나 허스트@edelweiss_knits, 주디 밴틀리@thegigglinggecko, 줄라이 브리체노@joyfulyarn, 카린@aarauwestknits, 페트라 랑@p_serendipity, 루스 오그든@craftymamaotter, 샌드라@myrthe275, 토모미Tomomi@fioratta. 정말 열심히 일하고 재능 있는 테스트 팀입니다. 양말 뜨개질에 놀라운 영감을 얻을 수 있게 그들의 인스타그램 프로필을 확인하세요.

그리고 이 책에 실을 지원해준 기글링게코 얀, 줄리 아슬린, 존 아번, 얀 러브에 특별한 감사를 드립니다. 여러분의 실과 색상은 저에게 완전히 영감을 주었습니다.

에밀리 테일러와 페이지 스트리트 출판사의 모든 분에게, 배색 양말에 관한 책을 쓸 수 있는 놀라운 기회를 주고 이 과정을 도와준 데 대해 감사드립니다.

인내심 있고 재능 있는 기술 편집자인 케이시 수스코는 도안을 편집하고, 실수를 발견하고, 지시사항이 가능한 한 이해하기 쉽고 명확하도록 도와주면서 저와 함께 여러 달 동안 일해주었습니다.

이해심 많은 가족과 항상 나를 도와주고 지지해주며 격려해준 친구들에게, 아이디어에 대한 피드백과 지속적인 동기부여 덕분에 계속 나아갈 수 있었습니다. 여러분의 조언과 우정은 매우 소중해요. 사진 전문가 토비@tobyjourney(그리고 '강아지 산책' 양말에 영감을 준 그의 개 카미!)도 고마워요.

여러 달 동안 양말을 열심히 뜨고 디자인할 수 있게 해준 굉장한 세 아이에게도 고맙습니다. 완벽한 양말 모델이자 사진작가 조수가 되어준 롤라에게 많은 디자인 아이디어를 제공해준 것에 대해 감사합니다. 카메라를 들고 자발적으로 책에 실릴 사진을 찍어준 아들 자크에게도요. 음식과 포옹을 원하며 항상 저를 산만하게 하고, 제가 보지 않을 때면 뜨개바늘과 실타래를 씹는, 소셜미디어에서 저보다 더 인기 있는 고양이 빈도 고마워! 그리고 제가 인생에서 가장 큰 열정을 가지고 있는 배색 양말에 대해 책을 쓸 수 있다고 확신을 주면서 이 작업을 격려하고 기회를 잡도록 설득해준 남편에게 감사의 말을 전합니다.

마지막으로 니터들, 레이블리Ravelry와 엣시Etsy의 제 고객들, 소셜미디어의 팔로워들, 그리고 저에게 배색 양말을 뜨기를 가르쳐준 사람들에게 가장 큰 감사를 드립니다. 모두가 매일 저에게 영감을 주고 격려해주었습니다. 여러분의 열정과 지지에 정말 감사드리며, 여러분과 양말 뜨는 기쁨을 나누는 것이 정말 좋습니다.

작가에 대하여

샬럿 스톤은 스톤 니츠의 제작자이자 디자이너입니다. 특이한 색상의 무늬, 특히 배색 양말 디자인으로 국제적 유명세를 얻었습니다. 샬럿의 도안은 온라인에서 레이블리와 엣시에서 찾을 수 있고, 인스타그램 @stoneknits에서 그녀의 작업(그리고 삶!)을 볼 수 있습니다. 영국에서 어린 시절부터 할머니와 함께 뜨개질을 시작해 2017년부터 독창적인 배색뜨기 도안을 디자인해왔습니다. 손뜨개 잡지 《레인 *Laine*》에 도안을 발표하며 주목받았고, 2019년부터 스위스 취리히에서 배색뜨기를 가르치고 있습니다. 현재도 취리히의 언덕에서 가족과 함께 살며 아름다운 풍경과 삶에서 매일 영감을 얻습니다.

찾아보기

ㄱ
가을 쥐 15~18
감침질 171
강아지 산책 19~24
게이지 9
고추 패턴 94~99
관리 11
구멍 11
기념일 패턴 135~166
기법 8, 170~171
꼭대기의 체리 79~83
꽃 패턴 45~75

ㄴ
나비 패턴 30~37

ㄷ
단차가 생기지 않는 줄무늬 뜨기 171
덧수 170
동물 패턴 13~43
뜨개 기법 8, 170~171
뜨개 동물 13~43

ㄹ
라벤더 패턴 47~50

ㅁ
만다린 오렌지 패턴 101~105
메리야스잇기 170~171
무늬 도안 읽기 170
무늬 색상이 돋보이게 뜨는 법 10~11
물망초 51~56

ㅂ
바탕실 11
방울뜨기 171
배색실 11
백조의 호수 39~43
밸런타인데이 패턴 151~154
별이 빛나는 밤 129~133
부활절 달걀 144~149
블로킹 10, 11
블루밍 라벤더 47~50
비타민C 삭스 101~105

ㅅ
사이즈 8~9
산 패턴 122~127
색상 10~11
색상 선택 10
세탁 11
수선 11
숲 산책 113~117
스파이시 삭스 94~99
신발 사이즈별 발 길이 9

실 제조사 167~168
실끝 정리하기 11

ㅇ
아이 하트 삭스 151~154
양 세기 25~29
양 패턴 25~29
양귀비 패턴 57~63
여름의 초원 109~112
오렌지 패턴 101~105
울 11
위대한 자연 107~133
음식 패턴 77~105

ㅈ
자연 패턴 107~133
장미 패턴 64~69
장미꽃잎의 빗방울 64~69
젤라토 삭스 89~93
좋은 시간을 축하하기 135~166
주요 기법 169
쥐 패턴 15~18

ㅊ
찬란한 음식 77~105
체르마트의 한밤 122~127
초원 패턴 109~112
치수 8

ㅋ
커피 브레이크 84~88
크리스마스 패턴 161~166
크리스마스이브의 하늘 137~143

ㅌ
튤립 사이로 살금살금 71~75
튤립 패턴 71~75
팁 & 트릭 8~11

ㅍ
포도 수확 119~122
플라워 파워 45~75
플러터바이 버터플라이 30~37
플로트 10

ㅎ
핼러윈 박쥐 155~159
핼러윈 패턴 155~159
행복한 양귀비 57~63
호랑가시나무와 담쟁이 161~166

사랑스러운 배색 무늬 손뜨개 양말

초판 1쇄 인쇄   2024년 2월 25일
초판 1쇄 발행   2024년 2월 29일

엮은이   샬럿 스톤
옮긴이   이순선

펴낸이   최정이
펴낸곳   지금이책
등록   제2015-000174호
주소   경기도 고양시 일산서구 킨텍스로 410
전화   070-8229-3755
팩스   0303-3130-3753
이메일   now_book@naver.com
블로그   blog.naver.com/now_book
인스타그램   nowbooks_pub

ISBN   979-11-88554-77-5 (13590)

* 이 책은 저작권법에 따라 보호를 받는 저작물이므로 무단전재와 무단복제를 금지하며,
  이 책 내용의 전부 또는 일부를 이용하려면 반드시 저작권자와 지금이책의 서면 동의를 받아야 합니다.
* 잘못되거나 파손된 책은 구입하신 서점에서 교환해드립니다.
* 책값은 뒤표지에 있습니다.